W0023900

Wolfgang Matz
Die Kunst des Ehebruchs

Wolfgang Matz

Die Kunst des Ehebruchs

Emma, Anna, Effi
und ihre Männer

WALLSTEIN VERLAG

Bibliografische Information der Deutschen Nationalbibliothek
Die Deutsche Nationalbibliothek verzeichnet diese Publikation
in der Deutschen Nationalbibliografie; detaillierte
bibliografische Daten sind im Internet über
http://dnb.d-nb.de abrufbar.

www.wallstein-verlag.de
Vom Verlag gesetzt aus der Stempel Garamond
Umschlaggestaltung: Susanne Gerhards, Düsseldorf,
unter Verwendung von: Alfred Stevens, Le bain
Druck und Verarbeitung: Hubert & Co, Göttingen
ISBN 978-3-8353-1459-7

für Elisabeth, natürlich

»Diese feinen Unterschiede kapieren die Männer nicht.«
»Es gibt auch Frauen, die die feinen Unterschiede nicht kapieren.«

Hugo von Hofmannsthal

Inhalt

VORSPIEL

Reich mir die Hand, mein Leben!

Leben, Liebe, Kunst

Auch, wenn zwei beieinander liegen, wärmen sie sich;
wie kann ein einzelner warm werden?
Prediger 4:11

1.

Wer heiratet, nimmt sich etwas vor, was er sich ohne eine gewisse Portion Optimismus nicht vornehmen würde. Das aber gilt erst für unsere schöne neue Welt, denn wenn zwei sich im neunzehnten Jahrhundert oder davor das Jawort gaben, dann sicher nicht mit Blick nur auf einen Teilabschnitt des kommenden Lebens. Heiraten, das war die Wette auf eine gemeinsame Zukunft, und so feierte man bei der Gelegenheit natürlich ein großes Fest. Heute sind sich die Mitspieler des Ausgangs nicht mehr so sicher, doch trotz alledem, das Leben als Paar ist immer noch ein gewünschtes Ideal, selbst wenn die Paare selber nicht so genau wissen, wie man dies gemeinsame Leben sicher über die Runden bringt. Wer heiratet, der baut darauf, dass er nun etwas hat, auf das er bauen kann. Dass er etwas hat, was ihn schützt gegen die kalte Welt und ihre Zumutungen.

Hoffnung und Enttäuschung, das ist seit alters her das große Thema der Literatur.

2.

»Romane schließen damit, daß Held und Heldin heiraten. Damit müßte man anfangen, aufhören aber damit, daß sie sich wieder trennen, das heißt befreien. Denn das Leben von Menschen so beschreiben, daß man mit der Schilderung der Hochzeit abbricht, ist nicht anders, als beschriebe man die Reise eines Mannes und bräche den Bericht an der Stelle ab, wo er Räubern in die Hände fällt.« Die Literatur hatte zwar immer schon einen Hang zum realistischen Pessimismus, aber Lew Tolstoi, der über Ehebruch nicht nur geschrieben, sondern auch selbst geheiratet hatte, wollte radikaler als jeder andere Schluss machen mit allen Sentimentalitäten, so, als müsse er sich selber jede täuschende Hoffnung austreiben. Am 30. August 1894, also mit sechsundsechzig Jahren, notierte er sich den so witzigen wie rabiaten Satz ins Tagebuch und machte kurzen Prozess nicht nur mit der Ehe, sondern genauso mit einer langen literarischen Tradition. Bis dahin war es nämlich auch anders gegangen, wie es eine der großen Autorinnen des Jahrhunderts vorgeführt hat. Jane Austens *Stolz und Vorurteil* ist nicht weniger als der kanonische Klassiker jenes Eheanbahnungsromans, dem Tolstoi jetzt den Laufpass gibt; für ihn wäre Austens Roman – der bekanntlich mit der Hochzeit endet – das Kultbuch der Räuber. Und der beginnt mit einem Satz, der genauso apodiktisch ist wie Tolstois, nur schöner: »Es ist eine allgemein anerkannte Wahrheit, daß ein Junggeselle im Besitz eines schönen Vermögens, nichts dringender braucht als eine Frau.«

Die Voraussetzung dieser allgemein anerkannten Wahrheit gilt sogar ohne die Bedingung eines schönen Vermögens: Die Ehe sei das Ziel eines jeden Menschen. Und Tolstois Forderung, man möge den Roman dort beginnen, wo Jane Austen die ihren zu beenden pflegte, drückt vor allem anderen den Zweifel aus, ob diese Wahrheit auch ganz kurz vor Anbruch des zwanzigsten Jahrhunderts noch wahr bleibt. Denn Jane Austens Vorstellung bedeutet ja, das Problematische im Verhältnis eines Paares sei der Weg zum Zusammenfinden, und ist dieser einmal erfolgreich zurückgelegt, werde schon nichts mehr schiefgehen. Tolstoi aber denkt das Gegenteil: Zusammenfinden ist nicht schwer, das Zusammenbleiben jedoch das eigentliche Problem. Ganz sicher hat er damit das moderne Lebensgefühl getroffen, das heute noch gilt. Und offenbar löst die Ehe inzwischen keineswegs mehr so einfach jene Probleme, zu deren Lösung sie einst erfunden worden ist. Etwas hat sich geändert, in der Gesellschaft, zwischen Männern und Frauen, etwas, was die traditionellen Sicherheiten aufgelöst hat – ob auch die Wünsche, das ist eine andere Frage.

Aber nicht nur darum geht es im Streit zwischen Jane Austen und Lew Tolstoi, denn die beiden sind keine Soziologen, sondern Schriftsteller, Verfasser von Romanen, Erzähler von Geschichten. Auch an den Romanen, am Erzählen selbst wird sich etwas Wesentliches ändern. Jene Romane, die damit schließen, dass Held und Heldin heiraten, setzten ja von Anfang an dies bestimmte Ende voraus, und das ist, im Großen und Ganzen, ein glückliches. Das weiß jeder Leser, der ein solches Buch aufschlägt. Die anderen Romane aber, wie sie Tolstoi verlangt, die mit der Hochzeit nur beginnen, sind zwangsläufig offen: Wie diese Ehe sich auflöst, wie diese Menschen sich trennen, was sie danach tun werden, all das ist unklar, all das weiß man nicht. So ist der Eheanbahnungsroman ganz natürlich einer, der mit festen Formen spielt, der einen gegebenen Rahmen individuell auszufüllen hat, der bekannte Motive auf neue Art variiert, und dieses neue Spiel mit klassischen Voraussetzungen eignet sich deshalb wunderbar für das komödiantische Fach. Der Eheanbahnungsroman ist als Tragödie nicht denkbar, als heiteres, ironisches Déjà-vu dagegen immer. Nicht aber der Roman, den Tolstoi verlangt: Dort ist das Problematische, das Zerfallende, die Zerstörung eine unvermeidbare Voraussetzung.

Natürlich ist auch jener großen Tradition, für die Jane Austen hier steht, das Problematische in den menschlichen Verhältnissen sehr bewusst, sonst wäre sie keine *große* Tradition. Das heitere Spiel mit den traditionellen Formen – und der Roman ist eine Form, ganz wie die Ehe – verdankt sich aber dem Wunsch, jedem Zwang zur radikalen Konsequenz und auch zur radikalen Wahrheitssuche auszuweichen; oder besser noch: sogar zu bezweifeln, dass es sie überhaupt gibt, diese radikale, ausschließliche Wahrheit. Radikale Wahrheit nämlich – Tolstoi wiederholt es noch und noch – ist immer kompromisslos. *Stolz und Vorurteil* ist der Versuch, durch Literatur zu klären, was die Voraussetzungen eines gelingenden Zusammenlebens, einer glücklichen Ehe überhaupt sind, und der Verlauf des Romans erzählt davon, dass dieses Gelingen, das Zusammenleben nur möglich ist als Kompromiss. Wenn das rechte Paar sich am Ende findet, dann waren bis dahin nicht wenige Probleme aus dem Weg zu räumen, sonst hätte man nicht drei, vier- oder fünfhundert Seiten dafür gebraucht, und dieser Weg war der beständige Ausgleich zwischen dem, was ein Leben ausmacht: Traum und Wirklichkeit, Wunsch und Erfüllung, Leidenschaft und Ordnung, Freiheit und Bindung, und all das vor dem Hintergrund der Notwendigkeit, dieses Leben auch materiell über die Runden zu bringen. Der Roman aber will allein dadurch, dass er existiert, beweisen, dass dieser Weg möglich ist.

Die Ehe ist die Wette, das ganze Glück durch einen Kompromiss zu bekommen.

3.

Der Roman beginnt dort, wo etwas im Leben nicht stimmt, und deshalb hat er sich immer schon besonders gern mit den Paaren beschäftigt. Leicht war das Leben als Paar noch nie, nicht einmal bei Adam und Eva, die bekanntlich keine Wahl hatten. Doch ist es immer ein großer Unterschied, mit welchen Paarkonstellationen ein Autor zugange ist; ob mit den sich bildenden oder den zerfallenden, und macht man sich jetzt an die Lektüre der einschlägigen Romane, so gilt auch hier eine Wette: Eine literarische Mode ist nie nur eine *Mode*, sondern sie verweist genau auf das, was nicht stimmt. Und wenn plötzlich das Zerfallen der Ehe interessanter wird als ihr Zustandekommen, dann müssen auch dafür Gründe zu finden sein.

Drei Frauen des neunzehnten Jahrhunderts, das ist schon vielen aufgefallen, teilen ein so ähnliches Schicksal, dass man fast von einer Mode sprechen möchte: Emma Bovary, Anna Arkadjewna Karenina und Effi von Innstetten, geborene Briest. Sie teilen ihr Schicksal im doppelten Sinne. Zum einen riskieren und verlieren sie ihre Männer, ihre bürgerliche Existenz und dann ihr Leben, weil sie der Versuchung durch einen anderen Mann nicht widerstehen konnten oder wollten. Zum anderen wird die Geschichte ihrer katastrophal scheiternden Lebensläufe zur Handlung dreier Romane, die eingegangen sind in die Weltliteratur. Drei Frauen, drei Romane, drei Autoren bilden eine einsam dastehende Trias, denn auch wenn naturgemäß noch eine Unzahl von Werken die Melodie von Treue und Betrug, Liebe und Verrat in endlosen Variationen durchgespielt hat, weder davor noch danach gibt es diese gleiche Szenerie, die einen ganzen Roman von vorn bis hinten bestimmt: Heirat, Ehebruch, Tod, und das nicht im verdorbenen Adel mit seinen *Gefährlichen Liebschaften* und nicht in mythischer Ferne, sondern in einem realen, wiedererkennbaren Milieu der bürgerlichen Gegenwart. Flaubert, Fontane, Tolstoi, so weit sie auseinanderliegen mögen, literarisch und biographisch, so nahe sind sie einander doch. Die ersten beiden Folgen von *Madame Bovary* – laut Émile Zola »die Formel des modernen Romans« und »das definitive Modell des Genres« – stehen am 1. und 15. Oktober 1856 in der *Revue de Paris* als Vorabdruck. Fontane ist vom 14. bis 22. Oktober in Paris. Ab Ende des Jahres ist der spektakuläre Prozess gegen Flaubert Stadtgespräch, und er endet mit dem Freispruch am 7. Februar 1857. Am 15./16. April erscheint *Madame* Bovary als Buch. Vom 9. Februar bis 27. März ist Tolstoi in Paris. Mit ein bisschen Mühe hätten sie sich im Café verabreden können, Flaubert, Tolstoi, Fontane.

Emma, Anna, Effi haben keine direkten Nachfolgerinnen gefunden, und daraus könnte man schließen, dass ihre Geschichten, so, wie sie diese gelebt haben, eben nur in ihrer eigenen Zeit gelebt werden konnten, in dem knappen halben Jahrhundert, welches das ihre ist. Der Ehebruch ist im neunzehnten Jahrhundert ein sehr komplexes Wechselspiel von Begehren, Nachgeben und Verrat und deshalb auch zwischen den Rollen von Mann und Frau; so schnell wird nicht immer zu erkennen sein, wer der Auslöser der Affäre ist, wer zieht und wer gezogen wird, wer stößt und wer gestoßen wird; nur wer fällt, das ist immer klar. Diese drei großen Romane sind auch darin einzigartig, dass sie bereits mit dem Titel ihre drei Heldinnen in den Mittelpunkt stellen. Warum eigentlich? Es geht auch anders, wie *Tristan und Isolde*, *Don Juan* oder *Don Giovanni* vorgeführt haben. Emma, Anna, Effi, immer schon weckten sie Interesse und Neugier, und vor allem auch Sympathie und Mitgefühl. Doch dem weiblichen Trio steht ein männliches Trio gegenüber – um genau zu sein: drei Trios. Denn zu den drei Ehemännern und den, wie man sehen wird, *vier* Liebhabern treten noch die drei Autoren, denn nie darf eines vergessen werden: Wir sprechen von Literatur, nicht von der alltäglichen Wirklichkeit, von Kunstfiguren, nicht von Menschen wie du und ich, und wie die Geschichten ausgehen, das liegt zum Beispiel weniger an Charles und Emma, als vielmehr an Gustave Flaubert. Deshalb werden an alle drei Bücher, an alle ihre Figuren und Handlungen zwei Fragen zu stellen sein: natürlich die nach der Realität, nach der Glaubwürdigkeit, nach der Wahrheit dessen, was da geschieht; und natürlich die nach dem Roman, nach der Literatur, nach der Kunst, die das Geschehen gestaltet.

Doch was sollte dem Leser ein Roman, würde er seine Figuren nicht auch betrachten wie lebendige Menschen?

4.

Literatur, das ist Produktion von Erinnerung, Wachhalten des Vergangenen. Doch man mache sich keine Illusionen, ein Teil des Vergangenen ist wirklich vergangen, selbst in den großen Werken. Jene Konflikte, die sechs der zehn beteiligten Personen: Emma und Charles Bovary, Anna Karenina und Alexej Graf Wronski, Effi Briest und den Major Crampas ihr Leben kosten, sind von der gesellschaftlichen Wirklichkeit her heute allertiefste Vergangenheit; niemand muss mehr Arsen schlukken, wenn er einen anderen Mann attraktiver findet, niemand wird ausgeschlossen und verachtet, weil seine Frau ihn verlässt, und dass eine Frau oder ein Mann zum dritten oder vierten Mal heiratet, ist längst Normalität und kein Skandal. Und ein Skandal ist weder im sogenannten wahren Leben noch in der wahren Literatur jene Sexualität, welche in den Romanen des neunzehnten Jahrhunderts zwar durchaus ihre große Rolle spielt, aber doch nur unter gerissenen und deshalb um so reizvolleren Vorsichtsmaßnahmen durch den Autor. Zuweilen braucht der nachgeborene Leser bereits gelehrte Hinweise, was denn nun so skandalös gewesen sein soll an dem einen oder anderen Ausritt, der einen oder anderen Kutsch- oder Schlittenpartie, dem einen oder anderen Blick auf einen entblößten Knöchel.

All das ist dahin, natürlich, und deshalb entsteht eine neue Frage: Wie kommt es, dass diese großen Romane trotzdem nichts verloren haben von ihrer Kraft und Faszination? Doch ganz gewiss nicht nur, weil man bei diesen Autoren erfährt, wie es *früher einmal* gewesen ist. Umgekehrt, offensichtlich enthält auch eine Geschichte, die mit vielen Einzelheiten in graue Vorzeit gehört, auch etwas, was selbst in der schönen neuen Welt der erotischen Freiheit noch gültig ist wie zuvor. Die Ausweitung der Kampfzone ein Jahrhundert nach Lew Tolstois Tod hat auch die Klassiker des Genres nicht unberührt gelassen.

Doch ein Roman aus lange zurückliegender Vergangenheit ist nur dann ein gegenwärtiges Kunstwerk, wenn er auch von unserer Sache spricht.

5.

Viel hat sich geändert, eines nicht: Noch immer ist das Leben als Paar ein gewünschtes Ideal, für das eine Alternative zwar gesucht, aber nicht gefunden wurde, und noch immer ist das Leben als Paar der Ort, wo Glück und Unglück am heftigsten miteinander kollidieren.

Davon erzählen die großen Romane.

ERSTER TEIL

Die halbe Wahrheit

Männer, Frauen, Männer

ERSTES KAPITEL

Schlechte Karten

Männer 1: Ehemänner

Vertrauen ist gut, Kontrolle ist besser.
Lenin

1.

So geht es zu, wenn es schön ist: Nach all der Wirrnis, Aufregung und Verzweiflung im Orchester unterbrechen irisierende Zweiunddreißigstel in den Harfen das *accelerando* – die große Tür springt auf, doch nein, nicht der Ehemann, der Frühling tritt herein, und bald schon vertreibt ein Wonnemond im zartem Violinenglanz die Winterstürme, überwältigt die Liebe mit hinzutretenden Bratschen und Celli, Oboe und Klarinette die schlechte Welt dort draußen, und als endlich das Pianissimo sich ins rauschhafte Forte steigert, sinken sich auch die Ehefrau und ihr Liebhaber brünstig in die Arme. »Der Vorhang fällt schnell« – fortissimo – »denn es ist hohe Zeit!«, wie der Hagestolz Schopenhauer in seinem Widmungsexemplar angewidert an den Rand schrieb. Der Ehemann schläft nebenan, seinerseits berauscht von jener »Würze«, die ihm die Gattin hineingetan hat in den abendlichen Wein.

Hans Pfitzner war ein bemerkenswerter Komponist, ein bemerkenswerter Dirigent und ein eingefleischter Anhänger Richard Wagners. Zudem war er eine schlechtgelaunte, zänkische Natur, stritt nicht nur mit seinen Feinden, sondern besonders gern mit seinen Freunden. Die Rechthaberei machte nicht einmal Halt vor seinem Abgott. Mag sein, stellte er bei der Inszenierung von Wagners *Walküre* fest, mag sein, dass all das sein *musste* im großen Erlösungstheater vom *Ring des Nibelungen*, all der Mord und all der Totschlag, die Not- und

Unzucht und nun auch dieser Ehebruch samt dem im Nebenzimmer schlafenden Gatten Hunding. Denn wären Siegmund und Sieglinde nicht widerrechtlich zusammengekommen, wer hätte dann den Retter Siegfried geboren, um zum Finale die langersehnte Götterdämmerung ins Rollen zu bringen? Ja, es musste wohl sein. Eins aber musste *nicht* sein: Hundings Haarfarbe. Alle anderen Germanen waren nach Wagners Wünschen blond, Hunding als einziger schwarz. Wo Pfitzner recht hatte, *hatte* er recht. Hunding spielt die undankbarste Rolle; nicht nur kommt da einer und verführt ihm voller Lust und Leidenschaft und dann auch zu höheren Zwecken die Ehefrau, nicht nur geht ihm das unvermeidliche und bereits gewonnene Duell durch Wotans göttliches Eingreifen doch noch tödlich aus; nein, wo er den größtmöglichen Schaden hatte, da bekam er auch noch den Spott. Pfitzner war zwar Wagnerepigone, zugleich aber ein zutiefst ordentlicher und verheirateter Bürger des zwanzigsten Jahrhunderts. Wenn einer, so folgerte er, schon in allerhöchstem Auftrag seine bürgerliche Existenz nebst Frau und Leben einbüßt, dann soll man ihn für dieses Opfer nicht noch schmähen. Hunding hatte nichts verbrochen, war immerhin ein anständiger Ehemann gewesen und aufrechter Germane, und dass er dem postrevolutionären Erlösungsplan Wagners in die Quere kam, war nun weiß Gott nicht seine Schuld. So sollte man ihm wenigstens das Nötigste gönnen: Anerkennung, Respekt und blonde Haare. Der betrogene Ehemann ist kein Finsterling. Doch wer in die Noten schaut, der sieht, Pfitzners löblicher Einsatz war vergebens: Mochte er dem Sänger auch eine blonde Perücke überstülpen, die kratzige Tuba, das düstere c-Moll machen den Betrogenen zu einem, der zurecht betrogen wurde, ein widriger schwarzer Mann von allem Anfang an.

Die abendländische, europäische Kultur ist eine männliche Kultur, Familie und Ehe sind männliche Ordnungssysteme, durch die sowohl öffentliches wie privates Leben männlich beherrscht werden. Niemand wird das vernünftigerweise bezweifeln, und niemand bezweifelt es mehr. Seltsam nur, dass der entscheidende Repräsentant dieser männlichen Kultur, dass der Ehemann in diesem Spiel doch ziemlich dumm dasteht.

Vom frommen Joseph, der Mariens Schwangerschaft entdeckt, auch hier zu höheren Zwecken, über König Marke, der bereits im Titel aller Epen und Opern seinen legitimen Platz an der Seite seiner Gattin Isolde dem Liebhaber Tristan überlassen muss, bis hinein ins bürgerliche neunzehnte Jahrhundert, wo die Dinge noch einmal schlechter liegen. Als Alexej Alexandrowitsch Karenin auf dem Bahnsteig steht, kann er von Glück reden, dass er nicht hört, was seiner Gattin Anna Arkadjewna Karenina bei der Begrüßung so durch den Kopf geht: »›O mein Gott! woher hat er auf einmal solche Ohren?‹ dachte sie beim Blick auf seine kalte und stattliche Gestalt und besonders auf die sie nun verblüffenden Ohrenknorpel, auf denen die Krempe des runden Hutes aufsaß.« Doch das ist noch gar nichts gegen den Auftritt des künftigen Ehemanns der hinreißenden Emma Bovary, und in der Tat, schlechter als für den jungen Charles Bovary *können* die Dinge gar nicht liegen. Das erste Wort, das der Leser aus seinem Munde vernimmt, ist gar kein Wort, sondern nur ein unverständliches Gestammel: »Schahbovarie«. Für den, der vor Schüchternheit und provinzieller Verstocktheit nicht einmal seinen Namen begreiflich aufsagen kann, ist der Zug schon abgefahren, ehe der Roman überhaupt beginnt.

Gustave Flaubert hat sich entschieden, seinen gehörnten Ehemann bereits als Kind vorzuführen, und der Roman, der eine Madame, also eine verheiratete Frau im Titel trägt, beginnt erstaunlicherweise als Geschichte eines zukurzgekommenen Knirpses. Was Flauberts Erfindungskraft dem armen Jungen zumutet, reicht für ein Leben. Charles verfällt vom ersten Augenblick an dem hemmungslosen Spott seiner Kameraden: seine provinzielle Aussprache, seine linkischen Bewegungen, seine grobschlächtige Kleidung, alles ist grotesk. Und dann noch diese Mütze, Stein des Anstoßes und *running gag* der slapstickartigen Szene: »Es handelte sich um eine jener Kopfbedeckungen gemischter Natur, welche Elemente der Pelzkappe, der Tschapka, des runden Huts, der Otterfellkappe und der Zipfelmütze in sich vereinte, ja, um eines jener armseligen Dinger, deren stumme Hässlichkeit die gleiche ausdrucksvolle Tiefe besitzt wie das Gesicht eines Idioten. Eiförmig und durch

Fischbeinstäbchen gewölbt, begann sie mit einem dreifachen Wurstring; dann kamen abwechselnd, durch ein rotes Band getrennt, Rauten aus Samt und Kaninchenfell; hierauf folgte eine Art Sack, der in einem pappverstärkten, mit kunstvoll gesticktem Litzenbesatz verzierten Vieleck endete, und daran baumelte, als Abschluss einer langen, allzu dünnen Kordel, ein kleines Goldfadenknäuel in Form einer Eichel. Die Mütze war neu; der Schirm glänzte.« Flaubert projiziert in die Beschreibung eines läppischen Dinges mit bösester Sorgfalt bereits den definitiven Charakter einer ganzen Person; wer die Sätze, mit denen er das obskure Objekt seiner denunziatorischen Begierde erschafft, Wort für Wort nachvollzieht, der kann zu keinem anderen Schluss kommen als der enervierte Lehrer: »Und Sie, *Neuer*, Sie schreiben mir zwanzigmal das Verb *ridiculus sum*.« *Ich bin lächerlich*: Von diesem Urteil, von diesem Rufmord durch den Autor, wird sich der Mann nie mehr erholen.

Natürlich, so *muss* es nicht sein, nicht jeder behandelt die Herren so brutal wie der Normanne Flaubert. Und dennoch, sie alle sind Betrogene, und diese Rolle steht keinem gut. Der Zug des Lächerlichen, mal schwächer, mal stärker, fehlt keinem jener bürgerlichen Haushaltsvorstände, die mit dem treuen Joseph, dem traurigen König Marke das Schicksal teilen; was schon die Namen ausdrücken, mit denen man sie schmückt wie mit den sprichwörtlichen Hörnern: *cocu*, Hahnrei. Drei Männer werden uns vorgestellt: Charles Bovary, Alexej Alexandrowitsch Karenin und Geert von Innstetten. Charles hat schon verloren. Karenin wird es schwer haben, seine Ohren und das Bild »seiner kalten und stattlichen Gestalt« zu überwinden. Innstetten, »gute Figur und sehr männlich«, verbleibt zunächst in einem abwartenden, freundlichen Zwielicht. Drei Männer werden uns vorgestellt, doch in drei verschiedenen Situationen ihrer Geschichte. Der erste viele Jahre bevor er seine Emma zum ersten Mal erblickt; der zweite als stattlicher Gatte jener Anna, die bereits seinen Namen trägt; der dritte genau in dem Augenblick, als er um die Hand der Siebzehnjährigen anhält, die dann zu Frau von Innstetten wird und erst auf dem Grabstein zurückkehrt zu ihrem Mädchennamen Effi Briest, unter dem sie unsterblich ist.

Flaubert, Tolstoi, Fontane, keiner der drei Romanciers schickt seinen Mann unbelastet in die Geschichte. Und selbst für Innstetten, der im Rahmen einer bürgerlichen Eheanbahnung normal, das heißt gut wegkommt, wird ein Zeichen gesetzt. Nicht *er* wird hier beschrieben als einer, dessen Schicksal bereits vorentschieden ist, die Szene selbst setzt dieses Zeichen. »Effi, komm«, rufen ihre Freundinnen das Mädchen zurück zum Spiel. Innstetten sinnt. »Er glaubte nicht an Zeichen und Ähnliches, im Gegenteil, wies alles Abergläubische weit zurück. Aber er konnte trotzdem von den zwei Worten nicht los, und während Briest immer weiterperorierte, war es ihm beständig, als wäre der kleine Hergang doch mehr als ein bloßer Zufall gewesen.« Innstetten täte gut daran, die Zeichen zu deuten, denn auch wenn er selber nicht an solche glaubt, der Roman tut es. *Effi Briest* ist grundiert von vorausweisenden Anspielungen, Bildern, Worten, und bereits dies erste, »Effi, komm«, zeigt überdeutlich, dass Innstetten sich mit der Seinen auf einen Weg macht, auf dem er sie nicht wird halten können. Sonst unendlich viel dezenter als Flaubert, ist Fontane hier in seiner Vorausdeutung geradezu grob; der Lockruf an die frisch verlobte Effi ist ebenso beweiskräftig wie Charles' naturwidriger Kopfputz. Eins ist sicher: Im Augenblick, da das Spiel beginnt, haben die Ehemänner die schlechtesten Karten.

Die Entscheidung, wie ein Charakter, eine Figur gezeichnet wird, liegt einzig und allein beim Autor. Doch *innerhalb* des Romans nimmt keiner der drei die Sache auf seine Kappe. Flaubert schiebt den Bericht von der einleitenden Mützennummer einem rätselhaften kollektiven Unbewussten zu: »Heute wäre es keinem von uns mehr möglich, sich auch nur im geringsten an ihn zu erinnern.« Die im »Wir« umfassten Mitschüler sind keine Individuen, sie bleiben ein Personalpronomen, und auch das ist rasch verschwunden. Doch was ihnen gelingt mit diesen wenigen Sätzen, ist nicht weniger als die – wenn auch sehr paradoxe – Beglaubigung eines kollektiven Urteils: Charles Bovary gehört nicht zu *uns*, er ist dumm und schon vergessen, bevor das Buch nur recht beginnt. Die Daumen weisen nach unten, und eines Tages wird seine Ehefrau Emma sich dieser Mehrheit anschließen, was bleibt ihr anderes übrig, das neunzehnte wird ein demokratisches Jahrhundert. Anders Tolstoi und Fontane; in ihren Bildern – »kalte und stattliche Gestalt« hier, »gute Figur und sehr männlich« da – ist er von Anfang an spürbar: der Blick der Frau. Anna ist's, die Karenin dort am Bahnsteig warten sieht, und es ist Effi, die auf Innstetten schaut, der in wenigen Minuten um ihre Hand anhalten wird. Und so teilen dann am Ende doch alle drei dasselbe Schicksal: Sie sind nicht einfach Männer, sie sind Ehemänner, die wir im Blick ihrer Frauen sehen. Wie weit sie sich freizumachen vermögen von diesem Blick, das werden die Geschichten zeigen.

2.

Natürlich fragt man sich, was von diesen Männern zu wissen ist, darüber hinaus, dass sie verheiratet sind. Ein Ehemann ist nicht einfach ein Mann, der verheiratet ist. Ein Ehemann, hier sind sich die drei Romane einig, ist eine andere Spezies Mann. Ein Mann, das ist ein biologisches Geschlechtstier. Ein Ehemann ist ein gesellschaftliches Wesen. Die Gesellschaft beruht auf Ehe und Familie, das sagen die Sonntagsreden, doch ist die Aussage wahrer, als es mancher Redner weiß. Eine Gesellschaft ist ein unendlich komplexes Gebilde, das in seiner ungeheuren, unüberschaubaren Größe funktioniert, weil es absteigend in immer kleinere Gebilde sich aufgliedert. Die kleinste gesellschaftliche Einheit ist nicht der Mensch, sagt Bertolt Brecht, sondern zwei Menschen. Und so wie das gesellschaftliche Ganze beständig damit beschäftigt ist, einen Ausgleich zu finden zwischen der Mechanik des Funktionierens, des miteinander Kooperierens und aneinander Vorbeikommens von unendlich vielen Individuen einerseits und andererseits den unmittelbaren Bedürfnissen, Verfasstheiten und Obsessionen jedes einzelnen dieser Individuen, kurz: zwischen dem unpersönlichen Gesellschaftsapparat und dem zutiefst persönlichen Seelenleben, genau so funktioniert auch die Ehe, oder *sollte* sie zumindest funktionieren. Beruht die Gesellschaft auf Ehe und Familie, so kommt innerhalb der Ehe noch ein Moment hinzu, die Liebe. Und genau hier liegt der Unruhefaktor im gesellschaftlichen Uhrwerk, in der gefährlichen Tatsache, dass dies so komplexe Gebilde Gesellschaft, von dem Sicherheit und Stabilität des Lebens all ihrer Mitglieder abhängen, zum mitentscheidenden Bauteil das unsicherste, instabilste und aller Erfahrung nach flüchtigste Element hat, die Liebe.

Die Ehe der Karenins und der Innstettens wird auf ähnliche Weise geschlossen. Ein Mann in den besten Jahren hält an um die Hand einer Frau in den besten Jahren; die Männer um die vierzig, die Frauen rund zwanzig Jahre jünger. Warum die besten Jahre einer Frau zum Heiraten um die zwanzig liegen, für einen Mann eher beim Doppelten, das demonstriert *Effi Briest* am genauesten, wenn auch mit einer irritierenden Neigung zur Pikanterie. Als Geert von Innstetten Effis Hand erbittet, ist er achtunddreißig und damit auf den Tag genau so alt wie Luise von Briest, seine erwünschte Schwiegermutter. Der Schwiegervater in spe dagegen tritt auf als »ein wohlkonservierter Fünfziger von ausgesprochener Bonhommie«. Diese exakte Chronologie spielt ihre erhebliche Rolle, handelt es sich doch diesesfalls um eine *ménage*, die auf sehr ungewöhnliche Weise zu einer *à quatre* gemacht wird. Innstetten und Luise erlebten zu der Zeit, da sie in Effis jetzigem Alter waren, eine romantische Affäre, von der Fontane nicht allzu viel verrät. Offenbar hatte der junge Mann ernsthafte Absichten, doch die beteiligten Eltern kamen, noch ernsthafter, zum Schluss, dass an deren Verwirklichung beileibe nicht zu denken sei. Luise war heiratsfähig, doch Kandidat Innstetten, gleichen Alters, eben nicht; er mochte Zuneigung mitbringen und Liebe, ihm fehlte genau das, was ihn zu einem *ernsthaften* Bewerber gemacht hätte: die gesellschaftlich gefestigte Position, die eine Familiengründung erlaubt. »›Er war ja noch viel zu jung‹«, so gibt die interessierte Effi die Saga an ihre ebenso interessierten Freundinnen weiter, »›und als mein Papa sich einfand, der schon Ritterschaftsrat war und Hohen-Cremmen hatte, da war kein langes Besinnen mehr, und sie nahm ihn und wurde Frau von Briest …‹« Ob tatsächlich *sie* es war, die junge Luise, die ihn nahm, und nicht doch eher die vernunftbegabten Eltern, das lässt Fontane im Dunkel. Ganz deutlich aber macht er, dass jenes »viel zu jung« kein biologisches Alter meint, sondern nur ein soziales. Mit zwanzig kann man verliebt sein, bitte schön, doch Verantwortung für Familie und Gesellschaft übernehmen, das kann man nicht; man hat Träume, aber keine Pläne. Siebzehn Jahre später präsentiert sich derselbe Innstetten in derselben Familie als derselbe Heiratskandidat – nun aber für die Tochter. Die Familie schlägt ein, das Schicksal zu. Erst jetzt ist auch er im besten Alter: noch von guter Figur und sehr männlich, wie gesagt, doch gesellschaftlich so gestellt, dass die Sache Hand hat und Fuß.

Sieht man für den Augenblick noch ab, wovon kaum abzusehen sein wird, nämlich vom Hautgoût der Frivolität, wenn eine Mutter ihren einst wohlgelittenen Verehrer zum Schwiegersohne nimmt, ist eine solche Eheschließung durchaus die Norm. Wer geneigt ist, hier den Triumph der zwanghaften gesellschaftlichen Konvention über die authentischen freien Gefühle zu sehen, der verkennt, dass die bürgerliche Ehe eben genau dies ist und nichts anderes sein konnte: Konvention. Eine Konvention, die das Ineinanderwirken von individuellen und kollektiven Bedürfnissen regelt. Die individuellen Bedürfnisse indes sind keineswegs ausschließlich die des Gefühlslebens, also Liebe oder gar Leidenschaft; die individuellen Bedürfnisse sind vor allem anderen die materielle Absicherung im Familienverband und die dauerhafte Absicherung des Familienverbands durch die Fortpflanzung des Ehepaars. Wenn dann noch Zuneigung dabei ist oder im Lebensgang erst entsteht – wie schön! Voraussetzung oder gar Anstoß ist sie nicht. Innstetten beweist es und Karenin genauso: Um als Ehemann in Frage zu kommen, genügen nicht individuelle Qualitäten, es braucht mehr und vor allem anderes. Die mögliche Gattin besitzt als Voraussetzung die Fortpflanzungsfähigkeit und ihre grundsätzliche Ebenbürtigkeit in sozialer Hinsicht; was ansonsten ihr Leben als Frau betrifft, so verlässt man sich meist auf *learning by doing*; ein riskantes Prinzip, wie sich zeigen wird. Der Ehemann dagegen hat seine Qualifikation *vorher* zu beweisen.

Die Idee der bürgerlichen Ehe in ihrer Verbindung von natürlichen und gesellschaftlichen, und das heißt rechtlichen Elementen hat erst das neunzehnte Jahrhundert auf den Begriff bringen können. Immanuel Kants berühmte Definitionen aus der *Metaphysik der Sitten* vermeiden durch prosaische Genauigkeit jede romantische Überhöhung: »Geschlechtsgemeinschaft (commercium sexuale) ist der wechselseitige Gebrauch, den ein Mensch von eines anderen Geschlechtsorganen und Vermögen macht (usus membrorum et facultatum sexualium alterius)«; und genauer gefasst: »die Ehe (matrimonium), d.i. die Verbindung zweier Personen verschiedenen Geschlechts zum lebenswierigen wechselseitigen Besitz ihrer Geschlechtseigenschaften.« Die Vernunft der Aufklärung verweist unmissverständlich auf den konkreten Kern der Ehe, aber ebenso auf die Konsequenzen, die sich ergeben aus dem eingegangenen Vertrag. In der sozialen Institution Ehe und Familie verwandeln sich die biologischen Eigenschaften in soziale, und es zeigt sich, das Eherecht ist vor allem eines: der Versuch, den natürlichen Gebrauch der Geschlechtsgemeinschaft in eine Form zu überführen, die den unverzichtbaren Regeln gesellschaftlichen Lebens entspricht. Wer würde für wessen Lebensunterhalt zu sorgen haben, ohne die Ehe? Wer würde für die Folgen haften, sprich: für die Kinder? Liebe könnte da nicht weiterhelfen. Nein, die Ehe ist kein Instrument zur Steigerung der Liebeserfüllung, sie ist »die Verbindung zweier Personen verschiedenen Geschlechts«, mit allen Voraussetzungen und Konsequenzen, die das in einer komplizierten Gesellschaft nach sich zieht.

Der Ehemann also ist nicht einfach ein Mann, er ist die Verkörperung des ehelichen Prinzips. Der Ehemann definiert den gesellschaftlichen Rang der Familie, und zwar über seinen Beruf, und über diesen Beruf sichert er nicht nur die materielle Existenz, er entscheidet, wo die Familie lebt auf der allgemeinen Skala zwischen Mangel und Luxus. Wie groß die Familie auch sei, der bürgerliche Ehemann ist in ihr der einzige, der einen Beruf ausübt. Er ist zwar beileibe nicht der einzige, der *arbeitet*, das nicht, denn wenn es nicht gerade um die Spitzen der Gesellschaft geht, ist die Haushaltsführung mit Domestiken verschiedenster Art eine umfangreiche Arbeit eigenen Ranges. Eine bezahlte Arbeit jedoch ist sie nicht, und so ergibt sich der Lebensstandard der Frau nicht aus der eigenen Arbeit *im* Haus, sondern wiederum aus der ihres Mannes da draußen. Und auch die sozialen Beziehungen der Eheleute speisen sich ganz allgemein aus zwei Quellen: aus dem Familien- und Verwandtschaftsverband und aus dem beruflichen Umfeld des Mannes. Der Ehemann ist also nur zum Teil ein Individuum, oder anders gesagt, der Ehemann hat in seiner individuellen Persönlichkeit das zu leisten, was die Gesellschaft als Ganzes leistet: die Durchdringung und, möglichst, den Ausgleich von gesellschaftlichen Ansprüchen und persönlichen Bedürfnissen. In Körper und Seele des Ehemannes vollzieht sich jener Arbeitsprozess, der die individuellen Impulse, Begierden, Träume, Wünsche, Abneigungen, Obsessionen und so weiter dergestalt zurichtet, dass sie den gesellschaftlichen Mechanismus, der das Leben jedes einzelnen Individuums absichert, nicht mehr stören oder gar zerstören – in der Regel, denn nicht immer verläuft dieser Prozess reibungslos. Für diesen Fall gibt es die Romane.

Doch wie auch immer, ohne Spuren bleibt er nie. Karenin und Innstetten, beide heiraten erst, als sie beruflich schon auf der sicheren Seite sind, und beide wollen noch deutlich weiter. In dem, was man heute das »emotionale Leben« nennen könnte, werden beide als beschädigt gezeichnet, zumindest als reduziert. Am deutlichsten Innstetten – wobei man sich fragt, ob Fontane das auch so sah. Wie kann einer, sagt sich jedenfalls der heutige Leser, wie kann einer mit Innstettens Lebenserfahrung von achtunddreißig Jahren ein Mädchen heiraten wollen, das da hinten im Garten mit den Freundinnen auf der Schaukel sitzt? Wie kann einer hier, wo die soziale Ebenbürtigkeit gesichert ist, so sehr verzichten wollen auf jede menschliche Ebenbürtigkeit in Erfahrung und Erwartung, aber auch in jenem Temperament, in jenem Lebensgefühl, das unmittelbar zusammenhängt mit dem Alter eines Menschen? Denn an Reife und Unreife, Offenheit oder Abgeklärtheit, jugendlicher Unbedingtheit oder mühsam erworbener Kompromissfähigkeit liegt es doch, wie einer in das Leben schaut, das vor ihm liegt: in ein weites Feld ohne Grenzen, oder in ein Land, wo Wege und Äcker bereits abgesteckt sind. Und wie kann ein Mann von Anfang an darauf verzichten wollen, dass seine Frau ihn auch in dieser notwendigen Begrenztheit, in diesem Leben nach dem Realitätsprinzip verstehen möge – denn eines ist sicher: Dieses Kind, das so gerne nachgeben würde, jenem lockenden »Effi komm«, zurück zum Spiel der Freundinnen, das *kann* ihn nicht verstehen, den »Baron Innstetten, schlank, brünett und von militärischer Haltung«. Und er selbst? Dass er diese Ehe überhaupt für *möglich* hält, zeigt vor allem eines: An das Bild einer auch menschlich gleichrangigen Gemeinschaft zwischen Mann und Frau hat er offenbar nie gedacht in seinem Leben. Oder vielleicht doch, seinerzeit mit Luise? Wie also kann es einem ernsthaften Mann von Statur, von Lebenserfahrung und Bildung überhaupt *genügen*, zusammenzuleben mit einem so unreifen Ding, wie es dort auf dem Kinderspielplatz turnt? Denn im Genügen dieses Zustands, *hier* liegt die zu beantwortende Frage.

3.

Der Bildungsroman, der einen Mann zum Ehemann macht, er hinterlässt seine Spuren, und um so mehr, wenn Störungen auftreten. Da kann es nämlich geschehen, dass ausgerechnet dieselben lebensklugen, bürgerlich korrekten Qualitäten, die ihn einst bestens zur Ehe qualifizierten, ins Gegenteil umschlagen und ihm plötzlich als persönliche Defekte vorgerechnet werden. Des jungen Innstetten leidenschaftliche Liebe zu Luise reichte ganz entschieden nicht; nun aber, nachdem er in achtzehnjähriger Seelenarbeit seine Leidenschaften und die Forderungen der Gesellschaft in militärischer Haltung zur Deckung gebracht hat, da wird das Ergebnis im Krisenfall gegen ihn verwendet; »er hatte viel Gutes in seiner Natur und war so edel, wie jemand sein kann, der ohne rechte Liebe ist«, wird Effi ihm nachrufen, als alles längst vorüber ist. Ohne rechte Liebe? Woher weiß ausgerechnet diese Effi so genau, was rechte Liebe wäre? Und doch scheint etwas dran zu sein, erhebt doch ihre Geschlechts- und Schicksalsgenossin Anna fast wörtlich den gleichen Vorwurf: »Sie dachte: ›Er liebt? Kann er denn lieben? Wenn er nicht davon gehört hätte, dass Liebe vorkommt, würde er dieses Wort niemals gebrauchen. Er weiß ja nicht, was Liebe ist.‹« Und sogar Emma spürt gerade angesichts von Charles' ständigen Liebesbezeugungen den dringenden Wunsch, sie könne ihm das Gegenteil vorwerfen: »Es wäre ihr recht gewesen, hätte Charles sie geschlagen, dann hätte sie ihn leichter verabscheuen, sich an ihm rächen können.« Was dran ist, von Seiten der Frauen, wird noch zu fragen sein; aber was ist dran für diese Männer, denen – wie man's macht, ist es verkehrt – kollektiv die Diagnose droht, sie spürten nicht die wahre Liebe?

Lieben diese Männer ihre Frauen? Kann man dieses Verhältnis Liebe nennen, selbst wenn man in Rechnung stellt, dass von ihnen, als Ehemännern, ultimativ verlangt wurde, sie mögen gefälligst Handfesteres vorweisen als verliebte Blicke? Fragt man nach dem Beginn der Eheschließung, so kann, das macht wiederum die ausführliche *Effi Briest* am deutlichsten, von Liebe keine Rede sein. Effi und Innstetten kennen sich kaum, und nicht viel anders ist es wohl bei Anna und Karenin. Nein, als Innstetten Effi zur Frau begehrt, folgt er ganz sicher keinem tiefen, persönlichen Gefühl, er bevorzugt diese eine Frau vor allen anderen nicht deshalb, weil er sie schöner, attraktiver, klüger, charmanter, mit einem Wort: liebenswerter fände als alle anderen Frauen. Er folgt vielmehr der bürgerlich aufgeklärten Vernunft und sucht eine Partnerin zum wechselseitigen Gebrauch ihrer Geschlechtseigenschaften, der biologischen wie der sozialen. Und nicht reine Leidenschaft, sondern praktische Vernunft hat ihn dazu gebracht, der Familie seiner einstigen Flamme einen Besuch abzustatten und deren geschlechtsreife Tochter in Augenschein zu nehmen. Wer hier unbedingt Berechnung und Gefühllosigkeit finden will, verkennt, was Ehe im neunzehnten Jahrhundert ist, und folgerichtig sehen weder die Eltern Briest noch, *nota bene*, Tochter Effi anderes darin als Normalität, und zwar reizvolle, vielversprechende Normalität. Zeit zur Prüfung verlangt keiner, was vielleicht ein Fehler ist, trotzdem nicht ungewöhnlich:

»Noch an demselben Tage hatte sich Baron Innstetten mit Effi Briest verlobt.« Noch einmal: Ist das Liebe? Sicher nicht. Aber hat irgendjemand Liebe verlangt in diesem Augenblick? Sicher nicht. Auch Effi geht keineswegs davon aus, Liebe sei Voraussetzung zur Ehe, und auch sonst niemand, die Karenins so wenig wie die Briests. Aber hätte irgendeiner erklärt, Liebe spiele in der Ehe überhaupt keine Rolle? Zum dritten Mal: Ganz sicher nicht! So bleibt nur der Schluss, dass alle überzeugt sind, eheliche Liebe sei etwas, was zu erwerben ist, herzustellen, zu schaffen im Verlauf dessen, was eher durch Vernunft als durch Leidenschaft begonnen wird, der Schluss, dass Liebe und eheliche Liebe durchaus zwei Paar Stiefel sind.

Kann man das, was jetzt vom Zusammenleben der Paare berichtet wird, als solche Liebe betrachten? Für die Ehemänner gilt, dass dieses Zusammenleben eben nur einen Teil ihres Lebens ausmacht, der andere ist der Beruf. Gleich ob in Petersburg oder Kessin, ein öffentlich Bediensteter, die Karriere im Ministerium vor Augen, ist ein beschäftigter Mann, und für das Familienleben bleibt oftmals wenig Zeit – diese Klage ist keine Erfindung des geschwindigkeitssüchtigen zwanzigsten Jahrhunderts. Und auch ein Landarzt in der französischen Provinz ist unaufhörlich unterwegs. Die drei Herren entledigen sich dieser doppelten Pflicht jedoch mit mehr als Anstand; keiner nutzt die häufigen Abwesenheiten zu Eskapaden wie Anna Kareninas Bruder, Stepan Arkadjitsch Oblonski, ein großer Freund des Seitensprungs, den Tolstoi ausdrücklich als schlechtes Beispiel vorführt für das, was trotzdem zur ehelichen Normalität gehört. Fontane gibt dieser Zeit des gemeinsamen Lebens sehr viel Raum: Landrat Innstetten und seine Frau leben als ländliche Honoratioren ein angenehmes Leben, und auch wenn der Autor stets die Unterschiedlichkeit der beiden spüren lässt, wie sie allein schon das Alter vorgibt, wird auch Effi nicht als unglückliche Person gezeichnet. Gewiss, sie klagt über ihres Geert allzu häufige Abwesenheiten, während derer ihr das düstere Wohnhaus erfüllt scheint von Spukgestalten. »›Meine liebe Effi‹«, so erläutert ihr Mann, Landrat vom Scheitel bis zur Sohle, »›meine liebe Effi, ich lasse dich ja nicht allein aus Rücksichtslosigkeit oder Laune, sondern weil es so sein muß; ich habe keine Wahl, ich bin ein Mann im Dienst, ich kann zum Fürsten oder auch zur Fürstin nicht sagen: Durchlaucht, ich kann nicht kommen, meine Frau ist so allein, oder meine Frau fürchtet sich.‹« Dem kann und will Effi sich nicht entziehen, und doch wird sie auf die eine oder andere Weise immer wieder darauf zurückkommen.

Ist Innstetten deshalb lieblos? Nach der Geburt des Töchterchens Anna erholt die junge Mutter sich im märkischen Elternhaus, das sie im Innersten wohl immer noch als ihr eigentliches Heim empfindet. Und doch gibt es ihr den Anlass, ihrem Gatten nach der Rückkehr einen kleinen Vorwurf zu machen: »›Ja, Geert, wenn du nur ein bißchen Sehnsucht gehabt hättest, so hättest du mich nicht sechs Wochen mutterwindallein in Hohen-Cremmen sitzen lassen wie eine Witwe‹«. Effi spricht, wie es fast die Pflicht einer Ehefrau ist, als aber Innstetten ihr mit leichtem Spott und starkem Recht Koketterie vorwirft, erfährt der Dialog eine plötzliche Wendung ins Zweideutige, wie es nicht häufig vorkommt zwischen Eheleuten, jedenfalls nicht zwischen *diesen* Eheleuten. Mit einem Male sagt Effi, dass sie ihrem Geert den förmlichen Landrat in Wahrheit gar nicht abnimmt; er sei eigentlich »ein Zärtlichkeitsmensch und unterm Liebesstern geboren«, und der Rest sei Formalie: »›Du willst es bloß nicht zeigen und denkst, es schickt sich nicht und verdirbt einem die Karriere.‹« Ist das dieselbe Effi, die demselben Geert dann Jahre später kategorisch jede »rechte Liebe« abspricht? Und ist es derselbe Ehemann, der hier mit einem Lächeln und Zustimmung antwortet? Effi tut nichts anderes, als dass sie, einem Impuls des Augenblickes folgend, ihren Mann als den idealen Ehemann zeichnet, als einen, der hinter der bürgerlichen Außenseite ein potentieller Liebhaber geblieben ist. Und Innstetten will sich genau darin erkannt sehen. Hätten sie es besser treffen können miteinander?

Das Gespräch bricht ab nach ein, zwei Wendungen, durch das Hinzutreten des Dritten, bricht aber auch ab aus noch zwingenderen Gründen. Effi und Innstetten haben sich mit Worten wie »Kokette«, »Zärtlichkeit« oder: »Du hast was Verführerisches« auf ein Parkett begeben, das für den Ehealltag wohl deutlich zu glatt ist. Im Gegenteil, Fontane und

Tolstoi zeichnen das tagtägliche Leben mit großem Einfühlungsvermögen gerade so, dass es für diese Art von Zweideutigkeiten keinen Raum lässt – und ihrer, wichtiger, auch gar nicht bedarf. Die eheliche Liebe bedarf der koketten Anzüglichkeiten nicht, und jede ausdrückliche Anspielung auf Erotisches und überhaupt auf Gefühle bekommt zwischen den Eheleuten zwangsläufig einen Hauch des Peinlichen. Am deutlichsten hat das Tolstoi gesehen. Als Anna von ihrer Moskaureise zurückkehrt, auf der sie die gefährdete Ehe ihres Bruders kitten sollte, wird sie auf dem Bahnsteig von ihrem Mann erwartet: »Als er sie erblickte, ging er ihr entgegen, die Lippen zu seinem üblichen spöttischen Lächeln verzogen, die großen müden Augen gerade auf sie gerichtet.« Er begrüßt sie mit den Worten: »›Ja, wie du siehst, dein zärtlicher Gatte, zärtlich wie im Jahr nach der Eheschließung, hatte das brennende Verlangen, dich zu sehen‹«. Karenin pflegt gewohnheitsmäßig einen Konversationston, der das, was er sagt, sofort zu dementieren scheint, einen »Ton des Spotts über diejenigen, die quasi tatsächlich so redeten«. Im Fortgang der Geschichte macht Tolstoi immer deutlicher, dass, anders als es auf den ersten Blick erscheint, Karenin sich hier eine Meta-Sprache erfunden hat, um genau das aussprechen zu können, was auszusprechen ihm peinlich ist: dass er seine Ehefrau Anna liebt wie im Jahr der Eheschließung. Nur weil er es als Parodie ausspricht, kann er das Ernstgemeinte sagen. Seine Sprache der Liebe ist eine Regel, die im Regelwerk der Ehe jene leidenschaftlichen Ergüsse ersetzen soll, die dort keinen Platz mehr haben; Voraussetzung, dass dieses Regelwerk funktioniert, ist jedoch das Einverständnis beider Partner. Im Großen und Ganzen – und anderes kann im pragmatischen Lebensentwurf »Ehe« nicht verlangt werden – scheint bei den Karenins und den Innstettens dieses Einverständnis dazusein, und bei den Männern nicht einmal mit wirklichen Einschränkungen.

Und wo bleibt Charles Bovary bei alledem? Nun, mit diesem Tölpel hat es seine ganz eigene Bewandtnis. Ausgerechnet dieser »Schahbovarie« unter seiner Narrenkappe, so wenig attraktiv, so lächerlich er uns vorgestellt wird, ist zunächst einmal der einzige, der die Erfahrung des Heiratens gleich doppelt machen darf. Bekanntlich hat die Mutter ihrem Sprössling nicht nur zum Medizinstudium verholfen, sondern auch zu der finanziell einträglichen Madame Héloïse Dubuc, ihres Zeichens Gerichtsvollzieherwitwe in Dieppe, deren Rente von zwölftausend Livre dann doch mehr zählt als ihre fünfundvierzig Lenze. »Sie verlangte jeden Morgen ihre Schokolade, Rücksicht ohne Ende. Ständig jammerte sie über ihre Nerven, ihre Brust, ihre Gemütszustände. Das Geräusch von Schritten tat ihr weh; ging man fort, wurde die Einsamkeit ihr unerträglich; kehrte man zurück, war es doch nur, um sie sterben zu sehen. Abends, wenn Charles nach Hause kam, streckte sie ihre langen, mageren Arme unter den Laken hervor, schlang sie um seinen Hals, zwang ihn, sich auf den Bettrand zu setzen, und klagte ihr Leid: Er vernachlässigte sie, er liebte eine andere! Man hatte ihr ja vorausgesagt, dass sie unglücklich würde; und am Ende bat sie um irgendeinen Saft für die Gesundheit und ein bisschen mehr Liebe.« Was Flaubert hier mit vollkommener Bösartigkeit durchbuchstabiert, ist die auf den Kopf gestellte Karikatur einer bürgerlichen Vernunftehe. Zunächst einmal bekommt wiederum der arme Charles sein Fett, der so beschränkt ist, sich mir nichts, dir nichts mit einer doppelt so alten »Schindmähre« – »hässlich, dürr wie ein Reisigbündel und voll knospender Pickel wie ein Frühlingsstrauch« – zusammenspannen zu lassen; der Altersabstand ist der von Effi und Innstetten, doch leider in der falschen Richtung, und das macht den Mann automatisch zur komischen Figur. Und auf die gleiche verkehrte Weise kommt das ganze bekannte Repertoire aufs Tapet: das Geld, das zunächst die Ehe macht, dann doch nicht da ist, das Alter in Gestalt der körperlichen Gebresten, das lächerliche Verlangen nach etwas mehr Liebe und natürlich die Eifersucht, die unter diesen Bedingungen nicht auf sich warten lässt: »Er liebte eine andere!«

Natürlich, Charles wird schon bald eine andere lieben; der zukünftige Hahnrei beginnt als untreuer Ehemann zumindest im Geiste. Der Bauer Rouault bricht sich das Bein, Charles kuriert ihn und lernt dabei die wohlgeformte Tochter kennen und ihre Reize schätzen. Die ohnehin marode Héloïse tut ihm den Gefallen und stirbt vor Schreck; ihr Abaelard ist nun

Witwer und gedenkt der Verblichenen mit exakt dem resignativ-versöhnenden Satz, der noch für jede pflichtgemäße eheliche Zuneigung galt und den, etwas blumiger, auch Effi ihrem armen Geert hinterherschicken wird: »Sie hatte ihn geliebt, alles in allem.« Ja, schulterzuckend lässt sich sagen, das ist die Liebe der Ehepaare. Und so vorbereitet ist es kein Wunder, dass Charles stehenden Fußes der scharfen Emma verfällt. Den jungen Arzt zieht's regelmäßig zu den Rouaults und vor allem zur Tochter des Hauses, man hebt gemeinsam ein Gläschen Curaçao, sie klagt über leichte Schwindelanfälle, dagegen lässt sich etwas tun, der Geist der Medizin ist leicht zu fassen, man gerät ins Plaudern, und selbst wenn er sich abends an kein Wort mehr erinnert, denkt Charles sehr gern zurück, und so kommt es, wie es kommen muss: »Doch Emmas Gesicht erschien immer wieder vor seinen Augen, und etwas Monotones wie das Brummen eines Kreisels dröhnte ihm in den Ohren: ›Und wenn du doch heiraten würdest! wenn du heiraten würdest!‹ In der Nacht schlief er nicht, seine Kehle war ausgedörrt, er hatte Durst; er stand auf, um aus seinem Wasserkrug zu trinken, und öffnete das Fenster; der Himmel war sternenübersät, ein lauer Wind wehte, in der Ferne bellten die Hunde. Er wandte den Kopf in Richtung Les Bertaux.« Flaubert tut, was er kann, um seinen Helden dem Spott auszuliefern, hinter aller Lächerlichkeit erscheint dennoch ein ernstes Bild: Charles ist verliebt. Mag sein, dass er ungeschickter ist als sämtliche Geschlechtsgenossen, mag sein, dass er ohne des neuen Schwiegervaters ermunternde Hilfe seinen Antrag niemals gewagt hätte, eines zeichnet ihn doch aus gegenüber den beiden anderen Herren: Charles Bovary heiratet als einziger aus Liebe.

Die Diagnose ist in der Tat bemerkenswert. Und auch sonst ist alles anders: Charles schaut nicht aufs Geld und nicht auf die Karriere, fragt nicht einmal die Mutter, er will nur diese hinreißende Frau mit der hellen Haut. Und daran wird sich nichts mehr ändern, nicht vor der Hochzeit, nicht danach: »Am nächsten Tag hingegen wirkte er wie ausgewechselt. Ihn hätte man viel eher für die Jungfrau vom Vorabend halten können, während die Frischvermählte nichts erkennen ließ, was

Rückschlüsse erlaubte.« Eheszenen wie diese legen jedoch eine böse Vermutung nahe: Könnte es nicht sein, dass es in Flauberts Augen gerade Monsieur Bovarys Tölpelhaftigkeit ist, was ihn zum großen Liebenden macht? Und dass gerade sein fehlender Ehrgeiz in Berufsdingen ihm erlaubt, ständig an die Eine zu denken? Am liebsten, ach, wenn die Welt ihn nur ließe, würde er auf ewig seinen Alltag leben und genießen! Einen schöneren hat kaum je ein Ehemann gehabt, denn »jeden Abend erwartete ihn ein prasselndes Feuer, ein gedeckter Tisch, weiche Möbel und eine Frau in feinen Kleidern, so bezaubernd und wohlriechend, dass man sich fragte, woher dieser Duft kam, und ob es nicht vielleicht ihre Haut war, die hindurchatmete durch ihr Hemd.« Wo fände sich in *Effi Briest* oder *Anna Karenina* ein Bild von gleicher erotischer Intensität zwischen den Eheleuten wie hier, wo Charles durchs luftige Kleid hindurch den Duft von Emmas Gliedern zu atmen meint? Wo hätte der Ehemann mit gleicher Tiefe und Inständigkeit sein tagtägliches Dasein als pures Glück erlebt? Nein, Charles ist kein Bürger, dem zur Karriereerfolg nun auch Frau und Kinder nottun, er liebt, und er liebt wie keiner seiner Romankollegen es tut.

Könnte es nur dabei bleiben! Doch das eine Mal, da er sich, ein Mann unter Einfluss, bereden lassen wird, auch als Arzt an Ruhm und Ehre zu denken, da geht es grauenhaft schief: Die berühmte Klumpfußoperation inszeniert Flaubert als die definitive, nie wieder gutzumachende Blamage eines ewigen Schahbovarie. Die Ehemänner haben tatsächlich die schlechtesten Karten, und welche sie auch ausspielen, es ist die falsche. Man könnte meinen, in der Herrschaftsrolle des Ehemannes verberge sich bereits die Zielscheibe der Rache; als trage jeder Ehemann, wie respektabel und dominant auch immer, bereits einen anderen in sich, einen kleinen gehörnten Doppelgänger, und als warte die Welt nur darauf, ihn erscheinen zu sehen, um sich an ihm schadlos zu halten für die angemaßte Rolle als Familienoberhaupt.

4.

Goethe beschreibt in einem grandiosen, lang geheimgehaltenen Gedicht den Augenblick, da der Mann auf der Schwelle zum Ehebruch mit einer zufälligen Reisebekanntschaft durch plötzliche Impotenz zurückgehalten wird und, im Gedenken an die geliebte Frau zuhause, das Unaussprechliche in »geheime Worte« kleidet: »*Die Krankheit erst bewähret den Gesunden.*« Und diese Bewährung wird, im umgekehrten Sinne, dem Ehemann auch dann abverlangt, als er an jenen anderen Punkt des Ehelebens kommt, von dem es keinen Rückweg zu geben scheint, an den Moment, da er erfährt, dass die Ehe, in der er lebt, von der Frau gebrochen ist. Das Ende der Romane ist bekannt, die Bewährung gibt es nicht – oder?

Die drei Romane erzählen den schwarzen Tag in drei vollkommen verschiedenen Situationen. Innstetten findet die verräterischen Briefe sieben lange Jahre nach der Affäre, und da Effi im entscheidenden Moment gerade auf Erholungsurlaub weilt, werden die fatalen Weichen für Trennung, Duell und Scheidung in ihrer Abwesenheit gestellt; ein Gespräch zwischen den Eheleuten findet – jedenfalls nach dem, was der diskrete Fontane verrät – nicht statt, sowenig wie zwischen Eltern, Tochter und Schwiegersohn, das Drama vollzieht sich auf Distanz. Tolstoi ist hier der Ausführlichste, er lässt Karenin vom ersten Tag an zum Zeugen werden; seit der Begegnung zu dritt auf dem Bahnhof erlebt er die wachsende Liebe zwischen Anna und Graf Wronski, die immer bedenklicher, heikler werdenden Szenen in der Öffentlichkeit und dann jenen irreparablen Moment, als Anna ihm, der doch nur die Einhaltung der letzten öffentlichen Anstandsregeln fordert, die Wahrheit brutal ins Gesicht wirft: »Ich liebe ihn, ich bin seine Geliebte, ich kann Sie nicht ertragen, ich fürchte, ich hasse Sie …« Das ist der *point of no return*, und nun wird der Leser seine Folgen in allen Details und Schwankungen erfahren. Zum Schluss Flaubert, der, wenn auch auf ganz andere Weise, Fontanes Sparsamkeit vorausging. Der Einfaltspinsel Charles liebt seine Emma so bedingungslos, dass er nichts von dem bemerkt, was vor seinen Augen geschieht, nicht die Affäre mit dem dürftigen Kanzlisten Léon Dupuis, noch die mit dem aufdringlichen Provinz-Don Juan Rodolphe Boulanger, und auch als sie Arsen schluckt, kann er sich nichts erklären. Erst unmittelbar vorm Fallen des Vorhangs, es ist das letzte Dutzend Seiten, als Emma längst auf dem Kirchhof ruht, umweht ihn eine schwache Ahnung. Wiederum verrät ein Brief des Liebhabers an die ungetreue Ehefrau die Wahrheit, aber Charles wäre nicht Charles, fände er nicht auch dafür eine Erklärung: »Vielleicht haben sie sich platonisch geliebt.« Vielleicht, vielleicht auch nicht. Und erst auf der vorletzten Seite, bei einer zufälligen, qualvoll peinlichen Begegnung mit Rodolphe, lässt er erkennen, dass er doch weiß, was geschehen ist: »›Nein, ich nehm es Ihnen nicht mehr übel!‹ Er fügte sogar ein großes Wort hinzu, das einzige, das er jemals gesagt hat: ›Schuld ist das Schicksal!‹« Es ist nur allzu offensichtlich, was Flaubert denkt von Charles' Großzügigkeit gegenüber diesem Kerl, der auf das fatale Geschehen deutlich mehr Einfluss genommen hat als jedes Schicksal.

Die mörderische Ironie jenes einzigen »großen« Wortes, »das er jemals gesagt hat«, so beißend, dass sie sogar als positive Wahrheit missverstanden worden ist, setzt nur den Schlusspunkt unter ein Leben, das im Zeichen des *»ridiculus sum«* beginnt und endet: Doof bleibt doof, da helfen keine Pillen! Und wenn Charles tatsächlich der einzige unter den drei Ehemännern ist, der seine Frau rückhaltlos liebt, ja geradezu anbetet, dann schlägt ihm nicht einmal das zu Buche, denn er liebt sie nur aus Dummheit. Gegenüber dieser monolithischen Einheit innerhalb der Figur ist Alexej Alexandrowitsch Karenin von ganz erheblicher Differenziertheit. Auch seine Karten sind schlecht, doch noch um so schlechter, weil Generationen von Lesern sich angewöhnt haben, Karenin ausschließlich mit dem Blick Annas zu sehen. Anna Karenina ist eine wundervolle junge Frau, und sie scheint alles im Leben zu besitzen, was glücklich macht; seit Jahren aber lebt sie in einer unerfüllten, monotonen Ehe mit einem trockenen, unsensiblen und nur an der Karriere interessierten älteren Mann, und erst als der glänzende, gutaussehende und leidenschaftliche Offizier Graf Wronski in ihr Leben tritt, hat sie die wahre, die rechte Liebe gefunden, der sie alles zu opfern bereit ist – so oder so ähnlich klingt das Standard-Resümee, mit dem man *Anna Karenina* vorzustellen pflegt, und es ist falsch. Diese Charakterisierung Karenins geht an der Wahrheit des Buches strikt vorbei, aber auch an der Wahrheit Annas selber. Gewiss führen die Karenins eine bürgerliche Vernunftehe, nichts aber weist darauf hin, dass Anna ihre Ehe bereits vor Wronskis Auftreten als monoton und unerfüllt empfindet. Selbst jenes aggressiv hingeworfene »Ich kann Sie nicht ertragen, ich fürchte, ich hasse Sie …« ist eher Impuls des unerhörten Moments, da die Ehefrau den Ehebruch gesteht, als ein wirkliches Gefühl von Dauer. Vor allem aber dementiert Karenins Verhalten vor, während und nach dem schwarzen Tag jede Charakterisierung dieses Mannes als hart und unsensibel.

Karenins Ironie ist eine Maske, eine private Konvention, doch auch sie zerfällt immer rascher, als er hilflos den schleichenden Verlust seiner Frau miterleben muss. Zunächst ist er verblüfft, verwirrt, kann schlechterdings nicht glauben, was sich hier immer krasser abspielt vor seinen Augen, und so ist seine erste Reaktion auch ganz konventioneller Natur. Annas offenkundiger Flirt mit Wronski verletzt die Anstandsregeln der Gesellschaft, also weist er seine Frau auf diese Regeln hin und verlangt ihre Einhaltung. Deutlich unkonventioneller jedoch ist das, was sich bereits hinter der Fassade der Konvention abspielt. In dieser frühen Phase ist Karenin nicht nur ungläubig, er weigert sich sogar vor sich selbst, überhaupt nachzufragen, ob an dem Anschein vielleicht doch etwas dran sein könnte. Gewiss spielt da jene kindliche Haltung mit, zu glauben, die Wirklichkeit sei nicht da, wenn man sich nur die Augen zuhält; hinzu aber kommt ein Element, das wohl kaum alltäglich ist. Karenin erklärt, was in Annas Innerem vorgehe, sei ihre eigene Sache und Verantwortung. Er gesteht ihr damit ein solches Maß an Autonomie zu, wie es jedem Klischee des Hausherrn und Familienoberhaupts vollkommen widerspricht. Wohlgemerkt: unter der Voraussetzung, dass Annas Zuneigung zu Wronski eine seelische ist und in der Praxis folgenlos; dass Anna tatsächlich ihre Liebe zu Wronski zu *leben* beginnt, ist ihm nach wie vor unvorstellbar, und deshalb legt er die

Verantwortung, dass es nicht dazu kommt, ganz und gar in Annas autonome Persönlichkeit. Denn diese Verantwortung ist eine soziale. Es geht nicht einfach darum, dass diese Frau womöglich einen anderen Mann liebt, es geht darum, dass hier ein ganzes, an den ursprünglichen Ehevertrag unauflöslich geknüpftes Netz von familiären, gesellschaftlichen und sittlichen Verantwortlichkeiten, Abhängigkeiten und Wechselwirkungen in Gefahr kommt. Dieses Netz *kann* Anna nicht zerreißen wollen, es ist schlechterdings unmöglich.

Anna hat den Willen *nicht*; ihre Entscheidung fällt gegen das Netz, gegen die Familie, gegen die Gesellschaft und gegen ihren Mann. Nun beginnt die zweite Phase in Karenins Entwicklung, denn damit hatte er nie gerechnet, nie rechnen *können*. Und plötzlich wird hinter der Maske persönlicher Ironie und hinter dem offiziellen Antlitz des verantwortlichen Ehemanns ein anderer Mann sichtbar, und vielleicht sogar mehrere Männer, die durchaus nicht sicher sind, wie sie sich auf einen einzigen werden einigen können. Da ist der Fassungslose, der sieht, dass doch sein kann, was nicht sein darf; der zutiefst Verletzte, der begreift, dass man ihm ganz simpel einen anderen vorzieht; der Stoische, der daran festhält, dass man auch ein nicht selbst verantwortetes Unglück ertragen muss; der Selbstkritische, der sich zu der Erkenntnis durchringt, dass er tatsächlich im Recht ist, obwohl man es ihm nur als gekränkte Rechthaberei auslegen wird. Und all diesen Karenins steht die schwerste Prüfung erst noch bevor. Als Anna das uneheliche Kind Wronskis zur Welt bringt, erkrankt sie an Kindbettfieber; stündlich erwartet man ihren Tod. Diese Erfahrung bricht Karenin, aber sie zerbricht ihn nicht. Karenin begreift, dass es etwas gibt, was noch über den lebensnotwendigen Bindungen der Menschen und ihrer Gesellschaft ist, und auch wenn er es nicht wirklich benennen kann, so hat er es zutiefst erfahren. Dass Anna schließlich nicht stirbt, dass hinter der Erfahrung des drohenden Todes der wirkliche Tod nicht stattfindet und die Banalität der Scheidung und des Streites wieder einzieht, all das ändert nichts. Karenin hat etwas gelernt, was er nicht mehr vergisst: Es muss eine Menschlichkeit geben, die nicht nur die Konventionen und Regeln der Gesellschaft überschreitet, sondern auch, mehr noch, die legitimen persönlichsten Gefühle eines einzelnen Menschen. Erst indem die Menschen, die gemeinsam eine Gesellschaft bilden, diese Ausnahme von ihrer Regel *in extremis* zulassen, geben sie ihren zuweilen harten Regeln die Legitimität, die diese brauchen, um in ihrer ganzen Härte von den Menschen angenommen zu werden.

Nein, Karenin hatte zwar schlechte Karten, aber seinen schlechten Ruf trotzdem nicht verdient. Karenin hat sich die Welt und die Gesellschaft und die Schicht, in die er hineingeboren, in der er erzogen wurde und in der er lebt, nicht selbst gewählt, so wenig wie irgendein Mensch vor oder nach ihm. Man hat ihn nicht gefragt, ob er vor die Entscheidung gestellt werden möchte, vor der er steht, und trotzdem muss er sich der Entscheidung stellen. Alles in allem besteht er seine Probe nicht schlecht. So, wie seine Voraussetzungen gewesen sind, hätte man auch anderes erwarten können, Härte, Rachsucht, Unerbittlichkeit bis in den Tod. Karenin zeigt nichts davon. In einer Situation, da einer nicht gewinnen kann, steht er seinen Mann.

5.

Mit *Madame Bovary* und *Anna Karenina* kann *Effi Briest* hier nicht mithalten, weder mit der radikalen Konsequenz Flauberts, der seinen Charles in das unerbittliche Verhängnis seiner Dummheit und Lächerlichkeit treibt, noch mit der unerreichbaren Vielschichtigkeit, Differenziertheit und Nähe Tolstois, der trotz seiner Menschlichkeit in Karenin jede falsche Versöhnung ausschlägt. Zwischen diesen beiden wirkt Fontane flau. Keine der Eigenschaften Innstettens, weder seine »militärische Haltung« noch sein verborgenes Wesen als »Zärtlichkeitsmensch«, gewinnt wirkliche Kontur, und unentschieden bleibt er auch dann noch, als hin und wieder ein Misstrauen erwacht gegenüber der koketten Effi und dem Charmeur Crampas. Man könnte einwenden, in diesem Schwanken, in dieser Uneindeutigkeit folge Fontane eben nur der Wirklichkeit, die selten so eindeutige Charaktere wie Schahbovarie vorzuweisen hat, aber im Geflecht eines Romans kann der Autor sich solche Leerstellen nicht leisten; *Effi Briest* nähert sich gerade an den Stellen, die den existentiellen Ernst des scheiternden Lebens reflektieren, der voreiligen und falschen Versöhnung, scheint doch zuweilen den handelnden Personen das Bewusstsein zu fehlen, worum es hier geht: um definitiv scheiternde Lebensgeschichten.

Paradoxerweise ist es aber gerade die Figur des Geert von Innstetten, die Fontanes Roman sein Gewicht gibt. Zweimal stellt er sich dem definitiven Ernst dessen, was geschehen ist, und er tut es mit beeindruckender Konsequenz, und zweimal im Gespräch mit einem anderen Mann. Der Zufall hat ihm die alten Briefe in die Hände gespielt, er liest, dann ist er mit sich allein. Wenn überhaupt, dann zeigt er hier »militärische Haltung«. Man findet sich in einer neuen Situation, man überlegt, man handelt. Auf einem zweistündigen einsamen Spaziergang durch die Straßen von Berlin trifft er seine Entscheidung. Er bittet den ihm distanziert befreundeten, unverheirateten Geheimrat Wüllersdorf zu sich und trägt ihm das Amt des Sekundanten an im Duell mit Crampas. Wüllersdorf zögert. Muss es sein? Als Innstetten ihm die Fakten vorlegt, zögert er noch immer. Ist es nicht allzu lange her? Und dann der Augenblick der Wahrheit: »›Alles dreht sich um die Frage, müssen Sie's durchaus tun? Fühlen Sie sich so verletzt, beleidigt, empört, daß einer weg muß, er oder Sie? Steht es so?‹« Nein, so steht es nicht. Ehrlich zu sich selber, kann Innstetten nicht anders antworten als Karenin es tat: Er ist traurig, gekränkt, verzweifelt, aber er ist nicht so tief in seiner Person getroffen, dass er unstillbar nach Rache dürstet. Warum nicht? Innstetten selber verspürt die Macht der vergangenen Zeit und seine fortdauernde Liebe für Effi, aber was er in diesem Augenblick nicht erkennt, ist das Dritte, das aus beidem entstanden ist. Lange Jahre sind verstrichen seit den Kessiner Tagen mit Crampas, aber Fontane verrät sehr wenig über das Leben der Innstettens in Berlin. Und doch muss es dieses Leben gegeben haben, ein glückliches, harmonisches Leben, wenn man den wenigen Andeutungen traut. Kann all das ausgelöscht werden durch das Wiederauftauchen einer längst vergangenen Verfehlung? Hat nicht vielleicht, umgekehrt, das ruhige Glück in Berlin diese Verfehlung widerlegt, in gewisser Weise sogar ungeschehen gemacht, durch lebensgeschichtliche Bewährung? Ist nicht Effi durch diese sieben Jahre *tatsächlich* eine andere geworden, der die Schuld der früheren gar nicht mehr zuzurechnen ist? Und gilt dasselbe nicht für Innstetten? Ja, spielen diese beiden nicht in Wahrheit die Rollen zweier Menschen, die sie schon lange nicht mehr sind? In der Macht der vergangenen Zeit und in seiner fortdauernden Liebe weht Innstetten eine Ahnung davon an; hier aber, in diesem Augenblick, weiß er sie nicht zu deuten.

Und nun folgt seine große, berühmte Begründung, die absieht von allen persönlichen Verletztheiten und Wünschen, vielmehr die Ehe in einen Zusammenhang stellt, der unheilbar zerstört ist. Er selber könnte vielleicht verzeihen, aber als das Gesellschaftswesen, das er ist, würde er diese Verzeihung nicht überstehen und der gesellschaftlichen Ächtung verfallen. »Wüllersdorf war aufgestanden. ›Ich finde es furchtbar, daß Sie recht haben, aber Sie haben recht. Ich quäle sie nicht länger mit meinem ›Muß es sein‹. Die Welt ist einmal, wie sie ist, und die Dinge verlaufen nicht, wie *wir* wollen, sondern wie die *andern* wollen.‹« Und wer sind diese »anderen«? Prinzipienfeste, rachsüchtige, bösartige Individuen? Nein, die »anderen« sind wiederum ein Kollektiv ohne Individualität; Individuen könnten verstehen, verzeihen, die Gesellschaft als ganze kann das nicht. Das Duell findet statt, Innstetten erschießt Crampas, die Ehe wird geschieden, die Leben gehen in wechselseitiger Einsamkeit weiter zu auf ihr Ende. Nur einmal noch tritt Innstetten auf, im vorletzten Kapitel und kurz bevor Effis Leben dann tatsächlich zu Ende ist. Wieder sind mehr als drei Jahre vergangen, und wieder findet sich Innstetten mit Wüllersdorf zusammen. Innstetten, obwohl noch immer kein alter Mann, lebt dennoch im Bewusstsein, »*daß* es ein Glück gebe, daß er es gehabt, aber daß er es nicht mehr habe und nicht mehr haben könne.« Das folgende Gespräch ist eines zwischen Freunden, und dass man die beiden Männer so nennen kann, in ihrer Mischung von Zuneigung und Distanz, wirft ein Licht auf die innere Wirklichkeit ihrer Lebensläufe. In dieser seltenen

Stunde stellt Innstetten sich seiner Geschichte. »›Mein Leben ist verpfuscht‹«, und daran kann auch die Pflichterfüllung im Dienst nichts mehr ändern, im Gegenteil, er war »seit dem Morgen in Kessin, wo Crampas mit einem Blick, den er immer vor Augen hatte, Abschied von ihm genommen hatte, etwas kritisch gegen derlei Dinge geworden.« Überstehn ist alles, das wäre die Fontanesche Formel der Resignation, doch es gibt noch eine winzige Szene, die alles Formelhafte überschreitet. Resignation, ja, gewiss, stimmt Innstetten zu, wären da nicht die langen einsamen Abende. Theater, Bierstube, antwortet Wüllersdorf, »Hülfskonstruktionen«. »›Und dann ein kleines Vorsprechen bei Huth, Potsdamer Straße, die kleine Holztreppe vorsichtig hinauf. Unten ist ein Blumenladen.‹ | ›Und das freut Sie? Das genügt Ihnen?‹ | ›Das will ich nicht gerade sagen. Aber es hilft ein bißchen.‹« Der Rest ist Schweigen.

Hat man das je richtig verstanden? Ein Geheimrat und ein Ministerialrat kommen zu dem Schluss, das einzige, was wenigstens »ein bißchen« helfe, sei der Besuch im Weinhaus Huth? Das Leben zweier erwachsener, erfolgreicher Männer sei erträglich nur durch Alkohol? Es gehört zur Zweideutigkeit, zur Problematik des Fontaneschen Erzählens, dass er eine solche Wahrheit, eine Wahrheit von ungeheurer Brutalität, so einhüllt, als sei sie keine. Aber sie steht da schwarz auf weiß. Die Seelenarbeit, die diese Männer an sich verrichtet haben, endet im Weinhaus, eine Szene von unauslotbarer Traurigkeit, und um so trauriger, als beide sich der Dinge im Zustand der Nüchternheit vollkommen bewusst sind. Einen Bruch gibt es jedoch auch im Gespräch zwischen Innstetten und Wüllersdorf, und man muss ihn Fontane als Schwäche anrechnen. Als alles bereits vorüber ist, schreibt Effis Dienstmädchen Roswitha einen liebenswerten, aber naiven Brief an Innstetten, mit dem sie zugunsten Effis um den alten Hund Rollo bittet. »›Ja‹, sagte Wüllersdorf, als der das Papier wieder zusammenfaltete, ›die ist uns über.‹ | ›Finde ich auch.‹« Dass die simple Menschlichkeit des Dienstmädchens der reflektierten Intelligenz überlegen sei, ist ein sentimentales Klischee; dass die beiden Männer das auch selber meinen sollen, ist Kitsch; dass es offenbar auch Fontane glaubt, ist ein Versagen, welches eine große Szene im Detail empfindlich beschädigt.

Fontanes Roman ist der letzte der Reihe, und anders als seine Vorgänger ist er zunächst auf *ein* Motiv konzentriert: auf das Verhältnis der gesellschaftlichen Regeln zum Leben des einzelnen. Darin steht er *Anna Karenina* nahe, nicht *Madame Bovary*. Doch ist es Flauberts Roman, der bei Fontane die deutlichsten Spuren hinterlassen hat. Fontane hat ihn gelesen, direkte Kommentare aber sind nicht bekannt. Um so deutlicher spricht der Roman selber, besonders in der Figur des Innstetten. Jean Améry hat mit seinem berühmten Roman-Essay die Sache gegen den Autor Flaubert gewendet; sein Charles sei eine Denunziation, eine irreale Kunstfigur, ein Opfer, das durch Lächerlichkeit doppelt zum Opfer gemacht wird, und er forderte Gerechtigkeit für die Gestalt des einfachen Mannes. Fontane aber hat genau dies bereits einhundert Jahre zuvor versucht. Wenn ihn etwas an *Madame Bovary* verletzen musste, dann die Konsequenz, die prinzipielle Ungerechtigkeit, mit der diesem Charles Bovary jeder eigene Rang verweigert wird, und es kann ihm nicht entgangen sein, dass Flauberts bösartige Entblößung der menschlichen Dummheit sich ihrerseits eines dummen Klischees bedient. Innstetten dagegen ist ein Mann, der die uralte lächerliche Figur des *cocu*, des Hahnrei, des Gehörnten aufhebt. Eine positive, liebenswerte Gestalt ist er dadurch noch lange nicht. Aber doch immerhin ein Mensch, der uns Respekt abverlangt in einem Unglück, an dem er so schuldig und unschuldig ist wie alle Menschen, denen man ungefragt ihren Packen Seelenarbeit zu tragen gibt. Zu Innstettens Eigenschaften zählt eine seltsame, von Theodor Fontane durchaus nicht geteilte Wagner-Schwärmerei, und dann und wann bittet er Effi, »daß sie was spiele, aus Lohengrin oder aus der Walküre«. Mit Innstetten ist Hunding endlich blond geworden. Seltsam nur, das fand auch Fontane, wie konsequent ihm dieser Respekt von der Leserschaft verweigert wurde. Und so bleibt auch in dieser Männerfigur ein ungelöster Rest.

Auf eine Karte
Frauen: Ehefrauen, Liebhaberinnen

Keiner tut gern tun was er tun darf.
Wolf Biermann

1.

»Ein guter Ehemann ist ein unbestätigtes Gerücht«, dieser erfahrungsgesättigte Satz wird Brigitte Bardot zugeschrieben, er könnte jedoch ebenso von Hera, Juno, Fricka oder einer anderen Kollegin stammen. Ob bei Griechen, Römern oder Germanen, für den dringend notwendigen Schutz der Ehe ist stets eine Frau zuständig. Aus gutem Grund, denn in der Regel ist nur allzu klar, welcher Teil des Paares der Wackelkandidat ist. Doch ob Maria, Isolde oder Sieglinde, Emma, Anna oder Effi, zumindest in den großen Geschichten sind es die Frauen, die den Vertrag kündigen, und dass die zuständigen »guten« Ehemänner eben nur »unbestätigte Gerüchte« waren, klingt, wie gesagt, *post festum* auch nach einer Ausrede. Trotzdem gibt es *sehr* schlagende Gründe, warum das Ressort Ehe nach alter Tradition in weiblicher Hand liegt. Da ist zum einen die Frage der Gesellschaft, und Gesellschaft, das heißt auch ganz einfach: Macht, und Macht, das heißt auch ganz einfach: Geld. Geht die Ehe zu Bruch, dann sitzt die Frau am deutlich kürzeren Hebel. Wie auch immer es läuft zwischen den beiden, was auch immer geschieht an Streit, Diskussion, am Ende entscheidet in der Regel der Chef. Gerade *Anna Karenina* führt es unmissverständlich vor, mit den Querelen der Oblonskis und Karenins: Ein untreuer Ehemann bleibt trotzdem ein Ehemann, eine untreue Ehefrau aber bleibt gar nichts. Wer die Hosen anhat in der Ehe ist weniger wichtig, als wer die Peitsche trägt: Für den

Mann birgt Ehebruch das Risiko von Zank und Streit, für die Ehefrau das vom Verlust der ganzen Existenz. Der andere schlagende Grund ist das biologische Risiko: Der Ehemann auf Abwegen hat äußerstenfalls ein überflüssiges, heimliches Kind zu ernähren; was aber macht die bürgerliche Ehefrau mit einer Schwangerschaft außer der Reihe?

Hier liegt die Differenz: Nach allen gesellschaftlichen Konventionen wird der Ehebruch durch den Mann zwar nicht gerade geschätzt, er ist aber letztlich akzeptabel und kann in den Status quo einer Ehe irgendwie integriert werden. Ein bürgerliches Ehepaar jedoch, in dem die Frau sich dauerhaft einen Liebhaber hielte, ist, wie Emmas, Annas, Effis Leben zeigt, undenkbar. Der Ehebruch der Frau ist, ohne Diskussion, ein *point of no return*; hat man, umgekehrt, aber je davon gehört, dass eine Betrogene die Mätresse ihres Mannes zum Duell fordern könnte wie Hunding den Siegmund und Innstetten den unglücklichen Crampas? Denkt man an Emma, Anna, Effi, so ist klar: Nur für die Frauen ist Ehebruch ein Spiel ums Ganze, um Leben und Tod. Genau das ist es, was der große europäische Roman braucht: das Spiel ums Ganze, um Leben und Tod. Und darum heißen die Bücher auch nicht *Monsieur Bovary*, *Alexej Karenin* oder *Geert von Innstetten*, sondern so, wie jeder sie kennt.

Warum heiraten Frauen überhaupt? Dumme Frage: Weil in der Regel nur die Ehe die Möglichkeit zu einer materiell gesicherten Existenz gibt und definitiv nur die Ehe es erlaubt, in akzeptierter Form Kinder zur Welt zu bringen und aufzuziehen. Andererseits, so dumm nun auch wieder nicht, denn selbst wenn der objektive Grund für die Ehe bei allen gleich ist, der subjektive ist es ganz sicher nicht, also das, was jede einzelne von der Ehe erhofft, erwartet – oder eben eines Tages auch fürchtet. Die Probe aufs Exempel muss zeigen, wie die drei Autoren ihre drei Frauen ins Spiel schicken: Mit der gleichen Last wie den dummen Schahbovarie oder den großohrigen Karenin? Oder wird das so viel höhere Risiko dadurch ausgeglichen, dass der Autor den Frauen zunächst einmal bessere Karten in die Hand drückt? Drei Frauen werden uns vorgestellt, doch in drei ganz verschiedenen Momenten ihrer

Geschichte. Die eine als unverheiratete Frau just als sie ihren Charles zum ersten Mal erblickt; die zweite als stattliche Gattin jenes Alexej, dessen Namen sie trägt, doch akkurat bei der ersten Begegnung mit dem künftigen Liebhaber Graf Wronski; die dritte wenige Minuten bevor ihr Zukünftiger um die Hand dieser siebzehnjährigen Effi anhält.

Natürlich, jeder weiß, die Entscheidung, wie ein Charakter, eine Figur gezeichnet wird, liegt einzig und allein beim Autor. Tolstoi möchte seine Anna so: »Als er sich umblickte, wandte auch sie den Kopf. Die funkelnden, unter den dichten Wimpern dunkel wirkenden grauen Augen verharrten freundlich und aufmerksam auf seinem Gesicht, wie wenn sie ihn erkennen würden, und wandten sich sogleich der näherkommenden Menschenmenge zu, als suchten sie jemand. In dem kurzen Blick konnte Wronski verhaltene Lebhaftigkeit bemerken, die auf ihrem Gesicht spielte und zwischen den funkelnden Augen und dem kaum merklichen Lächeln auf ihren roten Lippen hin- und herflatterte. Als ob ihr Wesen von irgendeinem Übermaß derart übervoll wäre, dass es gegen ihren Willen bald im Funkeln des Blicks, bald im Lächeln zum Ausdruck käme. Sie löschte vorsätzlich das Licht in den Augen, doch es leuchtete gegen ihren Willen im kaum merklichen Lächeln.« Und wenn Tolstoi im nächsten Absatz Wronskis Mutter – »eine dürre alte Frau mit schwarzen Augen und Ringellöckchen« – als weibliche Kontrastfigur setzt, so muss man sagen, Anna hat einen Auftritt, der seinesgleichen sucht, eine Frau wie sie im Buche steht, und wer nach diesem Feuerwerk an wundervollen Eigenschaften sich nicht in sie verliebt wie Wronski, dem ist wirklich nicht zu helfen.

Ein Leser müsste jedoch schon spezielle Vorlieben haben, um dieses Kind auf der Schaukel als erotisch anziehende Frau zu sehen oder auch nur als besonders sympathische, und man fragt sich, ob Fontane sie als solche zeigen wollte. Effi ist jung und hübsch, aber dennoch ein unreifes Gör, verwöhnt, kokett, altklug, und am liebsten plappert sie mit ihren Freundinnen über das, wovon sie rein gar nichts versteht, von einer »›Liebesgeschichte mit Held und Heldin, und zuletzt mit Entsagung‹«, das heißt von der achtzehn Jahre zurückliegenden Romanze zwischen ihrer Mutter und Geert von Innstetten, und naseweis fügt sie gleich hinzu: »›Eine Geschichte mit Entsagung ist nie schlimm.‹« Gewiss, das wird sie noch zu lernen haben, was sie hier wichtigtuend schon zu wissen vorgibt: Eine Geschichte *ohne* Entsagung ist schlimmer; eine Frau, die das Bis-hierher-und-nicht-weiter missachtet, läuft Gefahr, mehr als das Bein zu brechen: »›Was ein richtiges Bein ist, das bricht nicht so leicht, meines gewiß nicht und deines auch nicht, Hertha. Was meinst du, Hulda?‹ | ›Man soll sein Schicksal nicht versuchen; Hochmut kommt vor dem Fall.‹« Effi hört nicht, dass hier das schwere Wort zum ersten Mal gefallen ist: Schicksal. Sie lacht und schäkert weiter, und eh noch eine Stunde vergeht, ist sie verlobt. Das scheint manchem etwas schnell, doch als die besorgte Freundin fragt, ob er »denn auch der Richtige sei«, da bekommt sie genau die flotte Antwort, wie Effi sie nun einmal liebt: »›Gewiß ist er der Richtige. Das verstehst du nicht, Hertha. Jeder ist der Richtige. Natürlich muß er von Adel sein und eine Stellung haben und gut aussehen.‹« Jeder ist der Richtige! Man glaubt zu träumen! Wer hier nichts versteht, ist eindeutig Effi und niemand sonst.

Bei Bekanntschaften entscheidet oft der erste Blick, und das kann auch so sein bei der Bekanntschaft des Lesers mit Romanfiguren. Effi hat es schwer gegenüber Anna, das muss man wohl sagen; mit bloßem Jugendreiz kommt keine an gegen den Zauber einer wirklichen Frau. Effi ist in dieser Auftaktszene nur in Gesellschaft von Mutter und Freundinnen; ganz anders aber ist es bei Anna bestellt. Tolstois große Eloge auf Annas Schönheit, auf ihr »Licht in den Augen«, hat nämlich einen Zeugen: Graf Wronski, und kein Fühlender wird ihn verdammen, wenn er tief bewegt ist. Beide, Tolstoi und Fontane, geben wieder, was sie sehen, doch beide lassen den Leser unvergesslich verstehen, was und wie diese Frauen sind. Und Emma? Ihr Auftritt ist denkbar kurz: »Eine junge Frau im blauen Merinokleid mit drei Volants trat vor die Haustür, um Monsieur Bovary zu empfangen, führte ihn in die Küche, wo ein kräftiges Feuer brannte.« Schluss, das war's. Der Arzt, Monsieur Charles Bovary, steigt hinauf zum Vater der jungen Frau und ist die nächsten Absätze mit einem gebrochenen Bein beschäftigt: »Da er Schienen brauchte, holte man aus dem Wagenschuppen einen Stapel Holzlatten. Charles suchte sich eine aus, schnitt sie in Stücke und glättete sie mit einem Glasscherben, während die Magd Laken in Streifen riss und Mademoiselle Emma sich mühte, kleine Polster zu nähen. Als sie ihre Nadelbüchse nicht sogleich fand, wurde ihr Vater ärgerlich; sie erwiderte nichts; doch beim Nähen stach sie sich in die Finger, steckte sie dann in den Mund und lutschte.« Da kann Charles seinen Blick nicht mehr abwenden, und die Sache nimmt ihren Lauf. Viel allerdings hat der Autor nicht verraten von seiner Emma; um genau zu sein, kein Deut mehr, als was der Besucher Charles selber wahrnimmt. Das aber ist deutlich genug! Nichts vom tiefen, sinnlichen Reiz der Anna, nichts vom Kindercharme der Effi; nur eine junge Frau, die sich die Finger leckt.

Kein Autor hat die Perspektive so radikal beschränkt wie Flaubert, und keiner hat sie so exklusiv konzentriert auf sexuelle Zeichen: »Als Charles sich oben von Vater Rouault verabschiedet hatte und vor dem Aufbruch noch einmal in den großen Raum trat, stand sie am Fenster, die Stirn gegen die Scheibe gedrückt, und blickte hinaus in den Garten, wo der Wind die Bohnenstangen umgelegt hatte. Sie drehte sich zu ihm. | ›Suchen Sie etwas?‹ fragte sie. | ›Meine Reitpeitsche, bitte‹, antwortete er. | Und er begann überall zu stöbern, auf dem Bett, hinter den Türen, unter den Stühlen; sie war auf den Boden gefallen, zwischen Säcke und Mauer. Mademoiselle Emma hatte sie entdeckt; sie beugte sich über die Getreidesäcke. Charles wollte höflich sein, stürzte herbei, und als er in gleicher Absicht ebenfalls den Arm ausstreckte, spürte er, wie seine Brust den Rücken des jungen Mädchens streifte, das sich unter ihm bückte. Mit rotem Kopf richtete sie sich auf und blickte über die Schulter, in der Hand seinen Ochsenziemer.« Wahrlich, mit Blick auf Emmas Hinterteil versteht man, dass es kommt, wie's kommen muss: Schon bald wird Charles' erste Ehefrau das Zeitliche segnen und der Weg frei sein für eine neue Heirat des tumben Toren. Dass er mit der properen Emma, hat er sie erstmal umgelegt, glücklicher wird als mit der Bohnenstange Héloïse Dubuc, muss bezweifeln, wer bis hierher gelesen hat.

Drei Frauen wurden uns vorgestellt, und in einem sind sich die drei Romane einig, ihr Geschlecht scheint doch eine gefährliche Sache zu bleiben, weniger beherrschbar als das der Männer. Drei Ehen könnten wir uns vorstellen: Emma und Charles in einer ordentlichen Landarztpraxis, ein provinzielles Leben ohne erregende Reize, aber auch ohne jene strapaziöse Eile, die das moderne Tempo so mit sich bringt; Anna und Alexej in der großen Welt voll Glanz und Reichtum, vielleicht etwas starr, aber doch mit all dem Ausgleich, den der Wohlstand bietet; Effi und Geert im Reich der Politik, gestern Landrat in Kessin, heute Geheimrat in Berlin, morgen Ministerialdirektor und übermorgen schon, wer weiß, Minister, ein weit mehr als solides Leben mit Anerkennung, Abwechslung und ohne alle materiellen Sorgen. Drei Lebensläufe, wie es viele gab, recht und schlecht, auf und ab, der normale Weg von Jugendträumen zur alltäglichen Wirklichkeit, vielleicht nicht immer ganz befriedigend im seelischen Sinne, aber trotzdem: Schlecht getroffen haben es die drei Paare nicht. Wenn es doch nur so einfach wäre!

2.

Laut einem neuzeitlichen *common sense* wird eine Sache erklärt, indem man nachschaut, wie es zu ihr kam. Flaubert und Fontane beschäftigen sich sehr ausführlich mit der Herkunft ihrer Heldinnen. Fontane braucht bei seiner Effi keine umständlichen Rückblenden in die Kindheit, ist sie bei der Verlobung mit ihren siebzehn Jahren und ihrem blau-weiß-gestreiften Kleidchen ja selber fast noch ein Kind, und der Autor muss nicht lang erklären: Dieses Kind ist zur Ehe noch gar nicht fähig. Und hier nun kommt jene dunkle Geschichte ins Spiel, die Effi für eine romantische Komödie zu halten scheint und die doch ihr eigenes Schicksal ganz und gar bestimmmt: die Geschichte einer Mutter, die der Tochter ihren eigenen früheren Bewerber zum Manne gibt. Natürlich, Effi ist zu jung, das sieht jeder; was aber treibt eine Mutter, ihr kindliches Mädchen dem zuzuspielen, den sie selbst gewollt hatte und den sie aufgeben musste zugunsten des älteren, bereits arrivierten Briest? Was treibt sie, für ihre Tochter eine Generation später dasselbe zu arrangieren, was bereits ihr eigenes Leben ruiniert hat? »Zuspielen«, »arrangieren«, »ruinieren«, die Worte sind nicht zu hart, wenn diese Mutter ihre Effi mit genauem Blick auf kindliche Erotik taxiert: »Frau von Briest aber, die unter Umständen auch unkonventionell sein konnte, hielt plötzlich die schon forteilende Effi zurück, warf einen Blick auf das jugendlich reizende Geschöpf, das, noch erhitzt von der Aufregung des Spiels, wie ein Bild frischesten Lebens vor ihr stand, und sagte beinahe vertraulich: ›Es ist am Ende das beste, du bleibst, wie du bist. Ja, bleibe so. Du siehst gerade sehr gut aus. Und wenn es auch nicht wäre, du siehst so unvorbereitet aus, so gar nicht zurechtgemacht, und darauf kommt es in diesem Augenblick an.‹ Ich muß dir nämlich sagen, meine süße Effi ...‹, und sie nahm ihres Kindes beide Hände, ›... ich muß dir nämlich sagen ...‹« Man versteht das Stottern der Mutter, die es aus eigener Erfahrung eigentlich besser weiß; man versteht, wie schwer es ihr fällt, vom Heiratsantrag des Barons zu berichten. Nur eine Ahnung ist es allerdings, was man wahrzunehmen glaubt als Mischung von uneingestandener und uneingestehbarer Eifersucht und Rache am eigenen Schicksal. Bald schon geht es um Effis Wünsche zur Hochzeit: »›... so müßte es ein japanischer Bettschirm sein, schwarz und goldene Vögel darauf, alle mit einem langen Kranichschnabel ... Und dann vielleicht noch eine Ampel für unser Schlafzimmer, mit rotem Schein.‹ | Frau von Briest schwieg.« Nein, die naive Effi versteht wirklich nicht, warum gerade ihre Mutter sprachlos wird beim Gedanken an dieses Schlafzimmer, in dem – anders kann man es nicht verstehen – sie selber liegen möchte. Vor den Müttern sterben die Töchter: Diesen finsteren Untergrund, ihre stellvertretende Ehe und ihr zwangsläufiges Zugrundegehen, hat Fontane der naiven Effi mit auf den Weg gegeben, und sie wird ihn nie wieder loswerden.

Und doch, es wäre viel zu leicht, Effi nur als Opfer einer Erwachsenenintrige gegen die ewige Jugend zu sehen. Wie hatte sie doch zu ihren Freundinnen gesagt: »›Jeder ist der Richtige. Natürlich muß er von Adel sein und eine Stellung haben und gut aussehen.‹« Ist das nur angelerntes Geplapper? Eine Stellung, das wissen wir, können nur die älteren Semester bekleiden. Aber den Reiz der älteren Männer macht nicht nur die Stellung, keineswegs. Ob sie nicht vielleicht lieber doch den gleichaltrigen Vetter Dagobert heiraten würde, mit dem sie in Berlin so ausgelassen herumalbert? »›Heiraten? Um Gottes willen nicht. Er ist ja noch ein halber Junge. Geert ist ein Mann, ein schöner Mann, ein Mann, mit dem ich Staat machen kann und aus dem was wird in der Welt. Wo denkst du hin, Mama.‹« Nein, Effi weiß dann doch sehr genau, was sie will und wen sie nicht will, und einen halben Jungen, den will sie nicht. Der *reine* Altersunterschied wird es also nicht sein, was die Ehe der Innstettens scheitern lässt; der reine Altersunterschied, das verraten all die Ehegeschichten, die wir lesen, ist etwas, was sich in die gesellschaftliche Institution der Ehe nicht nur integrieren lässt, sondern was essentiell dazugehört. Auf diese gesellschaftliche Seite der Ehe ist Effi offenbar gut vorbereitet. Von der persönlichen, seelischen Seite der Medaille allerdings lässt Fontane sie nur eine »Liebesgeschichte mit Held und Heldin, und zuletzt mit Entsagung« kennen, ohne jede Ahnung, welche Rolle sie selbst in ihr spielen muss.

Es gibt eine Frau, die nichts lieber erlebt hätte als eine solche »Liebesgeschichte mit Held und Heldin, und zuletzt mit Entsagung«, das ist Emma Rouault, spätere Madame Bovary. Kein Autor bedenkt den Leser mit so reichem Material über den Ursprung aller Verwirrung der Gefühle; und schenkt man Flaubert Glauben, so hat das junge Mädchen über ihr späteres Leben als Frau nichts anderes gelernt als gedruckten Unsinn: »Und Emma suchte herauszufinden, was man im Leben eigentlich verstand unter den Worten *Seligkeit*, *Leidenschaft* und *Rausch*, die ihr so schön erschienen waren in den Büchern.« Verdorben von einem alleinerziehenden Vater, von bigotten Nonnen und nicht zuletzt von den Romanschriftstellern, deren Werke sie massenhaft und gierig verschlingt, hat Emma sich rettungslos verloren in einem Sumpf des Sekundären, Angelesenen. Im Kopf dieser normannischen Bauerntochter gärt eine wüste Melange aus Blut, Schweiß und Tränen, aus Romantik und Melancholie, aus religiösem Mystizismus und orientalischer Exotik, und zählt man zusammen, was ihr vom männlichen Geschlecht geläufig ist, so ist sie auf die Ehe nicht besser vorbereitet als ihre märkische Kameradin: »Da gab's nur Liebschaften, Liebhaber, Liebhaberinnen, verfolgte Damen, die in einsamen Lusthäuschen ohnmächtig, Kutscher, die auf allen Poststationen ermordet, Pferde, die auf jeder Seite zuschanden geritten wurden, Waldesdunkel, Herzensqual, Schwüre, Schluchzer, Tränen und Küsse, Nachen im Mondenschein, Nachtigallen im Gehölz, *Herren* so tapfer wie Löwen, so sanft wie Lämmer, so tugendhaft wie keiner ist, stets wohlgekleidet, und deren Zähren fließen wie aus Krügen.« Wen wundert's, dass da jeder Ehealltag scheitert; doch was *wirklich* verwundert, ist die Blindheit, mit der diese junge Frau trotz ihrer Phantasmen ausgerechnet einen Schahbovarie heiratet. Effi hatte ja noch ihre Gründe, aber Emma? Flaubert will uns glauben machen, ihre phantastische Verblendung gehe so weit, dass sie in jedem, der Hosen anhat, bereits einen jener löwengleichen Herren sieht. Als sie dann – wie Effi – vom Ehealltag leicht enttäuscht ist, unterscheidet sich ihre Medizin naturgemäß nicht von der Krankheit: »Trotzdem versuchte sie, mit Hilfe für gut befundener Theorien, Liebe in sich zu wecken. Bei Mondschein rezitierte sie im Garten alles, was sie an leidenschaftlichen Reimen auswendig konnte, und sang ihm schmachtend melancholische Adagios; doch hinterher war sie genauso gleichmütig wie zuvor, und Charles wirkte nicht verliebter und nicht aufgewühlter.« Emma ist auf ihre Weise zur Ehe so ungeeignet wie Effi.

Gegenüber solch wortgewaltigen Erklärungen fällt auf, wie wenig Tolstoi in seinem doch so viel umfangreicheren Roman über die Jugend, die Eheschließung, die ersten Ehejahre seiner Anna mitzuteilen hat. Anna war für eine Ehe offenbar gerüstet – was sich vor allem während des »achtjährigen glücklichen Ehelebens« mit Alexej Alexandrowitsch beweist. Wohlbedacht beginnt Tolstoi seinen Roman mit der Ehekrise von Annas Bruder Stepan Arkadjitsch Oblonski, und Anna macht gute Figur als verständnisvolle Ratgeberin, sie neigt weder zu vorschnellem Verzeihen noch zum vorschnellen Bruch. Anna Karenina hat die gesellschaftliche Institution der Ehe verstanden und gelebt. Erst bei näherem Zusehen fallen kleine Risse ins Auge, so winzig, dass man sie fast übersieht. Dolly, die Schwägerin, benennt es nur vage: »Allerdings, soweit sie sich an ihren Eindruck aus Petersburg erinnerte, hatte es ihr im Haus der Karenins nicht gefallen; irgend etwas war verlogen an der Art ihres Familienlebens.« Dies allerdings ist das einzige Zeichen, das *vor* der großen Krise gegeben wird; denn auch die Analyse Oblonskis erfolgt *post festum*: »›Ich fange beim Anfang an. Du hast einen Mann geheiratet, der zwanzig Jahre älter ist als du. Du hast ohne Liebe geheiratet oder ohne die Liebe zu kennen. Das war, nehmen wir an, ein Fehler.‹ | ›Ein schrecklicher Fehler!‹ sagte Anna. | ›Doch ich wiederhole: das ist eine vollendete Tatsache. Dann hattest du, sagen wir, das Unglück, nicht deinen Mann liebzugewinnen. Das ist ein Unglück, aber auch das ist eine vollendete Tatsache.‹«

Der große Monolog jedoch, mit dem Anna ihre Ehe resümiert, steht erst *nach* dem Bruch und der Liebe zu Wronski: »›Alles sagt: ein frommer, moralischer, ehrlicher, gescheiter Mensch; aber sie sehen nicht, was ich gesehen habe. Sie wissen nicht, wie er acht Jahre lang mein Leben erstickt hat, alles erstickt hat, was an Lebendigem in mir war, wie er kein einziges Mal darüber nachgedacht hat, dass ich eine lebendige Frau bin, die Liebe braucht. Sie wissen nicht, wie er mich auf Schritt und Tritt verletzt hat und stets mit sich zufrieden war. Habe ich mich denn nicht bemüht, mit aller Kraft bemüht, meinem Leben eine Rechtfertigung zu geben? Habe ich denn nicht versucht, ihn zu lieben, und den Sohn zu lieben, als es nicht mehr möglich war, den Mann zu lieben? Aber eines Tages sah ich ein, dass ich mich nicht länger selbst täuschen kann, dass ich lebendig bin, dass ich nicht schuld bin, wenn Gott mich so geschaffen hat, dass ich lieben und leben muss.‹« Die Leser haben sich meist angewöhnt, dieses Plädoyer Annas in eigener Sache als die ganze Wahrheit über die vergangenen acht Jahre anzusehen, aber das ist es nicht; es ist genauso eine große Rechtfertigung des schlechten Gewissens. Um so bemerkenswerter, dass Tolstoi nirgendwo, wie Flaubert und Fontane, tatsächlich eingeht auf das, was die junge Anna zur Ehe geführt hat. Daraus schließen kann man zweierlei: Einerseits wird

Tolstoi annehmen, dass Anna schlechterdings aus den gleichen Gründen geheiratet hat wie alle Welt; andererseits scheint er wenig überzeugt, dass die Vorgeschichte einer Ehe wirklich die Erklärung für ihr Ende wäre, wie es Flaubert und Fontane suggerieren.

In den großen Ehebruchromanen, von denen hier die Rede ist, kommen Männern und Frauen parallele Rollen zu, und zwar deren vier: Ehemänner und Ehefrauen, Liebhaber und Liebhaberinnen. Nun liegt es aber in der Natur der Sache, dass die Parallelität ihre Grenzen hat, und zwar an entscheidender Stelle. Die männlichen Rollen sind jeweils mit zwei Figuren besetzt, die sich als Ehemann und Liebhaber nicht grün sein können. Bei den Frauen aber ist es so, dass ein und dieselbe mitten im Stück das Rollenfach wechselt, aus der Ehefrau wird die Liebhaberin. Psychologische Herleitungen von konkreten Verhaltensweisen haben einen Vor- und einen Nachteil: Sie sind plausibel, aber trotzdem nicht zwingend. Sagt einer: E.B. ist in der Ehe gescheitert, weil sie zu jung verheiratet wurde und ihr Mann zu wenig Verständnis hatte; oder: weil sie von den Nonnen falsch erzogen wurde, zu viel krauses Zeug gelesen hat und deshalb die Wirklichkeit nicht mehr von ihrer Phantasie unterscheiden konnte, dann klingt das plausibel. *Zwingend* aber ist es nicht, denn wer so spricht, setzt sich der Antwort aus, auch andere seien von Nonnen erzogen worden, hätten allzu jung geheiratet, zu viele Romane verschlungen und seien gleichwohl mit ihren wenig glanzvollen Männern vielleicht nicht rundheraus glücklich, so doch passabel alt geworden.

Will man die Plausibilität überprüfen, so empfiehlt sich ein wenig Pedanterei. Im Nachhinein werden alle drei Frauen klagen, es habe ihnen an *wahrer, rechter, richtiger* Liebe gefehlt. Aber wie lange haben sie's drauf ankommen lassen? Anna Karenina ist bereits acht Jahre verheiratet, als es zum *amour fou* mit Wronski kommt; sie hat sehr jung geheiratet, »einer Dame von Welt oder der Mutter eines achtjährigen Sohnes glich Anna überhaupt nicht, eher einem zwanzigjährigen Mädchen«, so dass man sie nun für Mitte zwanzig halten wird. Wie viele Jahre haben Emma und Charles miteinander verbracht? Vier Jahre hat Charles als Arzt in Tostes gelebt, davon vierzehn Monate mit seiner ersten Frau; als Charles und Emma nach Yonville ziehen, sind sie knapp drei Jahre verheiratet; seit vier Jahren übt sich Emma in Geduld und leidet, als sie mit Rodolphe den Fluchtplan fasst; zwei Jahre dauert ihr Verhältnis; danach hat sie ihn drei Jahre nicht gesehen; Léon begegnet Emma nach dreijähriger Abwesenheit wieder – zwischen Hochzeit und Tod der Emma Bovary vergehen also etwa acht Jahre. Und zur Ehebrecherin wird sie nach vieren, bei Halbzeit. Effi dagegen nimmt die Sache deutlich flotter. Am 3. Oktober wird geheiratet, am 14. November zieht das Paar ins Landratshaus Kessin, im April erscheint Major Crampas auf der Bildfläche, im Herbst beginnen die gemeinsamen Ausritte und im Januar erfolgt der Fall des Falles. Bereits im Februar flieht Effi nach Berlin. Summa summarum: Anna fällt nach acht Jahren Ehe, Emma nach vieren, Effi aber bereits nach einem einzigen.

Heißt das, Zahlen auf die Goldwaage legen? Für ein paar Schlussfolgerungen reichen sie aus. Am 14. November also begann Effis Eheleben in Kessin, am folgenden 27. September ihr verschärftes Kokettieren mit Crampas, der, feuchten Haares, gerade aus der Ostsee steigt, begrüßt von Effi, ihrem leicht irritierten Manne und vom Autor Fontane, der wiederum deutliche Signale setzt: »›Da wird man formlos oder, wenn Sie wollen, intim.‹« Kaum vorstellbar, dass Fontane diese so ungewöhnlich präzisen Datierungen mit anderer Absicht fixiert hätte als der, man möge nachrechnen und vom Tempo auf Motive schließen. Ergebnis der Addition: Effi ist keine von langer, freudloser Ehe enttäuschte Frau. Flaubert, der in seinen Manuskript-Entwürfen genaue Berechnungen zum Handlungsverlauf anstellte, ist in der gedruckten *Madame Bovary* deutlich unpräziser, und auch er aus guten Gründen. Flaubert knüpft den Verlauf der Handlung nämlich nicht an den stetig ablaufenden Kalender, er knüpft ihn an schlagende Ereignisse. Ob Emmas wachsender »ennui«, die Langeweile, der Überdruss, in diesem oder eher in jenem Monat zunimmt, ist nicht so wichtig; wichtig ist, dass der erste Ausbruch des Überdrusses nach dem Ball beim Marquis d'Andervilliers auf Schloss La Vaubyessard stattfindet.

Der Ball ist Beginn einer neuen Zeitrechnung. Hier, beim Marquis, findet Emma alles, was ihr Charles ganz sicher nicht zu bieten hat, und von nun an zählt sie Tage, Wochen, Monate nach der Hoffnung, der Marquis könne im nächsten Herbst wieder zum Tanze bitten, in einer ewigen Wiederkehr des Gleichen. Vergeblich. Nichts also, woran sich ein reales Leben ausrichten kann, nur die vage Sehnsucht, alles müsse ganz anders sein. Kann eine solche Hoffnung sich erfüllen? Traut man dem Autor Flaubert: nein. Traut man Flaubert, dann hat die Ehe mit dem braven Charles keinesfalls Emmas Langeweile und Enttäuschung geweckt; nein, Langeweile und Enttäuschung wüteten schon viel länger, nur war der arme Landarzt eben nicht der Schwanenritter, der allein hier hätte Ordnung schaffen können. Jeder weitere Tag befestigt Emma in der Angst, es gebe keinen Ausweg; gegenüber ihrer alten Sehnsucht kann *jede* Ehe nur trübe sein.

Mit anderen Worten: Emma sucht sich die Männer für den lange schon gewünschten Ehebruch, so dass sie am Ende Jeden für den Einen hält. Anna dagegen erschien in den ersten Kapiteln als Ratgeberin für die gefährdete Ehe ihres Bruders; noch zu diesem Zeitpunkt ist nichts, aber auch gar nichts in ihr eingestellt auf ein Spiel mit dem Feuer. Emma verzehrt sich nach der Sünde; Anna hält sie nicht einmal für möglich. Und gerade hier, ausschließlich hier liegt der wirkliche Sinn von Anna Kareninas Geschichte. Ihr widerfährt etwas, was sie selber nicht versteht, weil sie sich selbst für immun hielt; sie, die an ihrem Bruder »diese Fähigkeit zu absoluter Passion, aber auch zu absoluter Reue« kennt, glaubt sich selber unverletzbar. Sie *glaubt* an die Ehe ohne jeden Zweifel, hält sie für fester denn jede Leidenschaft, auch bei den untreuen Männern: »›Ich kenne diese Männer wie Stiwa, ihre Sicht auf die Dinge. Du sagst, er habe mit *ihr* über dich gesprochen. Keinesfalls. Diese Männer begehen eine Untreue, aber ihr heimischer Herd und ihre Ehefrau – das ist ihr Heiligtum. Irgendwie stehen solcherart Frauen weiterhin in ihrer Verachtung, sie stören die Familie nicht. Diese Männer ziehen eine nicht überschreitbare Grenze zwischen der Familie und diesem. Ich kann das nicht verstehen, aber so ist es.‹« Das Unerwartete, Unverstehbare, vollkommen Befremdliche in diesem geordneten, saturierten, ja glücklichen Lebenslauf ist nun die hereinbrechende Liebe, die erotische Leidenschaft, die unbezwingbare Faszination durch diesen Mann, die Passion, die sich weder unterdrücken lässt, noch eingliedern in den angenehmen, reizvollen und so wenig aufregenden Alltag des Lebens. Anna ist die einzige, die aus Liebe die Ehe bricht.

3.

Die Gründe für Ehebruch sind so zahlreich wie die beteiligten Frauen. Effi nämlich verfällt nicht einer Passion für den einen Unwiderstehlichen, sie sehnt sich auch nicht nach dem weißen Stier, der sie fortträgt übers Meer; Effi, so legen die Erzählung und die Chronologie es nahe, kann einfach der Gelegenheit nicht widerstehen. Anna liebt, Effi spielt; das mag ein wenig hart und apodiktisch klingen, aber es trifft die Sache doch. Nun hat man es bei Effi mit einem weiteren Problem zu tun, mit Theodor Fontanes Diskretion. Im Juni 1895 hatte eine Leserin Bedenken wegen des Duells angemeldet und offenbar gefragt, ob zwischen Effi und Crampas überhaupt Einschlägiges vorgefallen sei, was ein so blutiges Ritual rechtfertigen könnte. »Daß ich die Sache im Unklaren gelassen hätte, kann ich nicht zugeben«, antwortete Fontane, »die berühmten ›Schilderungen‹ (der Gipfel der Geschmacklosigkeit) vermeide ich freilich, aber Effis Brief an Crampas und die mitgetheilten 3 Zettel von Crampas an Effi, die sagen doch alles.« Ganz so ist es nun aber doch nicht. Fragt man nämlich einmal profan, ob und wann und wo Effi mit Crampas im ehebrecherischen Bett gelegen hat, dann steht man ziemlich ratlos. *Dass* die beiden dort gelegen haben, erschließt sich eigentlich nur aus einer Reihe sekundärer Fakten: Erstens schreibt man keinen Ehebruchroman wegen eines noch so intensiven Flirts, und zweitens erschießt man keinen bloß flirtenden Kavalier. »Effis Brief an Crampas und die mitgetheilten 3 Zettel« sprechen aber nicht vom Vorgefallenen, sondern nur von dessen Folgen: Die beiden duzen sich, sie verhandeln über eine gemeinsame

Flucht, die offenbar Effi vorgeschlagen hat, und Effis Abschiedsbrief, der zum Sie zurückkehrt, spricht tatsächlich von einer heiklen Situation, die jetzt ihr Ende findet. Indirekt ist auch Effis unfreiwilliges, impulsives Schuldgeständnis: »Gott sei Dank!«, als Innstetten ihr den Umzug nach Berlin mitteilt und damit auch das zwangsläufige Ende aller Verstrickungen in Kessin. Der Ehebruch selbst ist also nur zu erschließen aus einer Summe von Indizien, und genauso steht es mit dem Wie und Wo.

Die definitive Grenzüberschreitung findet unterwegs statt, zwar nicht in einem Fiaker, so doch im winterlichen Schlitten: »Sie fürchtete sich und war doch zugleich wie in einem Zauberbann und wollte auch nicht heraus. | ›Effi‹, klang es jetzt leise an ihr Ohr, und sie hörte, daß seine Stimme zitterte. Dann nahm er ihre Hand und löste die Finger, die sie noch immer geschlossen hielt, und überdeckte sie mit heißen Küssen. Es war ihr, als wandle sie eine Ohnmacht an. | Als sie die Augen wieder öffnete, war man aus dem Wald heraus, und in geringer Entfernung vor sich hörte sie das Geläut der vorauseilenden Schlitten.« Es *war ihr*, als wandle sie eine Ohnmacht an: Hübscher kann man dem nicht ausweichen, was die junge Frau doch ganz genau wissen müsste! Ihrem eifersüchtigen Gatten gegenüber leugnet Effi jedenfalls, und damit ist sie seit diesem 28. Dezember im Teufelskreis gefangen. Im Januar geschieht es. Fontane erzählt Effis einsame Spaziergänge mit einer so speziellen Betonung, dass man sie nicht mehr für so ganz einsam halten soll. Es ist Winter, man braucht ein Dach überm Kopf, wenn man nicht dick angezogen bleibt, und so will die mehrfache Erwähnung eines »Holzschuppens« wiederum nicht ganz zufällig erscheinen. In Fontanes systematischem Andeutungssystem gibt es nur eine Stelle, die man vielleicht als Hinweis auf den Tag des Sündenfalles lesen kann: Zu breit ist über das nicht zufällig so heißende Theaterstück *Der Schritt vom Wege* geredet worden, als dass der Leser nicht hellhörig wird, wenn man nach einem Spaziergang »plötzlich der gnädigen Frau ansichtig wurde, die heute von der anderen Seite der Plantage herkam und in ebendiesem Augenblicke den Gartenzaun passierte«.

All das aber ist entscheidend nicht nur für Fontanes Darstellung des Vorgefallenen, sondern vor allem auch für die Begründung des Weges dorthin. Effis Fall vollzieht sich in einem undeutlichen Kontinuum von vagen Schritten; es gibt nicht *den*, nicht einmal *die* entscheidenden Momente, und so gibt es auch nicht *das*, nicht einmal *die* entscheidenden Motive. Fontanes Diskretion gegenüber den Fakten, gegenüber den »geschmacklosen Schilderungen«, wird zu einer sonderbaren Stummheit auch gegenüber der Psychologie selbst. Oder soll man schließen, dass Effis Motive eben gerade so vage und undeutlich sind wie das Andeutungssystem, das sie bezeichnet? Auf der ersten Ebene des Erzählten unterliegt *Effi Briest* hier einer Schwäche des Erzählens selber. Indem Fontane die Fakten nicht aufschreibt, sondern nur auf Umwegen andeutet, wird Effi selbst zu einer Person, die weniger von eigenen Impulsen angetrieben wird, als dass sie den Impulsen der anderen nachgibt. Aber auch das wird nicht eindeutig gesagt. Warum lässt Effi sich verführen? In der Mitte des Romans klafft ein seltsamer Leerraum.

Und wie anders man die Dinge klären kann, zeigen Flaubert und Tolstoi, denn sie lassen über das Vorgefallene so wenig Zweifel wie über die Motive ihrer Frauen. Emma ist von Anfang an wild entschlossen. Sie will »*Seligkeit*, *Leidenschaft* und *Rausch*«, und zwar buchstäblich um jeden Preis. Ihr Charles erweist sich als Niete, also versucht sie es mit dem Bürohengst Léon. Mit ihm zwar kann sie seufzen und schwärmen, Berge und Meere, Sonnenauf- und -untergänge, deutsche und italienische Musik, Poesie und Prosa beschwören, aber zur Sache kommt der Arme nie. Soll es ewig so weitergehen? Eine Niete auch er, was hilft's, man verabschiedet sich, wenn nicht auf französische, so doch »auf englische Art«. Schlappmachen gilt nicht, bald schon erscheint Rodolphe. Hier treffen sich zwei, die wahrhaft füreinander geschaffen sind und nicht viel Federlesens machen. Monsieur Rodolphe Boulanger ist im Umgang mit Frauen »äußerst versiert«; bereits nach dem ersten Blick auf Emma weiß er Bescheid: »›Die japst nach Liebe wie ein Karpfen nach Wasser auf dem Küchentisch.‹« Da er die Techniken ebenso beherrscht wie der erstbeste Angler, wirft er bereits bei der nächsten Begegnung die Leine aus. Während auf der berühmten Landwirtschaftsausstellung bombastische Reden geschwungen werden, über Kohlköpfe, Schafe und Mist, gibt Rodolphe wie ein Grammophon den seinen von sich: »›Wir zum Beispiel‹, sagte er, ›warum haben wir uns kennengelernt? Welcher Zufall hat es gewollt? Sicher haben über die Entfernung hinweg, wie zwei Flüsse, die dahinströmen, um sich zu vereinigen, unsere jeweiligen Neigungen uns zueinandergeführt.‹« Wie abgedroschen auch immer Rodolphes Formeln sind, Emma hat nur sie ersehnt: »Rodolphe sprach nicht mehr. Sie schauten sich in die Augen. Heißes Verlangen ließ ihre trockenen Lippen erzittern; und langsam, wie von allein, schlangen sich ihre Finger ineinander.«

Emma spielt, aber sie weiß, worum. Das romantisch-verliebte Reservoir an Platitüden wird ausgekostet bis zur Neige. Auch Anna spielt. Aber hier ist es die Frau, die auf einen trifft, der weiß, was sein Ziel ist. Nach der ersten Begegnung auf der Eisenbahn weckt Wronski in ihr »ein merkwürdiges Gefühl von Vergnügen und zugleich Furcht«, denn sie merkt sofort und ohne jeden Zweifel, was dieser Mann dort von ihr will. Und er zögert auch kein bisschen, es ihr zu sagen: »›Weshalb ich reise?‹ wiederholte er und blickte ihr gerade in die Augen. ›Wissen Sie, ich reise, um da zu sein, wo Sie sind‹, sagte er, ›ich kann nicht anders.‹« Von dieser Sekunde an spielt Anna das, was man das klassische Spiel einer Frau zwischen zwei Männern zu nennen gewohnt ist. Wronski ist immer da, und sie lässt sich seine Liebe gefallen, ja, seine Liebe gefällt ihr bereits, obwohl sie sich ihre eigene noch nicht eingesteht. Aber Wronski hat die Grenze dessen überschritten, was sie akzeptieren dürfte, und indem sie es akzeptiert, ist die Partie auch für sie eröffnet. Ganz wie Effi leugnet sie gegenüber ihrem Mann, was sie nicht leugnen kann, und langsam und leise wird Wronskis Liebe zu ihrer eigenen. Gerade darin aber liegt Annas spielerischer Selbstbetrug. Nicht nur ihrem Mann Alexej, sondern sich selbst gegenüber gibt sie vor, nicht zu verstehen, was seinen Verdacht geweckt hat: »›Ich habe nichts zu sagen. Und überhaupt …‹ setzte sie auf einmal rasch hinzu, mit Mühe ein Lächeln unterdrückend, ›es ist wirklich Zeit, schlafen zu gehen.‹« Und doch zeigt die ganze Nonchalance dieser späten Ehe-Szene, dass sie es sehr wohl weiß. »Ab diesem Abend begann ein neues Leben für Alexej Alexandrowitsch und für seine Frau«, denn obwohl der Rubikon noch gar nicht überschritten ist, hat »der Geist des Bösen und der Täuschung« diese Ehe übernommen.

Emma bekommt, was sie will. Für Anna gilt eher ein anderer Gemeinplatz der Lebensweisheit: Es kommt, wie's kommen muss. Flaubert besorgt es seiner Emma auch so, *wie* sie es will: »›Oh! Rodolphe! …‹ sagte die junge Frau langsam und sank an seine Schulter. | Der Stoff ihres Kleides schmiegte sich an den Samt seines Rocks. Sie warf ihren weißen Hals zurück, dem sich ein Seufzer entrang; und halb ohnmächtig, unter Tränen, mit einem langen Schauder und ihr Gesicht verbergend, ergab sie sich.‹« Tolstoi hingegen beschreibt Annas Fall mit zwei langen Zeilen vielsagender Punkte »……………………….« und der darauffolgenden Mitteilung: »Was fast ein ganzes Jahr lang für Wronski das einzige und ausschließliche Begehren seines Lebens war und ihm alles frühere Begehren ersetzte, was für Anna ein unmöglicher, entsetzlicher und um so verlockenderer Glückstraum war – dieses Begehren wurde gestillt.« Und noch einmal, ein zweites Mal beginnt für Anna Karenina ein neues Leben.

4.

Bis lang ins zwanzigste Jahrhundert war der Ehebruch durch die Frau nicht nur moralischer Sündenfall, sondern justitiabler Tatbestand. In Tolstois Russland und in Fontanes Deutschland war die Ehescheidung möglich, in Frankreich nicht: Hier konnte die Frau – wie Flauberts Freundin Louise Pradier – für Ehebruch ins Gefängnis wandern. In jedem Falle war das gesamte Eherecht von der Seite des Mannes aus gedacht. Das Vermögen gehörte dem Mann, der Mann war der alleinige Rechtsvertreter der Familie, die Entscheidung über die Kinder lag beim Mann, die Frau war zu selbständigen Rechtsgeschäften nicht befugt, sie war ganz und gar, rechtlich, ökonomisch, gesellschaftlich, dem Manne untergeordnet und von ihm abhängig. Doch wie sich dieses Rechts- in ein Machtverhältnis umwandeln ließ, hing ab vom sozialen Rang der Personen. Die großen Ehebruchromane der Geschichte können nur im bürgerlichen Milieu spielen, nämlich dort, wo tatsächlich etwas auf dem Spiele steht, Geld, Status, Zukunft. Die Proletarierfrau in Berlin-Neukölln riskierte – wenn sie denn neben der Fabrik und dem Kochen und Waschen zuhaus noch Kraft fand für große Sprünge – vielleicht Prügel, vielleicht den Rauswurf; materiell gesehen aber gab es nichts zu verlieren und damit auch nichts, was einen Familienkrach zur gesellschaftlichen Affäre hätte machen können. Also noch einmal kurz gesagt: In der bürgerlichen Ehe hängt für die Frau deutlich mehr als für den Mann davon ab, dass der einmal geschlossene Bund hält, nämlich *alles*. Eine Frau wusste, was sie riskierte: ihr Leben als gesellschaftliches Wesen. Sie wusste, was ihr drohte: der Verlust von Mann, Kind, Familie, Freunden, Gesellschaft, Geld, Wohnung, Status, kurz, der Verlust der gesamten Existenz. Schlimmstenfalls der Tod.

Um so rätselhafter, fragwürdiger, was eine zu diesem alles gefährdenden, alles entscheidenden ».........................« treiben konnte, und um so sprechender, wie sie auf ihren Schritt vom Wege reagiert, ist er denn einmal getan. Emma erblickt im Spiegel eine neue Frau: »Immer wieder sagte sie: ›Ich hab einen Geliebten! einen Geliebten!‹ und sie berauschte sich an dieser Vorstellung, als wäre ihr eine zweite Mädchenblüte zuteil geworden.« Doch Emma wäre nicht Emma, würde die Wirklichkeit nicht gleich wieder zu bedrucktem Papier: »Nun dachte sie an die Heldinnen all der gelesenen Bücher, und die holde Heerschar dieser Ehebrecherinnen sang in ihrer Erinnerung mit schwesterlichen Stimmen, die sie verzauberten. Sie selbst wurde gleichsam ein Teil dieser Phantasien und verwirklichte die endlose Träumerei ihrer Jugend, denn sie erkannte sich in jenem Bild der liebenden Frau, die sie maßlos beneidet hatte. Zudem kostete Emma die Befriedigung der Rache. Hatte sie nicht genug erduldet! Doch jetzt triumphierte sie, und die so lang unterdrückte Liebe brach hervor wie ein fröhlich sprudelnder Quell. Sie labte sich ohne Gewissenspein, ohne Furcht, ohne Zweifel. | Der folgende Tag verstrich in neuer Wonne.« Ganz anders Anna: »Was fast ein ganzes Jahr lang für Wronski das einzige und ausschließliche Begehren seines Lebens war und ihm alles frühere Begehren ersetzte, was für Anna ein unmöglicher, entsetzlicher und um so verlockenderer Glückstraum war – dieses Begehren wurde gestillt. Bleich, mit bebendem Unterkiefer, stand Wronski vor ihr und flehte sie an, sich zu beruhigen, ohne selbst zu wissen, wie und worüber. | ›Anna! Anna!‹ sagte er mit bebender Stimme. ›Anna, um Gottes willen!‹ | Doch je lauter er sprach, desto tiefer senkte sie ihren einst stolzen und fröhlichen, nun aber schmachbedeckten Kopf, und sie krümmte sich immer stärker und fiel beinahe vom Sofa, auf dem sie saß, zu Boden, ihm zu Füßen; sie wäre auf den Teppich gefallen, wenn er sie nicht gehalten hätte. | ›Mein Gott! Vergib mir!‹ sagte sie aufschluchzend und presste seine Hände gegen ihre Brust.«

So radikal unterschiedlich, so radikal angemessen reagieren die beiden auf den unerbittlichen, existentiellen Ernst der Situation, und zugleich ist die weitere Richtung ihrer Lebensläufe im voraus entschieden. Verzückung und Rache, das sind die Worte für Emmas Glück; Demütigung und Schuld die für Annas Verzweiflung. Emmas Spiel ist von nun an das einer frenetischen, unsystematischen, spontanen Egomanin, die unmittelbar auf jeden Zug reagiert, ganz ohne Strategie und fast ohne Taktik, der die Zerstörung des Gegners genauso viel Vergnügen macht wie der eigene Sieg, die das Geschehen dominiert, am Ende aber nur Verlierer zurücklassen wird. Emma hat gewusst, was sie wollte, sie hat es bekommen, und sie wird nicht in lachhafter Inkonsequenz zurückkehren zu schwächlichem Schuldgefühl! Sie jubelt. Anna hat sich zu lange selbst getäuscht, um jubeln zu können. Sie hat gespielt, das heißt: kokettiert, ohne sich vorher der existentiellen Entscheidung zu stellen. *Wie* Wronski sie herumgekriegt hat im entscheidenden Moment, erzählt Tolstoi nicht und es ist auch vollkommen gleichgültig; Anna hat sich eingelassen auf das Spiel, und nun liegt die Grenze hinter ihr. Dass sie jetzt, nach getaner Tat, all das empfindet: Reue, Scham, Schuld, Demütigung, das spricht gegen sie, denn sie hätte es vorher wissen können, aber es spricht für Tolstoi, dessen Lebenserfahrung zurückschreckt vor der extremistischen, fast eindimensionalen Liebes- und Zerstörungswut Emmas und der weiß, dass der Mensch in seiner Gebrechlichkeit ein schwaches, widersprüchliches und meistens sogar sich selber missverstehendes Wesen ist. Leicht zu sagen: Selber schuld, das hätte sie vorher wissen können! Annas widersprüchlicher Verzweiflungsausbruch ist realistischer als Emmas blauschimmernde Unermesslichkeit aus Leidenschaft, Ekstase und Verzückung.

Und schaut man nun auf die Zukunft, so werden beide sich genau so verhalten, wie es dieser Augenblick der Wahrheit vorbestimmt. Emma denkt an nichts als an sich selbst und ihre zukünftigen Wonnen; kommt ihr das Realitätsprinzip Ehemann in die Quere, dann lügt sie, dass sich schier die Balken biegen. Ihr dummer Charles, der nichts sehen, nichts hören, nichts riechen mag, hilft ihr nach Kräften. Sie will alles, sie will es jetzt, keinen Gedanken verschwendet sie an den Preis, den sie einmal zu zahlen hat. Was Emma Bovary nicht interessiert, wird für Anna Karenina ein wesentliches Thema der kommenden Monate: Wie ist eine gesellschaftliche Existenz noch möglich für eine ehebrecherische Frau? Anna steht an einer Stelle, an die sie nicht wollte, und nun zieht auch sie eine kompromisslose Konsequenz, vielleicht die einzige, die ihr bleibt, die einzige, die ihrem Handeln auch rückwirkend Sinn verleiht. Sie, deren ganzes bisheriges Leben ein gesellschaftliches Leben war, ein Leben im reizvollen Netz der Petersburger großen Welt, ein Netz, in dem so vieles eine Rolle spielte: Mann, Kind, Familie, Freunde, Geld, Wohnung, Status, Politik, Bälle und mondäne Freuden aller Art, sie setzt nun von heut auf morgen alles auf eine Karte: auf die Karte der Liebe. Die Liebe aber, das weiß Tolstoi so gut wie jeder andere, ist gewiss das unsicherste, instabilste und aller Erfahrung nach flüchtigste Element im Menschenleben. Anna setzt alles auf die Karte des Gefühls, und indem sie das tut, opfert sie alles, was gesellschaftliche und das heißt: existentielle Lebenssicherheit geben kann, zugunsten von etwas, das dies a priori nie vermag. Emma wird ihr Jubilieren aus Leidenschaft und Rache immer weitertreiben müssen, bis es nicht mehr geht; Anna ihre Verstrickung in

Schuld und Unmittelbarkeit des Gefühls ganz genauso, sie wird leiden durch alles, was weiter an ihr hängt, durch die Gesellschaft, die Familie, die Menschen, die sie durch ihr Tun verloren hat.

Zu fragen ist, ob es an Fontanes Erzähltechnik liegt, dass Effi gegen die beiden so flau wirkt. Die drei Autoren präsentieren ihre drei Frauen in drei grundsätzlich verschiedenen Situationen. Emmas Ehebrüche bleiben über Jahre im Verborgenen und werden von Charles erst nach ihrem Tod entdeckt; sie sind damit niemals Gegenstand zwischen den handelnden Personen selbst. Anna sagt ihrem Mann sehr schnell die Wahrheit, und der Hauptteil des Romans besteht gerade in der Auseinandersetzung um die allbekannte Affäre. Effis Liebschaft mit Crampas ist nur kurz, wird abgebrochen, und Innstetten entdeckt die kompromittierenden Briefe erst nach weiteren sieben Jahren eines glücklichen Ehealltags; Duell und Trennung reißen auf, was schon lang vergangen ist. Effi und Geert von Innstetten werden einander nie gegenübergestellt; jedes von beiden teilt seine Sicht der Dinge mit über den Umweg von Dritten. Genauso aber war es schon mit Effi und Crampas. Was vorgefallen ist, erschloss sich nur aus einer Quersumme von Indizien; wenn er aber das genaue Wie und Wo nicht einordnen kann, weiß der Leser auch nicht, welche Szene er als Effis unmittelbare, lebendige Reaktion auf den Ehebruch lesen soll. Würde man tatsächlich den Moment, da Effi »heute von der anderen Seite der Plantage« kam, als Fontanes Hinweis auf den Schritt vom Wege deuten, dann hieße dies, Effi und Crampas hätten den Ehebruch im sexuellen Sinne tatsächlich nur ein einziges Mal vollzogen, denn bereits am nächsten Tag besiegelt Innstetten das Ende des Lebens in Kessin. Dann aber müsste man diese Szene zwischen Geert und Effi tatsächlich als Reaktion auf das erst am Vortag Geschehene deuten: Wo Emma siegreich jubelt, Anna verzweifelt weint, da verrät sich Effi impulsiv, als Innstetten ihr den Wegzug nach Berlin verkündet: »Effi sagte kein Wort, und nur ihre Augen wurden immer größer; um ihre Mundwinkel war ein nervöses Zucken, und ihr ganzer zarter Körper zitterte. Mit einem Male aber glitt sie von ihrem Sitz vor Innstetten nieder, umklammerte seine Knie und sagte in einem Ton, wie wenn sie betete: ›Gott sei Dank!‹ | Innstetten verfärbte sich. Was war das? Etwas, was seit Wochen flüchtig, aber doch immer sich erneuernd über ihn kam, war wieder da und sprach so deutlich aus seinem Auge, daß Effi davor erschrak. Sie hatte sich durch ein schönes Gefühl, das nicht viel was andres als ein Bekenntnis ihrer Schuld war, hinreißen lassen und dabei mehr gesagt, als sie sagen durfte. Sie mußte das wieder ausgleichen, mußte was finden, irgendeinen Ausweg, es koste, was es wolle.«

Indem Fontane aber ein eindeutiges Zeichen schuldig bleibt, dass *diese* Szene tatsächlich am *Tag danach* spielt, lässt er auch im Unklaren, ob Effis Reaktion sich auf diesen Vortag bezieht oder bereits auf eine länger andauernde Vorgeschichte. Doch in jedem Fall reagiert Effi als eine, die aus dem Geschehenen zurück, es ungeschehen machen will. Ihr »Gott sei Dank!« spricht aus, dass äußerer Zufall eine Situation beendet, über die sie selber die Kontrolle verloren hat, und es hieße zugleich, dass der Liebesaugenblick keine vierundzwanzig Stunden zuvor ihr nichts gegeben hätte von dem wild entschlossenen Begehren Emmas oder Annas verzweifelter Liebe. Einig sind sich die Autoren, dass Frauen spielen. Emma wirft ihre Karten ab, wie es der Augenblick ihr eingibt; Anna setzt alles auf die eine, auf den Herzbuben Wronski. Effi sieht, in welch gefährliche Lage sie sich gebracht hat; sie wird taktieren, sie wird versuchen, unauffällig sich zurückzuziehen auf eine Position, die das Risiko mindert, bis sie vielleicht einmal aussteigen kann aus der Partie. Sie tut etwas, was keine andere tut: Sie spielt auf Zeit.

5.

Wer kennt sie nicht, die großen Doppelporträts aus dem sechzehnten Jahrhundert, Niederländer oder Deutsche, die düsteren, feierlichen Gesichter von Mann und Frau, Kaufleuten, Ärzten, Bürgermeistern, schwarzes Gewand, weißer Kragen, eine Haube auf dem Haar der Frau. Schaut man ihnen in die Augen, so weiß man: Das Ehebruchthema wird erst in dem historischen Augenblick literarisch, als das ganz strikte Ehebruchtabu zu bröckeln beginnt. Im sechzehnten Jahrhundert war eine Ehebrecherin ein Monster, aber kein Problem; vielleicht eine Hexe, aber kein gesellschaftlich interessanter Fall. Im neunzehnten steht auf Ehebruch, sieht man die Fälle Bovary, Karenina, Innstetten, zwar nicht juristisch, doch literarisch die Todesstrafe. Das Spiel der Frauen geht ernsthaft nur als Spiel auf Leben und Tod, und so müssen die drei großen Romane die Sache noch einmal, vielleicht zum letzten Mal, auf die äußerste Spitze treiben. Gerade dies, das Auf-die-Spitze-Treiben, ist allerdings gar nicht im innersten Interesse der Frauen; in ihrem Sinne wäre es, wenn man die entstandene Situation irgendwie in eine neue überführen könnte, eine, die ihnen die tragische Ausweglosigkeit des Entweder-Oder ersparte: »Im Schlaf allerdings, wenn sie keine Macht hatte über ihre Gedanken, sah sie ihre Lage in all ihrer hässlichen Nacktheit vor sich. Ein Traum suchte sie fast jede Nacht heim. Sie träumte, die beiden seien zusammen ihre Männer, und beide überschütteten sie mit Liebkosungen. Alexej Alexandrowitsch weinte, während er ihr die Hände küsste, und sagte: Wie gut das jetzt ist! Und Alexej Wronski war auch da, und er war ebenfalls ihr Mann. Und verwundert, dass ihr das früher unmöglich vorgekommen war, erklärte sie ihnen lachend, so sei es viel einfacher und nun seien sie beide zufrieden und glücklich. Aber dieser Traum lastete auf ihr wie ein Alp, und jedesmal erwachte sie mit Entsetzen.« *Beide* überschütteten sie mit Liebkosungen – auch der Traum zeigt, dass Anna ihren Ehemann durchaus nicht so hasst, wie sie's im Wachen meint.

Anna muss trotzdem erwachen, mit dem Wissen, dass es keinen Ausweg gibt aus dem Entweder-Oder. Doch sie will nicht in der Lüge leben, und darum sagt sie die Wahrheit. Was aus der Wahrheit werden soll, das weiß sie allerdings auch nicht. Und genau aus diesem Nichtwissen entsteht der große Roman. Nicht in der Lüge leben wollen – das ist ein moralischer Imperativ gegenüber sich selbst, das heißt: Sein Leben leben wollen in Übereinstimmung mit dem, was das eigene Gefühl, das eigene Wesen als richtig empfindet. Eine Zeitlang wird sie das tun, wonach Emma Bovary sich sehnt: Reisen,

Italien, Unabhängigkeit und ausschließliche Zweisamkeit. Wie lange aber wird, wie lange kann das halten? Was wird aus der Zweisamkeit, wenn eines Tages die Liebe unvermeidlich hinaustritt aus dem Stadium der Leidenschaft? Die Ehe ist jene Institution, die einen Rahmen schafft für die Liebe nach der Leidenschaft; die ehebrecherische, in einsamer Zweisamkeit erstarrte Liebe kennt eine solche Institution nicht, und so wird Annas und Wronskis Liebe plötzlich all das wiederfinden, was eigentlich nur die verheirateten Paare erleben: Eifersucht, Langeweile, Angst. Wie hatte Flaubert geschrieben, in einem der skandalösesten Sätze seines Romans: »Emma fand im Ehebruch von neuem alle Schalheit der Ehe.«

Nach dem Ehebruch hat Effi sieben Jahre vor sich, in denen sie das Wissen mit niemandem teilt, außer mit dem fernen Crampas, und der wird schweigen. Annas moralische Rigorosität ist ihr fremd. Für sie hat es den Augenblick der Wahrheit nicht gegeben, sie hat nichts gestanden und, zum Glück, sich auch nicht verraten; mit der Wahrheit könnte sie nicht weiterleben, also lebt sie lieber in der Lüge. Sie will das Geschehene versiegeln, und sie nimmt in Kauf, dass sie allein bleibt mit Schuld, Reue, Scham. Denn eines unterscheidet sie strikt von den zwei Kolleginnen: Effi will ihre Ehe bewahren. Crampas war für sie letztlich ein Betriebsunfall, jedoch keine wirkliche Lebensalternative. Aus einem Brieffragment geht hervor, dass sie – gleich Emma – ihrem Liebhaber die gemeinsame Flucht vorgeschlagen hat, aber kann das mehr gewesen sein als eine Laune? Fontane verrät es nicht, und Crampas hat schriftlich abgelehnt; Wronskis Schicksal mit Anna verlockt ihn nicht. Effi also hält fest an der Ehe, und glaubt man Fontanes ruhigem Ton, dann tut sie es zurecht. Sieben Jahre in Berlin hat Effi vor sich, und es werden wohl schöne Jahre: »Innstetten war entzückt und von einer Dankbarkeit, als ob Effi ihm das alles persönlich herangezaubert habe«; »Auch im Hause gestaltete sich alles zum Guten«; »Innstetten lebte ganz seinem Dienst und seinem Haus. Er war glücklicher als vordem in Kessin, weil ihm nicht entging, daß Effi sich unbefangener und heiterer gab.« Steckt der Teufel im Detail? Innstetten »war« glücklicher; Effi »gab sich« heiterer. Für sie ist natürlich alles grundiert mit Schuld und der Angst, es möge doch einmal herauskommen; der große Reuemonolog nach zwei Jahren Berlin ist trotzdem zutiefst ambivalent: »›Und ich habe die Schuld auf meiner Seele‹, wiederholte sie. ›Ja, da hab ich sie. Aber lastet sie auch auf meiner Seele? Nein. Und das ist es, warum ich vor mir selbst erschrecke. Was da lastet, das ist etwas ganz anderes – Angst, Todesangst und die ewige Furcht: Es kommt doch am Ende noch an den Tag. […] Ja, Angst quält mich und dazu Scham über mein Lügenspiel. Aber Scham über meine Schuld, die hab ich nicht oder doch nicht so recht oder doch nicht genug, und das bringt mich um, daß ich sie nicht habe. Wenn alle Weiber so sind, dann ist es schrecklich, und wenn sie nicht so sind, wie ich hoffe, dann steht es schlecht um mich, dann ist etwas nicht in Ordnung in meiner Seele, dann fehlt mir das richtige Gefühl.‹« Ist das nicht wieder jene alte Unentschiedenheit, mit der Fontane seine junge Effi bereits in ihre heikle Situation gebracht hat?

Ein belangloser Zufall, und Innstetten findet im Nähkästchen seiner Frau einen Packen Briefe. Wie soll man das verstehen? Als einen Romantrick, um das Ende in Gang zu bringen? Den einzig richtigen Kommentar, die einzig richtige Frage stellt Effis Bekannte, die Geheimrätin Zwicker: »›Es ist unglaublich – erst selber Zettel und Briefe schreiben und dann auch noch die des anderen aufbewahren! Wozu gibt es Öfen und Kamine?‹« Oder mit anderen Worten: Warum, in Teufels Namen, hebt Effi sie auf, diese Briefe? Vergessen? Kaum möglich im Alltagsgerät Nähkästchen. Effi, die seit Jahren sich nur nach dem *wahren* Vergessen sehnt, die im ruhigen Alltag diesem Vergessen langsam näherkommt, die weiß, dass niemand je ihr Geheimnis lüften wird, wenn sie es nicht selber tut – Effi hebt akkurat das *einzige* Beweisstück auf, das sie verraten kann. Man begreift es nicht, man fasst es nicht. Doch kann es sein, dass auch Effi alles auf eine Karte setzt; dass sie, in einer Spielart des *Russisch Roulette*, die Möglichkeit der Bereinigung, wie unbewusst auch immer, ganz einfach riskiert? Oder bewahrt sie vielleicht, zweitens, bei allem langsam wiederkommenden Glück einen Rest von kokettem Siegesbewusstsein, diesen Crampas, den sie doch nie geliebt haben will, bezaubert zu haben und verführt? Mochte sie sich am Ende nicht trennen von der letzten spielerischen Gewissheit: Ja, auch ich, ich könnte, wenn ich wollte! Wozu gibt es Öfen und Kamine, diese Frage hätte man Effi gern selber gestellt. Und man fürchtet, sie habe auch diese nicht zu beantworten gewusst.

Nie käme Emma Bovary auf die Idee, sich Annas und Effis Sorgen zu machen, nie! Sie belügt ihren Mann? Wie wunderbar! Sie betrügt ihn? Herrlich! Sie lebt ihr kleines Leben im Bewusstsein eines schmutzigen, wollüstigen Geheimnisses, und welch Vergnügen, so die Lunte zu legen an den entnervenden Alltag! Auch sie hat davon geträumt, mit ihrem Liebsten nachts das Weite zu suchen, auch sie musste schriftlich die Desertion des Mannes zur Kenntnis nehmen. Nach Rodolphes Kneifen versucht es Emma mit religiösen Selbsterregungen, doch vergeblich, und als der Zufall ihr wiederum Léon über den Weg schickt, greift sie zu. Die zurecht berühmte Fiaker-Szene der *Madame Bovary* galt von Anfang an als Meisterstück der unverblümten Andeutung und als Stein des genau geplanten Anstoßes: »›Wohin fahren wir, Monsieur?‹ fragte der Kutscher. | ›Wohin Sie wollen!‹ sagte Léon und schubste Emma in die Droschke. Und die schwere Maschinerie setzte sich in Gang.« Seit diesem Augenblick, da die Maschinerie in der Kutsche endlich läuft, gehorcht Emmas Leben einem sich rapide beschleunigenden Steigerungsprinzip. Was sie mit Rodolphe noch heimlich tat, das treibt sie mit dem nächsten schon in schamloser Offenheit. Wie der frenetische Börsenspekulant, wie der süchtige Spieler am Roulette muss Emma immer weiter; die Treffen im Hotelzimmer zu Rouen gelten zwar immer ausschließlicher der sexuellen Gier, doch je deutlicher schon Ermattung spürbar wird, um so rabiater werden die Mittel: »In einem fort erwartete sie von der nächsten Reise tiefe Glückseligkeit; dann musste sie sich eingestehen, dass sie nichts Besonderes fühlte. Diese Enttäuschung verblasste rasch vor einer neuen Hoffnung, und Emma fuhr wieder zu ihm, noch feuriger, noch gieriger. Sie riss sich die Kleider vom Leib, fetzte das dünne Schnürband aus ihrem Mieder, das an den Hüften zischte wie eine schlängelnde Natter. Auf nackten Zehen ging sie noch einmal zur Tür und prüfte, ob der Schlüssel umgedreht war, dann warf sie mit einem Ruck alle Hüllen zu Boden; – und bleich, wortlos, ernst sank sie an seine Brust, durchrieselt von Schauder. | Und dennoch war auf dieser mit kalten Tropfen bedeckten Stirn, auf diesen stammelnden Lippen, in diesen verstörten Augen, in der Umschlingung dieser Arme etwas Radikales, Irres, Trostloses, und Léon hatte das Gefühl, es dränge sich unmerklich zwischen sie, als etwas Trennendes.«

Emma hat inzwischen alle bloßen »Affären« längst hinter sich gelassen, und die sexuelle Karte sticht auch nicht mehr. Was soll ihr Léon noch bieten: »Hinter jedem Lächeln steckte gelangweiltes Gähnen, hinter jeder Freude ein Fluch, hinter jedem Vergnügen der Ekel, und die besten Küsse hinterließen auf den Lippen nur unerfüllbare Gier nach noch größerer Lust.« Statt Lust kommt die finale Katastrophe. Um ihre extravaganten Begierden zu finanzieren, hat Emma ein unlösbares Spinnennetz von Schulden und Verpflichtungen gesponnen; ihre ganze Existenz beruht nicht mehr nur auf den Lügengeschichten, die ihre Abwesenheiten kaschieren, sondern auch auf Betrug und Unterschlagung, beflissen unterstützt von dem sinistren Händler Lheureux. Längst ahnt sie, dass es keinen Rückweg gibt aus diesem Teufelspakt. Aber nichts von alledem weckt in Emma Schuldgefühle wie in jenen beiden Frauen, die man fälschlich für ihre Schwestern im Geiste hält. Stattdessen überschreitet sie definitiv jene letzte Grenze, die aus dem Ehebruch, aus der Zerstörung ihrer bürgerlichen Existenz, die Zerstörung von allem und jedem macht. Nein, Emma ging es weder um ein Spiel wie Effi, noch um die große Liebe wie Anna; ihr war der Ehebruch nichts anderes als der erste Schritt zu einer Orgie der Zerstörung, zu einem großen Weltenbrand, in dessen Flammen sie am Ende selber hineinspringen muss.

Drei Romane sind zu Ende, drei Frauen tot. Es liegt nahe, das als Strafe zu verstehen, die der männliche Autor über die weibliche Gesetzesbrecherin verhängt. Aber stimmt das auch? Beim Prozess gegen *Madame Bovary* im Jahre 1857 hat diese Frage eine erhebliche Rolle gespielt. Der Staatsanwalt Pinard wusste genau, worum es ging: »Meine Aufgabe ist erfüllt, nun müssen wir auf die Einwände warten bzw. ihnen vorbauen. Als allgemeinen Einwand wird man uns sagen: Aber alles in allem ist der Roman im Grunde moralisch, denn der Ehebruch wird ja bestraft?« Sein Plädoyer behauptet das Gegenteil: »Ich sage, meine Herren, laszive Details können nicht mit einem moralischen Schluss zugedeckt werden, dann könnte man ja alle nur denkbaren Orgien erzählen, alle Schändlichkeiten einer Dirne beschreiben, wenn man sie auf einem Elendslager im Armenhaus sterben lässt.« Das heißt, der Staatsanwalt war keineswegs bereit, den Tod der Emma Bovary als Strafe für Ehebrecherei zu akzeptieren. Anders der Verteidiger; der berühmte Maître Senard, ein alter Freund der Familie, setzte dem Gericht gegenüber auf eine Strategie, die seinem Mandanten nur als prozessuale Finte recht sein konnte: »Weckt die Lektüre eines solchen Buches Liebe zum Laster, flößt es Abscheu vor dem Laster ein? Die so entsetzliche Sühne der Schuld, treibt sie nicht, verführt sie nicht zur Tugend?«

Nichts in Flauberts Roman erlaubt eine solche Deutung. Er ist kein tugendhaftes Spektakel zur Besserung etwa in Versuchung befindlicher Leserinnen. Im Gegenteil, Flauberts Roman steht jenseits der Moral; Autor und Werk haben gegenüber der Heldin kein Urteil, dafür aber etwas anderes: Sympathie. Sympathie vielleicht nicht mit der Person Emma an sich, Sympathie aber ganz gewiss mit ihrem antibürgerlichen Furor, ihrer monomanischen Leidenschaft, ihrem Hass auf jede äußere Ordnung – und auf den lachhaften Ehemann. Strafe? Davon kann nicht ernsthaft die Rede sein. Und wie steht es mit ihren Schwestern im Tode? Tatsächlich erklingt bei Anna Karenina unmittelbar vor ihrem Selbstmord unter den Rädern der Eisenbahn ganz kurz das Wort Strafe, zum ersten Mal als Anna spät die Rückkehr ihres Geliebten erwartet: »Sie hörte abends, wie das Rasseln seiner Kalesche stockte, hörte sein Klingeln, seine Schritte und sein Gespräch mit dem Mädchen: Er glaubte, was ihm gesagt wurde, wollte nichts weiter erfahren und ging in sein Zimmer. Folglich war alles zu Ende. | Und der Tod als einziges Mittel, um in seinem Herzen die Liebe zu ihr wiederherzustellen, ihn zu bestrafen und den Sieg zu erringen in dem Kampf, den der böse Geist, der sich in ihrem Herzen eingenistet hatte, gegen ihn führte – der Tod stand ihr klar und lebhaft vor Augen. | Jetzt war alles gleich, ob sie nach Wosdwischenskoje fuhr oder nicht, ob sie von ihrem Mann die Scheidung erhielt oder nicht – es war alles nicht mehr nötig. Nötig war nur eins – ihn zu bestrafen.« Und kurz darauf noch einmal, bereits beim letzten Blick zwischen die eisernen Achsen des Zuges: »›Dorthin!‹ sagte sie sich, den Blick auf den Schatten unterm Waggon gerichtet, auf den mit Kohle vermengten Sand, mit dem die Schwellen bestreut waren, ›dorthin, genau in die Mitte, und ich bestrafe ihn und befreie mich von allen und von mir selbst.‹« Strafe, ja! Aber der Tod der Heldin ist nicht Strafe für *sie*, soll vielmehr Bestrafung des Geliebten sein, den Anna zu verlieren glaubt.

Nun ist die Bestrafung einer Romanfigur *innerhalb* des Romans naturgemäß etwas anderes als eine Bestrafung durch den Autor außerhalb der eigentlichen Handlung. Aber auch hier wäre nirgends zu erkennen – weder in der Kausalität des Erzählten noch in der Struktur des Erzählens –, dass Flaubert, Tolstoi oder Fontane ihr Ziel in einer Darstellung der Verwerflichkeit ihrer Heldinnen sahen. Am ehesten vielleicht noch Tolstoi, wird doch sein ganzer Roman getragen von einer zutiefst moralischen Fragestellung nach dem richtigen Leben. Und hier ist das Urteil klar: Annas Lebensentscheidung *kann* nicht gutgehen, und deshalb ist sie falsch. Auch ihr Selbstmord ist falsch, denn der Wunsch, Wronski zu bestrafen, geht über den Tod hinaus, also über jene Grenze, jenseits derer es keine Wünsche und keine – zumindest menschlichen – Strafen mehr gibt. Ist nicht vielleicht das Urteil gegenüber Effi das härteste? Und zwar gerade durch die Indifferenz, die ihr Ende prägt: Indifferenz Effis, Indifferenz ihrer Eltern, und schlimmer noch: Indifferenz Fontanes, wie es scheinen muss. In einem der letzten Gespräche mit ihrer Mutter greift die schon geschwächte Effi zu einer bizarren Trostfloskel, die Emma oder Anna *nie* über die Lippen gekommen wäre: »›Es war noch in glücklichen Tagen, da las mir Innstetten abends vor; er hatte sehr viele Bücher, und in einem hieß es: Es sei wer von einer fröhlichen Tafel abgerufen worden, und am anderen Tag habe der Abgerufene gefragt, wie's denn nachher gewesen sei. Da habe man ihm geantwortet: ›Ach, es war noch allerlei; aber eigentlich haben Sie nichts versäumt.‹ Sieh, Mama, diese Worte haben sich mir eingeprägt – es hat nicht viel zu bedeuten, wenn man von der Tafel etwas früher abgerufen wird.‹« Ein resignatives Gleichnis, wie es typisch ist für den alten Fontane – mit welchem Recht aber kann er es ernsthaft dieser noch so jungen Frau in den Mund legen? Wie bitte? Sie hat nichts versäumt? *Alles* hat sie versäumt, das Leben, die Liebe, das Älterwerden, das Glück, ihr Kind aufwachsen zu sehen, alles! Effi ist die Gelassenheit des alten Schriftstellers Fontane grundsätzlich unangemessen, ja, in ihrem Falle handelt es sich um eine geradezu peinliche, ausgeborgte Haltung aus irgendeinem Buch, die sie, wie so vieles andere, in ihrer existentiellen Dimension gar nicht versteht.

Ihre Eltern scheinen die melancholische Platitüde jedoch willig für bare Münze zu nehmen, hätten sie sonst ihren Kaffeetisch drei Schritt neben Effis frisches Grab gestellt, um dort in nicht übertrieben großer Verzweiflung ihr sonniges Frühstück zu genießen? Wie schon am Anfang des Romans – die Verkuppelung der kindlichen Tochter an den verflossenen Bewerber – durchzieht etwas Nebelhaftes, Zweideutiges die Verhältnisse, mit einem Unterton des wahrhaft Grauenvollen. Und wenn es bei Fontane ein Urteil gegenüber Effi gäbe – ein Urteil über ihre Indifferenz –, dann müsste es die anderen Figuren des Romans noch härter treffen, und damit wäre die ausschließliche Strafwürdigkeit Effis aufgehoben. Dieses Urteil aber gibt es nicht, auch nicht gegenüber jenem besinnlichen und gerade deshalb so qualvoll deplazierten Dialog der Eltern beim Kaffee: »›Und wenn denn schon überhaupt Fragen gestellt werden sollen, da gibt es ganz andere, Briest, und ich kann dir sagen, es vergeht kein Tag, seit das arme Kind da liegt, wo mir solche Fragen nicht gekommen waren …‹ | ›Welche Fragen?‹ | ›Ob *wir* nicht doch vielleicht schuld sind?‹ | ›Unsinn, Luise. Wie meinst du das?‹ | ›Ob wir sie nicht anders in Zucht hätten nehmen müssen. | Gerade wir. Denn Niemeyer ist doch eigentlich eine Null, weil er alles in Zweifel läßt. Und dann, Briest, so leid es mir tut … deine beständigen Zweideutigkeiten … und zuletzt, womit ich mich selbst anklage, denn ich will nicht schadlos ausgehen in dieser Sache, ob sie nicht doch vielleicht zu jung war?‹ | Rollo, der bei diesen Worten aufwachte, schüttelte den Kopf langsam hin und her, und Briest sagte ruhig: ›Ach, Luise, laß ... das ist ein *zu* weites Feld.‹«

Die Leser haben Madame Briest recht gegeben, ja, Effi war wirklich zu jung. Aber was soll Rollos zweifelhaftes Kopfschütteln? Absurd, sich vorzustellen, Flaubert oder Tolstoi hätten das Fazit einem Hund überlassen. Gewiss, aber sicher, ohne jeden Zweifel war Effi viel zu jung, wer das nicht merkt, hat wirklich nichts verstanden! Aber sollte eine solche Selbstverständlichkeit tatsächlich die dürftige Quintessenz von 300 Romanseiten darstellen? Und mag es nicht sein, dass Mutter Briest hier einen kleinen Splitter Schuld auf sich nimmt, um den riesigen Balken nicht zu sehen? Die Eltern leben weiter, mit ihrem toten Kind im Garten, und eigentlich ist dieser Tod das beste, was ihnen geschehen konnte, er schließt eine Geschichte, für die es kein gutes Ende mehr gab, reduziert sie auf ein schönes symbolisches Denkmal, an der Stelle der ebenso schön symbolischen Sonnenuhr. Natürlich, Effi hätte weiterleben können, als alternde, gefallene Frau, wie so viele in ihrer Zeit. Die Inszenierung des Todes genügt auch einer Konvention des Romangenres: Ein Tod ist immer das Gegenteil des offenen Schlusses und deshalb eine befriedigende Sache. Trotzdem: Emmas und Annas Tod liegt in der Konsequenz ihres Lebens, für Effi gilt das nicht. Auch Frauen *müssen* nicht sterben. Warum Effi es trotzdem tut? Eine Antwort bleibt Fontane schuldig.

DRITTES KAPITEL

Wer gewinnt, verliert

Männer 2: Liebhaber

Der Mohr kann gehn.
Shakespeare

1.

Nachdem Thomas Mann die lang umworbene Katja Pringsheim endlich geheiratet hatte, schrieb er, am 17. Januar 1906, seinem Bruder Heinrich einen später berühmt gewordenen Brief: »Ein Gefühl von Unfreiheit, das in hypochondrischen Stunden sehr drückend wird, werde ich freilich seither nicht los, und Du nennst mich gewiß einen feigen Bürger. Aber Du hast leicht reden. Du bist absolut. Ich dagegen habe geruht, mir eine Verfassung zu geben.« Heinrich war noch genau das, was auch Thomas bis dato gewesen war: ein Mann. Ein Mann, der künstlerischen Boheme zugeneigt, erotische Versuche in die eine oder andere Richtung wagend, aber ungebunden, frei – eben absolut. Doch nun war Thomas Mann etwas anderes geworden: ein Ehemann, so wie Katja eine Ehefrau. Welche höchst individuellen Eigenschaften sie beide auch sonst noch haben mochten und weiter kultivieren sollten, es gab nun ein gut verfasstes Regelwerk an Ge- und Verboten, an Rechten und Pflichten, eben eine Verfassung. Diese Verfassung aber, wohlverstanden, kann nicht nur formales Gesetzeswerk sein, sie ist zugleich auch Psychologie, Selbstdisziplinierung, ist das Ansinnen des Individuums, seinem Leben bei aller Kompliziertheit Halt und Bedeutung zu geben.

In »hypochondrischen Stunden« mag der Ehemann vor allem den Verlust spüren, die Unfreiheit, die Fesseln, die Verantwortung; in geistig gefestigten Momenten wird aus Unfreiheit gewollte Bindung. So hat man sich das ideale Ehepaar – das in den drei Romanen naturgemäß nicht im Vordergrund steht – als eines vorzustellen, das jenes weite, offene Meer der erotischen Libertinage verlassen hat zugunsten eines festen Hafens als nunmehr sicherer Orientierungspunkt. In diesem Idealfall wären Mann und Frau dem erotischen Handel und Wandel, wie er sowohl jüngere als auch ungebundene Menschen verlockt, endgültig entzogen. Ehemann und Ehefrau haben die erotische Kampfzone verlassen, sie stehen dem Wettbewerb um Anziehung, Verlockung, Verführung und endlicher Überzeugung nicht mehr zur Verfügung, das wird öffentlich deklariert durch Anzeige der Hochzeit. Zur Regel gehört, dass heiratswillige Männer die heiratsfähigen Frauen umwerben; ist eine Frau erst einmal unter der offiziellen Haube, hat die Regel ihr Recht verloren. Wer sich jetzt noch um sie bemüht, steht außerhalb der Regel.

Sind Frauen allgemein schon reizvoll, so verströmen verheiratete Frauen, glaubt man den Romanen, noch eine spezielle Anziehungskraft. Liegt das nur an den Frauen selber, oder ist vielleicht auch ein besonderer Typus Mann zuständig, dem es nicht reicht, verfassungsgemäß das Erlaubte zu tun, sondern der sein Auge mit Vorliebe auf diejenigen wirft, die eigentlich schon fest in anderen, ordnungsgemäßen Händen sind? So gesehen wäre der Liebhaber eine ganz eigene Sorte Mann; doch seltsam: Im Gerichtshof der Götter ganz gleich welcher Mythologie gibt es zweideutige Gesellen genug, so windig aber die Herrschaften auch sein mögen, zum Schutzpatron des Liebhabers hat sich keiner hergeben wollen. Der Liebhaber arbeitet auf eigene Rechnung. Zum Ehebruch braucht es drei. Zur Ehe *genügen* nicht nur zwei, denn tritt der Dritte hinzu, der nun gerade keiner *im Bunde* ist, wird es eng und die Treue zwangsläufig zum leeren Wahn. Wer aber ist dieser Dritte? Der störende Dritte ist »Liebhaber«, doch zunächst einmal gar nichts als genau das; er ist ausschließlich definiert über seine Rolle in dieser *ménage à trois*, jenseits davon kann er sein, was er will. Die allgemeine Verfassung des erotischen Lebens kennt für ihn keine Paragraphen. Der Liebhaber ist ein Mann, der illegitime Sexualbeziehungen zu einer verheirateten Frau unterhält, so kann man es mit eigentlich unangemessener Ordentlichkeit sagen. Aber sonst? Mag er sein, was er will! Eine gesellschaftliche Funktion hat er ganz offenbar nicht, man wird nicht Liebhaber, wie man Ehemann wird, und wird man Liebhaber, so zieht das vielleicht lebensgefährliche Ehrenhändel nach sich, aber sicher nicht den bekannten Rattenschwanz an lebenslangen Verbindlichkeiten, den jeder Ehemann zwangsläufig mit sich schleppt. Strafbar ist die Tätigkeit des Liebhabers nicht; dass sie gern gesehen wäre, wird man kaum behaupten; eine gewisse Faszination kann man ihr dennoch nicht absprechen. Auch die moralische Wertung des Mannes ist seltsam vage. Ist er der böse Versucher, oder ist er der Auslöser, der die Verdorbenheit einer Frau, die auf nichts andres wartet, bloß zum Vorschein bringt? Ist er der verachtete Störer der notwendigen Ordnung oder der mehr oder weniger heimlich beneidete Freibeuter auf dem weiten Meer der erotischen Wünsche?

Offenbar ist er all das zugleich, und wahrscheinlich noch mehr, und so böte es sich an, mit einem Katalog zu beginnen, vielleicht mit einer kleinen Typologie in Skizzenform. Was muss ein Liebhaber sein? Zunächst natürlich ein Mann. Aber dann? Jung oder alt, dumm oder klug, berechnend oder leidenschaftlich – alles ist möglich. Vor allem aber – und das ist im Gesamtgeflecht der Affäre gar nicht so selbstverständlich – bleibt vollkommen offen, wie eigentlich sein *eigener* Familienstand bestellt ist: Der Liebhaber kann auch hier alles sein, grüner Junge im erotischen Erprobungsstadium oder selbst schon durch Erfahrung klug gewordener oder sonstwie strapazierter Eheherr. Doch anders als die Frau, die auf Dauer nur eines sein kann – Ehefrau *oder* Liebhaberin –, wird dem Manne diese Qual der Wahl kaum aufgezwungen; spielt ein seriöser Ehemann und Familienvater im Fach des Liebhabers, so kann er Ehemann durchaus bleiben; Tolstoi berichtet davon, wenn er *Anna Karenina* mit der Ehekrise von Annas Bruder Stepan Arkadjitsch Oblonski beginnen lässt. Mit einem kleinen, aber bedeutenden Unterschied, denn Stepan Arkadjitsch betätigt sich als Liebhaber einer unverheirateten Schauspielerin und bringt so zwar seine eigene Ehe bedenklich ins Trudeln, bricht jedoch niemals ein in die Reservate einer anderen Familie – und damit der gesellschaftlichen Ordnung. Womit noch einmal bestätigt ist: Der Liebhaber des großen Ehebruchromans, wie er hier zur Diskussion steht, ist einer, der es – Emma, Anna, Effi – mit verheirateten Frauen zu tun hat; entscheidend ist der Familienstand der Frau, nicht seiner.

Die seltsame Rolle des ehebrecherischen Liebhabers spiegelt in gewisser Weise die nicht weniger, doch ganz anders seltsame des Ehemanns, aber das Spiegelbild ist verzerrt. In der männlichen Gesellschaft hat der Ehemann keine guten Karten; die großen mythologischen Erzählungen verbergen kaum den noch hinterhergeworfenen Spott. Aber wird der Ehebrecher deshalb ausgleichend mit Sympathie bedacht? Erfährt er auch nur Gerechtigkeit? Mitleid, wenn es schiefgeht? Interessiert sich jemand für die Gründe, die ihn zur erotischen Wilderei gebracht haben? Denn was ist es, was er eigentlich wünscht? Nur sein Vergnügen, Abenteuer und ein bisschen Risiko? Oder möchte er selbst an die Stelle des Ehemanns treten? Ist ein Liebhaber ein verhinderter Ehemann, oder ist er ein Räuber, der Räuber bleibt und nur hier seine Befriedigung findet? Je weiter man sucht, desto wackeliger wird das Bild. Ja, für die Eheleute gilt, so individuell ihr Charakter auch sein mag, eine feste Grundkonstellation, die den Konflikt hervorruft; für den Liebhaber gilt nichts von alledem, er ist nichts und er steht für nichts, er ist nur er selbst, und wenn er fällt, dann trauert ihm kaum einer hinterher. Und doch wären die Geschichten, die erzählt werden sollen, unmöglich ohne ihn.

Unmöglich aber sind sie nicht nur in dem ganz offenkundigen, praktischen Sinn, dass – wie es zum Beispiel über längere Zeit bei Emma Bovary der Fall ist – selbst eine potentielle Ehebrecherin nur eine träumende Ehebrecherin bleiben muss, solange sie ihren Liebhaber nicht findet; unmöglich sind die Geschichten auch, weil der Liebhaber genau das verkörpert, was die Verfassung eigentlich ausschließt. Betrachtet man die Menschenwelt als ganze, so sind die Handlungsmöglichkeiten schlechthin unbegrenzt; es ist Sache der Gesetze, die Vielzahl der möglichen Handlungen zu katalogisieren, zu systematisieren und am Ende in einem komplexen System von Bedingungen zu gestatten oder zu verbieten. Dasselbe gilt für den begrenzten Bereich erotischer Aktivität; die Werbung um eine Frau ist erlaubt, doch nur bis zu einer gewissen Grenze, jenseits derer sie nur noch bei ernsten Absichten toleriert wird und bereits gewisse Verpflichtungen nach sich zieht; am anderen Ende der Skala wird die tatsächliche Ausübung des Geschlechtsverkehrs *tout court* in ein Geflecht eingebunden, das bei näherer Betrachtung deutlich komplizierter ist, als man vielleicht erwarten möchte. Ehepaare haben *carte blanche*; man spricht nicht davon, jeder weiß Bescheid. Doch außerehelicher Geschlechtsverkehr ist auch nicht rundheraus verboten, nur kommt es entscheidend darauf an, wer mit wem und wer hier die Frau ist: Dienstmädchen ja, ihre Herrin nein; Grisetten ja, Bürgertöchter nein; und nein und abermals nein bei der einen, der rechtmäßig getrauten Ehefrau. Und genau hier gibt es nun den Einen, der mit seiner subversiven Wühlarbeit das Unerwünschte beweist: So wie die Gesetze nicht die Existenz des Verbrechens widerlegen, so schließt das bürgerliche Eheregime nicht aus, dass es vom offenen Meere aus durch Freibeuter angegriffen wird. Fragt sich nur, wie die Festung auf den Angriff reagiert, mit strikter Verteidigung, mit hinhaltendem Widerstand oder mit jener Schwäche, die eine Niederlage von vornherein in Kauf nimmt. Und zuweilen ist eine Festung auch gefallen wie weiland Konstantinopel: Eine kleine Pforte steht offen, man weiß nicht, ob aus trivialer Vergesslichkeit oder bereits in erwartungsvoller Absicht. Am Liebhaber wird sich beweisen, wie stark die bürgerliche Ordnung ist, die er gefährdet, und ob die erotische Verfassung, die einer sich zu geben geruht hat, auch in dem Augenblick wehrhaft bleibt, da der Verfassungsfeind sie berennt.

2.

Wenn es mit der Typologie nicht so recht funktioniert, so sollte die Wissenschaft übergehen zur Empirie: vier Porträts von vier Ehebrechern werden am Anfang stehen. Die Vierzahl aber ist schon der erste Schritt vom Wege, drei Frauen, drei Männer, aber vier Ehebrecher tun in den drei Romanen ihr

Werk; vier, weil die unersättliche Emma gleich zweie verbraucht. Und auch wenn diese Verdoppelung Ausnahme bleibt, allein daran, dass sie *möglich* ist, zeigt sich die grundsätzlich andere Rolle des Dritten. Der Liebhaber, scheint es, ist ersetzbar; kann zumindest ersetzbar sein, wie Emma zu beweisen geruht, und zu folgern wäre daraus, dass zumindest manchmal seine Funktion wichtiger wäre als seine individuellen Qualitäten. Ob das in jedem Fall so ist? Die Antwort könnte verraten, welchen Stand die ehebrecherische Liebe in der Gesamterzählung hat; denn eines soll nicht vergessen werden: Vor der Geschichte des Ehebruchs hat allemal die der Ehe gestanden; vor der des Liebhabers die des Ehemanns. Mit dem vollzogenen Ehebruch wechselt die Geschichte vom verfassungsgemäßen Zustand über in den verfassungswidrigen; wer derjenige ist, der das bewirkt, wird über beide Zustände Aufklärung geben, über das Davor wie das Danach. Wie gesagt, es sind der Männer viere.

Léon Dupuis trägt einen Allerweltsnamen, wie er schöner nicht sein kann, und wie immer bei Flaubert: zurecht. Der junge Mann steht erst am Anfang seiner Laufbahn, arbeitet als Kanzlist beim Notar Guillaumin in Yonville l'Abbaye und bewohnt als Untermieter ein Zimmerchen im Haus des Apothekers Homais. In dem kleinen Provinzort langweilt er sich so sehr, dass die größte Attraktion des Tages das Abendessen im Wirtshaus der Madame Lefrançois ist, in der Hoffnung, ein zufälliger Gast auf Durchreise könnte mit einem Gespräch das tagtägliche Einerlei unterbrechen. Frauengeschichten sind von ihm nicht bekannt, äußerstenfalls hört man ihn des Abends in seinem Zimmer eine schöne Romanze singen, wohl zu Kompensationszwecken. Sein Auftritt zählt zu den kanonischen Schlüsselszenen des Romans: Der stumme Jüngling im Hintergrund der Wirtshausstube, den Blick auf die soeben eingetroffene Arztgattin geheftet, auf ihre weiße Haut im Flammenschein, auf ihr Bein und auf die entblößten Knöchel. Es ist der entscheidende Moment, da der zukünftige Liebhaber zum ersten Mal das Objekt seiner schnell erwachenden Begierde erblickt; ein schüchtern staunender Anbeter, der sich nie einen Schritt zu viel erlaubt. Kein Charmeur, kein Damenmann, kein

Frauenheld, obwohl er all das wohl gerne wäre. Ein blasser Allerweltstyp, und er weiß es. Sehen, das ist seine ganze Lust.

Rodolphe Boulanger, so heißt Léons Nachfolger, der dann auch flugs zu seinem Vorgänger wird. Hat Emma nämlich die Besonderheit ihrer zwei Liebhaber, so hat auch Léon die seine: Er tritt zweimal auf. Emmas Fall vollzieht sich in drei Kapiteln: Zunächst die ganz im Schauen, Reden, also im Virtuellen verbleibende Affäre mit Léon 1, wie man ihn wohl nennen kann; doch bevor Léon 2 zum Zuge kommt, folgt auf Léon 1, der Richtung Paris entweicht, Rodolphe, der seinerseits nicht lange fackelt und zügig tut, was getan werden soll. Er nun ist das ganze Gegenteil von Léon: »Monsieur Rodolphe Boulanger war vierunddreißig; er hatte einen rohen Charakter und einen scharfen Verstand, pflegte regen Umgang mit Frauen und war darin äußerst versiert.« Mit viel Erfahrung ausgestattet, braucht der flotte Gutsbesitzer keine langen Analysen, um die Verhältnisse bei Monsieur und Madame zu durchschauen: »›Ich glaube, der ist sehr dumm. Sie hat ihn wahrscheinlich satt. Er hat schmutzige Fingernägel und einen Dreitagebart. Während er zu seinen Patienten trappelt, sitzt sie zu Hause und stopft Socken. Und langweilt sich! würde gern in der Stadt wohnen, jeden Abend Polka tanzen! Armes Ding! Die japst nach Liebe wie ein Karpfen nach Wasser auf dem Küchentisch. Drei Schmeicheleien, und sie wird dich anbeten, da bin ich sicher! wäre zärtlich! bezaubernd! ... Ja, aber wie wird man sie hinterher wieder los?‹« Emma ist reif, das versteht Rodolphe mit professionellem Blick; was fällt, soll man stoßen, und nach kurzer Vorbereitung liegt Emma am Boden. Rodolphe ist alleinstehend wie sein schmachtend erfolgloser Vorgänger, doch während Léon mit einem ordnungsgemäßen Beruf selbstverständlich auch auf eine dito ordnungsgemäße Ehe zusteuert, ist Rodolphe Junggeselle aus echter Überzeugung; Frauen sind zum Vergnügen da, und dass der Dorfarzt eine derartige Schönheit zur Gattin hat und diese vor Sinnengier vergeht, ist nichts als ein glücklicher Zufall. Rodolphe ist einer, der keine Gelegenheit verschmäht.

Am Ende findet er auch seine Antwort auf die Frage, wie man das Geschöpf, ist es dann einmal soweit, wieder loswird, und das ist die Stunde von Léon 2. Sein erneuter Auftritt erfolgt »mit weltmännischer Nonchalance«, passend im Opernhaus; der blasse Büroschreiber hat sich in einen gewandten Gecken verwandelt, und das Zauberwort ist wieder einmal *Paris*: »Monsieur Léon hatte, neben dem Studium der Rechte, fleißig die *Chaumière* besucht und verzeichnete dort sogar hübsche Erfolge bei den Grisetten, denn diese fanden ihn *distinguiert*. Er war ein sehr ordentlicher Student: er trug die Haare weder zu lang noch zu kurz, verbrauchte nicht schon am ersten des Monats das Geld für ein volles Quartal und stand auf gutem Fuße mit seinen Professoren. Über die Stränge geschlagen hatte er nie, teils aus Kleinmut, teils aus Zartgefühl.« Noch eines hat Léon inzwischen gelernt, dass nämlich im großen Paris Kleinmut und Zartgefühl wohl unvermeidlich sind, gegenüber einer unbefriedigten Provinzschönheit jedoch prinzipiell überflüssig. So wiederholt sich zwar die Konstellation von Léon 1, doch im entscheidenden Punkt ist alles anders: Jetzt *will* nicht nur Emma, jetzt *will* auch Léon. Ein weiteres Mal wird er nicht zu schüchtern sein; diesmal will auch er zur Sache kommen. Und er kommt. Damit wird er nicht zu einem Rodolphe; er bleibt ein hoffnungsvoller junger Mann, der bald auch zur Ordnung finden wird, aber einmal wird auch er über die Stränge geschlagen haben. Gelegenheit macht Diebe, doch ein professioneller Räuber wird er nicht.

Alexej Kirillowitsch Wronski verlangt ein deutlich komplexeres Porträt. Er ist kein ängstlicher Verehrer, der erst dann den Mut zum Jagen findet, wenn die Beute sich ihm zu Füßen legt, und er ist kein lauter Frauenheld, der mit Erfolgen renommiert. »›Wronski ist einer der Söhne des Grafen Kirill Iwanowitsch Wronski und eines der Musterbeispiele der Petersburger Jeunesse dorée. Ich habe ihn in Twer kennengelernt, als ich dort in Dienst stand und er zur Rekrutenaushebung anreiste. Fürchterlich reich, schön, mit dicken Beziehungen, Flügeladjutant und zugleich ein sehr netter, guter Kerl. Doch mehr als nur ein guter Kerl. Wie ich ihn hier kennengelernt habe, ist er auch gebildet und sehr klug, ein Mann, der es weit bringen wird.‹« Einen so wunderbaren Mann möchte man nicht zum Konkurrenten haben, und doch wird er mit diesen Worten als denkbarer Bräutigam für die achtzehnjährige Kitty vorgestellt, und zwar ausgerechnet ihrem zweiten Bewerber, Konstantin Dmitritsch Lewin. Diese heikle Konstellation erlaubt auch zugleich, Wronskis erotisches Vorleben Revue passieren zu lassen: Als junger, brillanter Offizier besuchte er die Petersburger Salons, »aber seine Liebesinteressen verfolgte er außerhalb der Salons«, das heißt natürlich im Bereich der kommerziellen Sexualität. Und weiter: »Nach dem luxuriösen und rohen Petersburger Leben empfand er in Moskau zum erstenmal den Charme einer Annäherung an ein nettes und unschuldiges Mädchen der vornehmen Welt, das ihn liebgewann.« In naiver und auch ein wenig selbstgefälliger Zuneigung nimmt er nicht wahr, dass er im Verfassungssystem der Erotik bereits Dinge tut, die nicht mehr unschuldig sind, sondern etwas bedeuten und definierte Folgen haben: »Er wusste nicht, dass sein Vorgehen gegenüber Kitty einen bestimmten Namen hatte, das Umgarnen junger Damen ohne Heiratsabsicht, und dass dieses Umgarnen eine der üblen, unter brillanten jungen Männern wie er verbreiteten Verhaltensweisen war. Er meinte, er hätte dieses Vergnügen als erster entdeckt, und genoss seine Entdeckung.« Andere sehen das anders: »Wenn er hätte hören können, was ihre Eltern an diesem Abend sprachen, wenn er sich auf den Blickpunkt der Familie hätte versetzen und erfahren können, dass Kitty unglücklich würde, wenn er sie nicht heiratete, hätte er sich sehr gewundert und es nicht geglaubt. Er hätte nicht glauben können, was ihm und vor allem auch ihr ein so großes und schönes Vergnügen bereitete, könnte von Übel sein. Noch weniger hätte er glauben können, dass er heiraten müsste. | Eine Heirat war ihm nie als eine Möglichkeit erschienen. Nicht nur, dass er das Familienleben nicht mochte; unter der Familie und insbesondere einem Ehemann stellte er sich, nach der allgemeinen Ansicht der Junggesellenwelt, in der er lebte, etwas ihm Fremdes, Feindliches und vor allem Lächerliches vor.«

Wronski also ist ein junger Mann, so gefühlvoll wie mutig, so naiv wie ehrlich, und diese Eigenschaften bringen ihn impulsiv genau an den Ort, wo eine ganze Gesellschaftsgruppe lebt: in die »Junggesellenwelt«. Eigentlich ist nur schwer zu verstehen, dass dieser erfolgreiche Gesellschaftslöwe nichts wissen sollte von den Regeln, die auch dem Flirt in allen seinen Formen Grenzen setzen: Man macht einem Mädchen nicht einfach den Hof, jedenfalls nicht ausdauernd, systematisch und überzeugend, ohne zu wissen, dass man damit bereits einen Pakt geschlossen hat; nicht den Ehepakt natürlich, auch noch nicht den der Verlobung, aber immerhin den der sogenannten ernsten Absicht. Doch Wronski macht erst dann ernst, als er Anna Arkadjewna Karenina gegenübersteht, und nun zeigt sich, dass der sympathische, wenn auch etwas luftige Charmeur durchaus fähig ist zu mehr als einem Flirt, zu ernsten Absichten im wahren Sinne des Wortes. Denn ohne dass er über Zukunftspläne auch nur nachdenken würde, weiß Wronski: Im Angesicht Annas wird es ernst. Die Liebe ist kein »großes und schönes Vergnügen« wie das Geplänkel mit Kitty; die Liebe, wie er sie jetzt erlebt, geht aufs Ganze, und wie sehr, das zeigt Wronski gleich bei der ersten Gelegenheit, indem er Kitty auf dem großen Ball in skandalöser, beleidigender Weise ignoriert – unabsichtlich, denn Augen hat er nur noch für die andere. Und so geht die Sache ihren Weg. Eines Tages liegt die weinende Anna vor ihm im Bett, zur Ehebrecherin geworden wie er zum Liebhaber, beide nicht sehr klug und ohne je verlangt zu haben nach Tristan und Isoldes Glück. Und weil es ihnen so ernst ist mit der Liebe, werden sie auch nicht den leichten Ausweg finden.

Major von Crampas hat es schwer nach den scharfen, bösen Porträts von Léon und Rodolphe und nach Wronskis großem Auftritt. Was kann er bieten nach den schäbigen, doch um so faszinierenderen Reizen von Emmas zwei Galanen und Wronskis vielschichtiger, herzlicher und so überaus gewinnender Menschlichkeit? Zunächst seinen – in diesem Vergleich – ungewöhnlichen Stand: »›Crampas ist verheiratet, zwei Kinder von zehn und acht Jahren, die Frau ein Jahr älter als er, also sagen wir fünfundvierzig.‹« Niemand anders als Effi selber stellt, ungewöhnlich auch das, ihren zukünftigen Verführer vor – ihrer Mutter. »›Er, Crampas, soll nämlich ein Mann vieler Verhältnisse sein, ein Damenmann, etwas, was mir immer lächerlich ist und mir auch in diesem Falle lächerlich sein würde, wenn er nicht um eben solcher Dinge willen ein Duell mit einem Kameraden gehabt hätte. Der linke Arm wurde ihm dicht unter der Schulter zerschmettert, und man sieht es sofort, trotzdem die Operation, wie mir Innstetten erzählt (ich glaube, sie nennen es Resektion, damals noch von Wilms ausgeführt), als ein Meisterstück der Kunst gerühmt wurde. Beide, Herr und Frau von Crampas, waren vor vierzehn Tagen bei uns, um uns ihren Besuch zu machen; es war eine sehr peinliche Situation, denn Frau von Crampas beobachtete ihren Mann so, daß er in eine halbe und ich in eine ganze Verlegenheit kam.‹« Vierundvierzig, verheiratet, zwei Kinder, ein Damenmann, der ungewöhnlichste, vielleicht sogar ungeeignetste Liebhaber in diesen drei Romanen. Was aber ist ein »Damenmann«? Ein gewohnheitsmäßiger Ehebrecher? Ein Mann mit zweideutigen Bekanntschaften, Grisetten, Schauspielerinnen, weiblichen Wesen, um die man mit Kameraden konkurriert? Oder einer, der das Charmieren pflegt, der spielt mit seiner Attraktivität, der gerne an der Grenze agiert, einer, der, so einfach wie verständlich, die Gesellschaft von Frauen der von Männern vorzieht? Fontane präzisiert es nicht, lässt es, wie so manches, im Halbdunkel, gibt nur eben den Hinweis, dass es zumindest einmal schon ernst geworden ist.

Und ausgerechnet das: Duell, verletzte Schulter, Operation, macht Crampas für Effi interessant; ein Damenmann, nein, das ist zu wenig, doch einer, der, wenn's sein muss, auch aufs gefährliche Ganze geht, das hört sich dann schon besser an. Aber auch das ist nicht der ganze Crampas. Seinen ersten eigenen Auftritt hat er, als das Ehepaar Innstetten, auf der Terrasse sitzend, intime Komplimente austauscht und Crampas, nicht gerade, aber fast im Badekostüm, als der störende Dritte hinzutritt, so, als wolle ihm Fontane doch gleich ein wenig ins Lächerliche ziehen: »›Aber ich kenne dich recht gut; du bist eigentlich, wie der Schwantikower Onkel mal sagte, ein Zärtlichkeitsmensch und unterm Liebesstern geboren, und Onkel Belling hatte ganz recht, als er das sagte. Du willst es bloß nicht zeigen und denkst, es schickt sich nicht und verdirbt einem die Karriere. Hab ich's getroffen?‹ | Innstetten lachte. ›Ein bißchen getroffen hast du's. Weißt du was, Effi, du kommst mir ganz anders vor. Bis Anniechen da war, warst du ein Kind. Aber mit einemmal ...‹ | ›Nun?‹ | ›Mit einemmal bist du wie vertauscht. Aber es steht dir, du gefällst mir sehr, Effi. Weißt du was?‹ | ›Nun?‹ | ›Du hast was Verführerisches.‹ | ›Ach, mein einziger Geert, das ist ja herrlich, was du da sagst; nun wird mir erst recht wohl ums Herz ... Gib mir noch eine halbe Tasse ... Weißt du denn, daß ich mir das immer gewünscht habe? Wir müssen verführerisch sein, sonst sind wir gar nichts ...‹ | ›Hast du das aus dir?‹ | ›Ich könnt es wohl auch aus mir haben. Aber ich hab es von Niemeyer ...‹ | ›Von Niemeyer! O du himmlischer Vater, ist das ein Pastor. Nein, solche gibt es hier nicht. Aber wie kam denn der dazu? Das ist ja, als ob es irgendein Don Juan oder Herzensbrecher gesprochen hätte.‹ | ›Ja, wer weiß‹, lachte Effi ... ›Aber kommt da nicht Crampas? Und vom Strand her. Er wird doch nicht gebadet haben? Am 27. September ...‹ | ›Er macht öfter solche Sachen. Reine Renommisterei.‹« Wenn man vom Teufel spricht ...: Nur die vollständige Passage zeigt, wie es Fontane gewollt hat, ein zweideutiges Wort-Spiel um die Verführungskunst der Frauen, mit dem plötzlichen Auftritt des wirklichen Verführers als nasser Angeber, der zur Mutprobe im September badet. So steht Crampas da, ein begossener Pudel mit Duellnarben. Zunächst.

3.

Léon, ein Schwächling, der erst gewinnt, als nichts mehr gewagt werden muss. Rodolphe, ein Frauenverbraucher, der sich die eine greift wie viele zuvor und danach. Wronski, ein schöner, selbstverliebter Herzensbrecher, der sich in den Augen der Frauen spiegelt, bis der Blitzschlag der großen Liebe ihm keine Wahl mehr lässt. Crampas, ein Ehemann, der als Damenmann gilt, ein Duellant mit dem Ruf des Aufschneiders, ein gewohnheitsmäßiger Courmacher, von dem man nicht recht weiß, wie ernst es ihm eigentlich ist, als die junge Frau Landrat zugänglicher ist, als man es denken dürfte. Die drei Autoren bieten mit ihren vier Helden ein weites Spektrum auf, ein

Spektrum von Klischees und von psychologischen Wirklichkeiten. Dem Gutsherrn Rodolphe fehlen nur Mantel und Degen, dann hätte man den Liebhaber, wie ihn so manche Frau ersehnen soll, zupackend und handfest. Vor allem Wronski ist der Mann, wie man ihn sich wünscht, aber nun aus gänzlich anderer Richtung, leidenschaftlich, gefühlvoll, entschieden; ginge alles mit ordentlichen Dingen zu, dann wäre so einer für jede bessere Tochter der rechte Bewerber und Bräutigam. Wronski hat vor seinen Kollegen zwei große Privilegien: Zum einen ist er der einzige Liebhaber, der die ehebrecherische Frau tatsächlich liebt, der sie *will*, der *sie* will, und keine andere. Das verschafft ihm einen Sympathievorsprung, der nur schlecht einzuholen ist, und dazu lässt schon die schiere Seitenzahl, die ihm gewidmet wird, den Leser ein so vielfältiges, menschlich ausgewogenes, verständnisvolles Bild gewinnen, wie es Léon, Rodolphe und Crampas auf ihren, im Vergleich, nur wenigen Seiten niemals zuteil wird.

Ja, Léon Dupuis und Rodolphe Boulanger, das Schicksal hat es nicht gut gemeint mit ihnen, das Schicksal namens Gustave Flaubert, als Autor für seine Figuren geradezu ein Verhängnis. Hatte er bereits seinen Ehemann Charles Bovary von allem Anfang an mit dem Stigma des »ridiculus sum« versehen, so schenkt er auch den beiden Liebhabern nichts; lächerlich sind sie nicht weniger als der Betrogene selbst. Ausführlicher als jeder andere inszeniert Flaubert – Léon 1, Rodolphe, Léon 2 – die drei Szenen, mit denen die Verführung ihren Lauf nimmt, und, höchst bezeichnend für den wortfixierten, obsessiven Schriftsteller Flaubert, alle drei Szenen sind ganz auf Worte gestellt, auf Reden und Gerede; die Verführung ist ein strikt sprachlicher Akt. Das fällt um so stärker auf, als das Kennenlernen und Näherkommen von Charles und Emma, das dann bekanntlich zur Ehe führte, fast ganz ohne Dialoge auskommt, fast stumm bleibt und nichts kennt von dem sprachlichen Flitterkram, den die ehebrecherisch Verliebten einander hinwerfen wie einst spanische Eroberer ihre Glasperlen den Wilden. Ganz im Gegenteil, jene wenigen anfänglichen Gespräche zwischen Charles und Emma drehen sich sogar um wirkliche Dinge, um ihre eigenen Geschichten, Emma erzählt von ihrer

Klosterschule, Charles von seinem Collège. Ganz offenbar aber will Flauberts Ironie gerade das als schlechtes Vorzeichen deuten bei einer Frau, von der schon bald gesagt werden wird: »Je näher die Dinge ihr standen, desto entschiedener wandte ihr Denken sich von ihnen ab.« Was soll schon von einem Mann zu erwarten sein, der erstens nur wenig spricht und zweitens von Dingen und Menschen wie du und ich?

Bei ihren Liebhabern wird Emma auf ihre Kosten kommen, und alle drei Szenen werden von Flaubert zu wahren Redeströmen gemacht, zu enthemmten Orgien des Gequatsches. Gleich bei ihrer allerersten Begegnung am Wirtshauskamin stimmen sich Emma und Léon ein auf den von nun an immergleichen Ton pausenloser Selbsterregung: »›Haben Sie hier in der Umgebung wenigstens ein paar Spazierwege?‹ wandte sich Madame Bovary wieder an den jungen Mann. | ›Oh! nur sehr wenige‹, antwortete er. ›Es gibt einen Ort, der die *Weide* genannt wird, oben auf den Höhen, am Waldrand. Manchmal gehe ich sonntags dorthin, verweile mit einem Buch und betrachte den Sonnenuntergang.‹ | ›Ich finde nichts so schön wie Sonnenuntergänge‹, erwiderte sie, ›vor allem jedoch am Meer.‹« Und so weiter in allen Variationen, denn: »›Das Gleiche gilt für Gebirgslandschaften‹, erwiderte Léon.« Quod erat demonstrandum: alles ist eins, solange es nur dem gefräßigen Liebesdiskurs der beiden entfesselten Großsprecher zur Nahrung dient; ja, »›was gibt es Schöneres, als abends mit einem Buch am Kamin zu sitzen, während der Wind an den Scheiben rüttelt und die Lampe brennt? …‹ | ›Nicht wahr?‹ sagte sie und heftete auf ihn ihre großen schwarzen, weitgeöffneten Augen. | ›Man denkt an nichts‹, fuhr er fort, ›die Stunden vergehen. Reglos durchstreift man Länder, die man zu sehen glaubt, und die Vorstellungskraft, die sich um das Erdichtete rankt, verliert sich in Einzelheiten oder folgt dem Lauf der Abenteuer. Sie mischt sich unter die Figuren; fast scheint uns, als poche das eigene Herz unter ihren Kleidern.‹« Wie schön! Wie wunderschön von Flaubert arrangiert! Ein junger Mann liebt das Lesen gerade deshalb so innig, weil er dabei nie an etwas denkt, und man beginnt zu ahnen, dass bei Emma und Léon I im rhetorischen Überfluss nicht nur das Herz unter den Kleidern bereits heftig pocht. Wie sehr Sprache und Lust bei diesem Paar zusammengehören, zeigt dann die Parallelszene mit Léon 2, die sich – wenn auch in der Kathedrale – ganz analog abspielt; inzwischen aber hat Léon das Sesam-öffne-dich begriffen, das aus Wortlust endlich Fleischeslust macht: *Paris!* Nicht mit Gewalt und nicht mit irgendwelchen Versprechungen bugsiert Léon die kokette Emma in den wartenden Fiaker, in dem die beiden sich dann – man rechne nach! – geschlagene fünf Stunden pausenlos miteinander vergnügen, sondern nur durch einen einzigen Satz: »Das ist so üblich in Paris.« Die Macht der Worte!

Den Höhepunkt von Flauberts Denunziationskunst brachte aber bereits die so berühmte Szene der Landwirtschaftsausstellung, die Ehebruchsanbahnung mit Rodolphe. In einer fürs neunzehnte Jahrhundert vollkommen unbekannten Montagetechnik blendet Flaubert die aufgeblasen offiziellen Reden der Würden- und Ordenträger über das nicht weniger geistlose Liebesgesäusel des werdenden Paares. Doch die beiden Tonspuren laufen nicht nur *neben*einander, von Absatz zu Absatz werden sie immer enger *in*einander verwebt, so dass die eine auf die andere zu antworten beginnt: der blühende Kommerz und die zerquälten Seelen, die Aufopferung der Landbevölkerung und das Liebesopfer des einen Ersehnten, das Glück und der Mist, der Zauber Emmas und die Goldmedaille für den Schafbock, die ewige Liebe und die Schweinezucht: »Ein Windstoß, der durch die Fenster hereinfuhr, kräuselte die Tischdecke, und drunten auf dem Platz hoben sich die großen Hauben der Bäuerinnen wie der Flügelschlag weißer Falter. | ›Verwertung von Ölkuchen‹, sprach der Vorsitzende. | Er beeilte sich: ›Flandrischer Dung, – Flachsanbau, – Entwässerung, – langfristige Pachtverträge, – Dienstbotentreue.‹ | Rodolphe sprach nicht mehr. Sie schauten sich in die Augen. Heißes Verlangen ließ ihre trockenen Lippen erzittern; und langsam, wie von allein, schlangen sich ihre Finger ineinander.« Tatsächlich, da bleibt nichts mehr zu sagen, und wenn die beiden ergriffen Schweigenden ihren Pakt unter der agronomischen Wortkaskade besiegeln, dann hat Flaubert sein Urteil über sie gesprochen: Ist Emma mit von der Partie, dann kommen alle zu ihren erotischen Zielen durch nichts als die Sprache, eine Sprache aber in ihrer vollendet sinnverlassenen, zu vollständiger Verblödung neigenden Schrumpfform. Die Liebe wird mit Worten bezahlt wie mit Goldmünzen; man muss die Worte durch nichts beglaubigen, solange sie einen fixen Tauschwert haben im erotischen Börsenjargon derjenigen, die auch sonst an nichts zu denken pflegen: Glück und Liebe, Traum und Tat, Sehnsucht und Melancholie, mit dem ganzen liquiden Bilderschatz einsamer Inseln und Wälder.

Addiert man die drei Verführungsszenen – Léon 1 und 2, Rodolphe – so ist Flauberts Bild des männlichen Liebhabers und Frauenverführers von monomaner Konsequenz: lächerliche Gockel von geradezu gigantomanischer Dummheit, wobei die einzige Differenz darin besteht, dass Léons Poesie von gleichsam naturwüchsiger Einfalt ist, während Rodolphe die seine strategisch und zweckgerichtet zum Einsatz bringt, ein Kampfpanzer der erotischen Gelegenheitslyrik. Betrachtet man die beiden Herren als sozusagen reale Figuren, so bewegt sich Flaubert wiederum scharf auf der Grenze zum Klischee, doch bei *noch* näherer Betrachtung wird die *gesamte* Konstellation zu einer seltsamen Kippfigur. Nein, den beiden Liebhabern kommt nicht einmal die zweideutige Ehre zu, hier als Repräsentanten einer normverachtenden Außenseiterrolle zu stehen; viel zu klein sind sie, als dass man sie heroisieren möchte, stilisieren zum Partisanen gegen die bürgerliche Zwangserotik der Familie. Und außerdem, was kann das nur für eine Frau sein, die einerseits einen Charles Bovary heiratet, andererseits sich ausgerechnet *diese* Liebhaber besorgt? Was ist das für eine Frau, die *ausschließlich* monströse Idioten liebt? Und was sind das ganz allgemein für Männer, da die Liebhaber den gehörnten Ehemann höchstens in Gewitztheit übertreffen, ganz gewiss aber weder in Charme noch Intelligenz? Nein, dieses höllische Quartett ist geradezu kongenial in wechselseitiger Dummheit und Verblendung, und wenn hier etwas zu beweisen war, dann dass in dieser Hinsicht keiner dem anderen etwas vorzuwerfen hat.

Szenen, für die es in *Anna Karenina* und *Effi Briest* keine Entsprechung gibt. Wo bei Emma die Liebe redet wie ein

Volkstribun, entspinnt sich die Beziehung von Effi und Crampas unbemerkt, und das wichtige geschieht dann, wenn es gerade keiner versteht, weil es keiner sagt: zwischen den Zeilen. Wo bei Emma das Fortissimo der erotischen Leerformeln dröhnt, entscheidet zwischen Anna und Wronski ein stummer Blick; entscheidet ein wahrer *Augenblick*. Hier schlägt der *coup de foudre* ein, und könnte es dabei bleiben, wäre es vielleicht gut. Aber gerade da, wo das Sprechen beginnt, beginnen die Schwierigkeiten – und eben deshalb, weil in Tolstois Roman der Versuch zum *wirklichen* Sprechen gemacht wird. Ist das Reden eine Orgie der Gemeinplätze wie zwischen Emma und ihren Männern, dann werden diese so austauschbar, wie es die Worte nun einmal sind.

4.

Das Spiel von Verführung und Versuchung, Widerstehen und Nachgeben kennt den einen entscheidenden Augenblick, der jede der Geschichten unwiderruflich in ein Vorher und Nachher zerschneidet, und dieser Augenblick ist dem Roman des neunzehnten Jahrhunderts natürlich kaum darstellbar. Tolstoi verbirgt ihn offen in den zwei Zeilen von Auslassungspunkten, Fontane verwebt ihn unerkennbar in eine Vielzahl von unklaren Andeutungen, Anspielungen, Zeichen. Allein Flaubert wagt es, über die Grenzen des Zulässigen hinaus die Dinge beim Namen zu nennen, am schönsten durch jenen Satz, der sowohl die Bewegung des ominösen Fiakers als auch die »Bewegungsgier« seiner Insassen so treffend erfasst: »Und die schwere Maschinerie setzte sich in Gang.« Doch es hilft alles nichts, auch nach dem *fait accompli*, wenn die Maschinerie erschöpft stillsteht, muss weitergelebt werden. Zunächst einmal stellt sich für den erfolgreichen Liebhaber die Frage, was er aus seinem Erfolg zu machen gedenkt. Für Rodolphe ist die Sache klar, Emma ist eine weitere Trophäe und wird die letzte nicht bleiben. Er verfährt wie nur jeder Frauenheld vor oder nach ihm, er genießt sein Jagdglück, so lange es ihm gefällt, und befreit sich von Emma, als sie ihm durch ihre maßlosen Ansprüche lästig wird. Léon 2 holt alles nach, was Léon 1 versäumte; nichts hat er vergessen von seinen enttäuschten Begierden, und nun ist es soweit, Emma gehört ihm. Beide, Rodolphe und Léon, werden eine mehr oder weniger lange Zeit mit Emma vor sich haben, jene Zeit der heimlichen Treffen, der Träume und Schwüre, die für Crampas – entschlüsselt man die Zeichen richtig – nur extrem wenige Tage umfasst, vielleicht sogar nur einen einzigen.

Trotzdem stellt sich die Frage, ob für die drei Männer in dieser Zeit, wie lang oder kurz auch immer, etwas Zukünftiges liegt, ein Wunsch, eine Möglichkeit, die hinausführen könnte aus der prekären Lage. Die klassische Lösung für alle Fälle lautete in Romanen schon eh und je: Flucht. Die Flucht aber würde den Austritt aus der bürgerlichen Konvention definitiv machen; denn was hieße denn das ganz konkret, gemeinsame Flucht? Für die Ehefrau hieße es einfach Verlust von allem und jedem, was ihr Leben bisher ausgemacht hat; vollständige Lebensunsicherheit, gesellschaftliche Ächtung. Für den Liebhaber dagegen hieße es das krasse Gegenteil; er würde die materielle Verantwortung für die Frau übernehmen müssen fast wie ein Ehemann, ohne jedoch die gesellschaftliche Stellung des Ehemanns einnehmen zu dürfen oder wollen. Er ginge erst jetzt eine Bindung ein, er übernähme eine Last, deren Gewicht und Dauer er gar nicht abschätzen kann. Gerade weil die praktischen, prosaischen Konsequenzen so unabsehbar sind, ist die gemeinsame Flucht der romantische Traum *par excellence*, und so liegt es natürlich nahe, dass vor allem eine ihn träumt: Emma. Bereits während ihrer im Stadium ewiger Vorlust bleibenden Affäre mit Léon 1 erscheint er als Ausweg: »Sie kam in Versuchung, mit Léon zu fliehen, irgendwohin, weit weg, um ein neues Leben zu erproben; doch augenblicklich gähnte in ihrer Seele ein verschwommener Abgrund, gefüllt mit Finsternis.« Für Léon aber sind die Visionen ferner Inseln tatsächlich nur literarische Versatzstücke; sein einfältiger lebenspraktischer Verstand ist letztlich stärker als alle Romantizismen, und so kommt der Aufbruch in den Abgrund für diese beiden nur im poetischen Überschwang, nicht als wirkliche Möglichkeit in Frage. Erst recht nicht in der Neuauflage mit Léon 2: Flucht gibt es hier nicht einmal mehr im Traum. Gemeinsamkeit kennt dieses Paar ausschließlich noch im sexuellen Hier und Jetzt; alle darüber hinausgehenden Lebensvorstellungen laufen längst in vollkommen verschiedene, einander ausschließende Richtungen. Emma ist auf dem Weg zur finalen Zerstörung jeder bürgerlichen Existenz; Léon, im Gegenteil, steht nun endlich auf den ersten Stufen einer erfolgreichen Berufslaufbahn, und es bedarf nur noch des sprichwörtlich ernsten Wortes durch Mutter und Chef, dass er die notwendigen Konsequenzen zieht: »Léon hatte schließlich geschworen, Emma nicht wiederzusehen; und er machte sich Vorwürfe, dass er sein Wort nicht hielt, zumal wenn er überlegte, wieviel Unannehmlichkeiten und Gerede er sich durch diese Frau noch einhandeln konnte, zu schweigen vom Spott seiner Kameraden, den er morgens am Ofen serviert bekam. Außerdem sollte er bald zum ersten Kanzlisten aufrücken: es war an der Zeit, seriös zu werden. Darum entsagte er dem Flötenspiel, den übersteigerten Gefühlen, der Phantasie«. Wie viele Tage das Zögern noch dauern mag, irgendwo harrt seiner bereits die legitime Gattin.

Auf jener scharfen Schneide, die den Ehebruch als definitive Regelüberschreitung trennt von der Erneuerung der Regel durch eine andere, spielt nun ausgerechnet die Geschichte mit Rodolphe, zumindest für kurze Zeit. Emmas Wunsch zur Flucht entsteht präzise in dem Augenblick, als das häusliche Eheleben durch einen wüsten Streit mit der verdachtschöpfenden Schwiegermutter unerträglich wird; der kitschige Traum von Postkutschen, Schiffen, Zitronenhainen und Kathedralen aus weißem Marmor antwortet unmittelbar auf den drögen Dorfalltag, wo gierige Nachbarinnen mokante Anspielungen machen. »Sie würden in Gondeln spazierenfahren, sich in Hängematten wiegen; und ihr Leben wäre leicht und weit wie ihre Seidengewänder, warm und sternbesät wie die lauen Nächte, zu denen sie emporblickten. Doch in der Unermesslichkeit dieser Zukunft, die sie herbeiphantasierte, geschah nichts Besonderes; die stets herrlichen Tage glichen einander wie schäumende Wogen; und alles schaukelte am Horizont, endlos, harmonisch, blauend und überstrahlt von der Sonne.« Emma will nicht wissen, dass sie diesen Traum von der ewigen Zweisamkeit alleine träumt. Rodolphe ist zwar Frauenheld, aber eben doch alles andere als ein erotischer Grenzüberschreiter wie Don Giovanni. Nein, Rodolphe liebt sein bequemes Leben als provinzieller Schwerenöter viel zu sehr, als dass er es hergeben wollte für die Träume einer entfesselten Romantikerin. »›Was bin ich für ein Esel!‹ sagte er und fluchte gotterbärmlich. ›Einerlei, sie war eine hübsche Geliebte!‹ | Und sogleich stand Emmas Schönheit, samt all den Vergnügungen dieser Liebe, wieder vor seinen Augen. Zunächst spürte er Rührung, dann empörte er sich gegen sie. | ›Was soll das‹, rief er gestikulierend, ›ich kann doch nicht die Heimat verlassen, mir ein Kind aufhalsen.‹ | Er sagte derlei Dinge, um sich zu bestärken. | ›Und außerdem, die Schwierigkeiten, der Aufwand ... Oh! nein, nein, tausendmal nein! das alles wäre mehr als dumm!‹« Nein, *diese* Grenze will Rodolphe nicht überschreiten; bleiben soll es bei einem erotischen Gastspiel, aber wenn die Rolle des Liebhabers mehr verlangt, dann ist definitiv Schluss, festgehalten in einem geschmackvollen Abschiedsbrief: »›Ich werde Sie nicht vergessen, glauben Sie mir, und ich werde Ihnen stets in tiefer Ergebenheit zugetan sein; doch eines Tages, früher oder später, wäre diese Glut (so ist nun mal das Geschick der menschlichen Dinge) wohl abgekühlt! In uns wäre Überdruss aufgekommen, und wer weiß, vielleicht hätte ich sogar den grässlichen Schmerz erdulden müssen, Ihre Gewissensqualen mitanzusehen und diese zu teilen, denn ich hätte sie ja verschuldet. Allein der Gedanke an den Kummer, der über Sie hereinbricht, martert mich, Emma! Vergessen Sie mich! Warum musste ich Ihnen begegnen? Warum waren Sie so schön? Ist es meine Schuld? O mein Gott! nein, nein, klagen Sie nur eines an: das Schicksal!‹« Léon und Rodolphe verdrücken sich, bevor es zum Äußersten kommt, und darin werden sich der Blässling und der Kraftmeier dann doch zum Verwechseln ähnlich. Beide sind eines Tages müde, gelangweilt und ausgelaugt von Emmas grandioser Lebensgier, beide entledigen sich der lästigen Last und widmen sich anderen Frauen, dann allerdings je nach persönlichem Geschmack: Rodolphe anderen Liebschaften,

Léon seiner endlich gesetzmäßigen Gattin, bis dato eine Mademoiselle Léocadie Lebœuf.

Merkwürdig hingegen ist die Idee der Flucht, wie sie ganz kurz in *Effi Briest* aufscheint. In den kompromittierenden Briefen, die Crampas einst an Effi gesendet hat, findet sich auch dies kurze Fragment: »›… Fort, so schreibst Du, Flucht. Unmöglich. Ich kann meine Frau nicht im Stich lassen, zu allem andern auch noch in Not. Es geht nicht, und wir müssen es leicht nehmen, sonst sind wir arm und verloren. Leichtsinn ist das Beste, was wir haben. Alles ist Schicksal. Es hat so sein sollen. Und möchtest Du, daß es anders wäre, daß wir uns nie gesehen hätten?‹« Merkwürdig aus mehreren Gründen. Zum einen ist es ja nur der Autor Fontane, der von dem großen Packen Briefe, den Innstetten liest, dieses winzige Bruchstück ausgerechnet *so* zitiert, dass es ganz aus dem Zusammenhang gerissen ist und nicht einmal halb verständlich. Effi also, soviel ist *ex negativo* zu schließen, hat Crampas brieflich die Flucht vorgeschlagen. Wann? Wie oft? Weshalb? Fontane lässt es im Dunkel. Warum nur? Merkwürdig vor allem sind diese wenigen Sätze, weil *nichts* im gesamten Roman sie plausibel macht, *nichts* sie motivieren kann. Gerade wenn man *Effi Briest* als den realistischen Roman versteht, für den er in der Literaturgeschichte gilt, lässt nichts erahnen, warum Effi diesen plötzlichen Impuls zu Papier bringt. Sie ist nicht die unsterblich Verliebte, die ohne diesen Mann nicht leben kann, sie ist nicht die am Ehealltag Verzweifelte, die um jeden Preis ins Freie muss, sie ist nicht die leidenschaftliche Romantikerin, die von blauen Fernen träumt. Nein, dieser Roman ist so im Hier und Jetzt verankert, dass der Schritt vom Wege das Äußerste ist und Emmas transzendenter Traum vom Ganz Anderen undenkbar bleibt. Effis gesamte Geschichte wird von Fontane aufgebaut als ein typischer, zunächst harmloser Flirt, der durch eine Reihe von Zufällen aus dem Geleise gerät; aus Koketterie wird Ernst; ein erotischer Betriebsunfall, bei dem die Sicherungen versagen, gerade *weil* zunächst niemand mit dem gerechnet, geschweige auf das zugesteuert hat, was dann geschieht. Flucht? Wohin? Wie? Mit welchen Mitteln? Und vor allem: mit welchem Ziel? Man versteht nicht, was Effi in dieser

Handvoll Tage, die dafür überhaupt in Frage kommt, zu ihrer Idee gebracht hat, und auch Crampas versteht es nicht. Und doch hat Fontane diesen einen Satz hierhergesetzt, mit allem Schweigen rundherum, der ihn vage und rätselhaft macht wie so vieles andere in diesem Buch.

Krasser kann sich eine Figur von diesen Liebhabern nicht absetzen als Alexej Kirillowitsch Wronski. Dem schneidigen Offizier widerfährt etwas, was in seinem Leben nicht vorgesehen war: die große Liebe. Und durch diese große Liebe ändert sich nicht nur sein Leben, sondern seine ganze Persönlichkeit. Aus dem oberflächlichen Jüngling wird ein verantwortungsbewusster Mann. Deshalb geschieht in der Geschichte von Anna und Wronski nun auch all das, wovon zwischen Emma Léon und Rodolphe, zwischen Effi und Crampas nie die Rede sein konnte. Wronski will keine konsequenzlose Affäre, Wronski will ein gemeinsames Leben mit allen Konsequenzen. Und das heißt: Wronski will heiraten, und solange dies nicht möglich ist, weil Alexej Karenin sich einer Scheidung widersetzt, macht er ernst mit Emmas und Effis Fluchtphantasien. Anna und Wronski verlassen die bürgerliche Ordnung und leben nur ihrer Liebe; sie gehen an den Sehnsuchtsort aller Verliebten, nach Italien. Damit macht Tolstoi die Probe aufs Exempel der romantischen Liebe, und das Ergebnis ist eindeutig: Sie besteht die Probe nicht. Doch bemerkenswerterweise ist es Anna, die versagt, nicht ihr Liebhaber. Denn Anna verschließt die Augen vor dem Ernst der Lage, setzt weiterhin alles auf die eine Karte der Leidenschaft und spürt genau deshalb Angst, Eifersucht und Verzweiflung in sich wachsen. Wronski dagegen weiß, dass ein Leben außerhalb der Gesellschaft auf Dauer unmöglich ist, und deshalb insistiert er ohne Unterlass auf Legalisierung der skandalösen Beziehung, auf Scheidung und Ehe.

Vor dem Aufbruch steht ein denkwürdiger Dialog: »›Wir fahren nach Italien, du wirst zu Kräften kommen‹, sagte er. | ›Sollte es möglich sein, dass wir sein werden wie Mann und Frau, allein, du und ich, als eine Familie?‹ sagte sie und blickte ihm von nahem in die Augen. | ›Mich hat immer nur gewundert, wie es je anders sein konnte.‹« Annas unverzeihlicher

Fehler besteht darin, dass sie, anders als Wronski, glaubt, auf Dauer nur *wie* Mann und Frau leben zu können, und nicht *als* Mann und Frau. Und kurz vor dem tödlichen Ende schildert Tolstoi noch einmal einen verstörenden Konflikt, der vollkommen undenkbar wäre in den beiden anderen Romanen: »Die Frage, ob sie noch Kinder haben würden, war längst ein Streitpunkt, der sie verdross. Seinen Wunsch, Kinder zu haben, erklärte sie sich damit, dass er auf ihre Schönheit keinen Wert legte.« Der Liebhaber will gemeinsame Kinder! Die zur Liebhaberin gewordene Ehefrau aber verweigert sie ausgerechnet mit Rücksicht auf ihre körperliche Schönheit, also genau auf das, worin die unverheiratete Frau auf dem erotischen Markt ihre Verführungskraft gegenüber den männlichen Bewerbern sieht. Krasser kann das grundsätzliche Missverstehen in einem Paar nicht sein; krasser auch nicht das Urteil des Autors: Aus einer ehebrecherischen Beziehung kann Gutes nie entstehen. Daran ändert auch nichts, dass der ehebrecherische Liebhaber nur die besten, die ernsthaftesten Absichten hat, dass er bereit, ja entschlossen ist, jede Konsequenz auf sich zu nehmen, dass er mit aller Kraft den unlebbaren Zustand zurückführen will in eine Ordnung, in der die Liebe genauso ihr Recht bekäme wie die Gesellschaft, innerhalb derer sie gelebt werden muss.

So ist es ausgerechnet der liebende Wronski, der als Liebhaber vollständig scheitert. Emmas flüchtige Galane scheitern nicht; im Gegenteil, sie bringen ihre Affären jeweils genau zum gewöhnlichen Ende und setzen nach der Eskapade das vorgezeichnete Leben fort. Sie erfüllen die Vorgaben der Typologie: Hier der Frauenheld, der von einer zur anderen eilt, dort der Kleinbürger, der sich vor der Ehe die Hörner abstößt. Alles ist in bester Ordnung, und zwar gerade wegen der Skrupellosigkeit der Frau gegenüber. Wronski aber scheitert, und er scheitert gerade deshalb, weil er ernstmachen will, er scheitert trotz der besten Absichten. Wronski scheitert, weil man das falsche Leben, das er mit Anna begonnen hat, nicht in ein richtiges verwandeln kann. Damit aber gibt Tolstoi der undankbaren Rolle des Liebhabers eine tragische Dimension, die in der Geschichte des bürgerlichen Eheromans bis dahin nicht bekannt war. Wronski ist nicht einfach nur der Zünder, der den Zerfall einer Ehe beschleunigt; er ist ein Konkurrent, der dem Leben des Ehepaars ein anderes, nicht minder ernsthaftes Leben entgegensetzt; und dieser Versuch, ernsthaft, leidenschaftlich, verantwortungsbewusst, ist zum Scheitern bestimmt, unausweichlich. Ausgerechnet diese Rolle, soviel ehrenwerter, sympathischer, respektvoller gegenüber der geliebten Frau als die der eitlen Gecken, ist im Theater des bürgerlichen Ehebruchs nicht vorgesehen. Man wechselt nicht einfach einen Ehemann gegen den nächsten, und der, der die Ehe eines anderen nicht achtet, darf nicht darauf hoffen, selbst eine zu begründen. Die Welt verweigert dem Liebhaber den Respekt und das Verständnis, die Tolstoi ihm zubilligen will.

5.

Die Welt ist voll von Frauen, von Frauen mit und ohne Ehemann, doch eine Frau, die *noch* keinen Ehemann hat ist eine andere als die, die ihn durch den Fehltritt wieder verliert. Eine bekannte Lesart weist darauf hin, dass die männlichen Autoren ihre Frauen für diesen Schritt mit dem Tode büßen lassen, dass am Ende also stets die weibliche Leiche steht. Gewiss! Doch überlesen wird dabei unter anderem, dass auch die Männer nicht ungeschoren davonkommen. Weder die Ehemänner – mit Charles stirbt einer von dreien –, noch die Ehebrecher: Sowohl Annas als auch Effis Liebhaber finden den Tod. *Ganz* unbeschädigt überstehen die Sache nur Emmas zwei windige Helden, als die einzigen sozusagen glücklichen Figuren der Romane. Doch kaum einer hat sich je dafür interessiert, wie die einen ums Leben kommen, die anderen dasselbe fröhlich weiterleben; sprich: Wie diese Männer, die zum Auslöser dreier Ehekatastrophen wurden, mit diesem Faktum umgehen, ist das Fest einmal vorbei. Das aber ist durchaus der Fehler der *Leser*, nicht der *Autoren*, denn diese haben ja nicht wenig dazu aufgeschrieben; allein die Leser, die Interpreten, entlassen diese Männer, als hätten sie mit dem *fait accompli* ein für allemal ihre Schuldigkeit getan. Die Autoren dagegen geben deutlich unterschiedene Auskunft auf die drängenden Fragen: Was macht die Gesellschaft mit den Störern der Ordnung? Was machen die gehörnten Ehemänner mit den Zerstörern ihrer Ehe? Und was machen diese eigentlich selber mit sich und jener Episode ihres Lebens, die für die einst geliebten Frauen letal zu Ende ging?

Flaubert bringt die Dinge auf seinen bekannten, illusionslosen, sarkastischen und denunziatorischen Punkt. Die Gesellschaft? Verlogen, wie sie ist, geht sie zur Tagesordnung über; einen wie Rodolphe nimmt sie schmunzelnd und indifferent zur Kenntnis; einer wie Léon wird von Chef und Mutter zur Ordnung gerufen und dann ein angesehener Bürger. Der Ehemann? Dumm, wie er ist, setzt er sich kurz vorm Kehraus noch mit dem Liebhaber zum Bier und spricht ein laut Flaubert »großes Wort«, leider »das einzige, das er jemals gesagt hat: ›Schuld ist das Schicksal!‹ | Rodolphe, der dieses Schicksal gelenkt hatte, fand ihn ganz schön gutmütig für einen Mann in seiner Lage, ja sogar lachhaft und ein bisschen verachtenswert.« Die Liebhaber selbst? Léon ist froh, dass er die Bürde abgeworfen hat, und Rodolphe kann nur den Kopf schütteln, dass der arme Schahbovarie am Ende dieses lächerliche »Schicksal« bemüht, mit dem ja bereits er selber Emma per Post verabschiedet hatte. Flauberts Fazit: Emma ist tot, Charles ist tot, in Léons und Rodolphes Seelen hat das Emma-Intermezzo keine Spuren hinterlassen, die Gesellschaft schert sich nicht, still ruht wieder der See, und alles ist wie nie geschehen, die Welt und die Menschen sind dumm und abstoßend, sie verdauen alles, worüber sie sich zuvor moralisch so entrüsten.

So leben sie weiter, die beiden Herren. Reue? Nein. Verantwortungsgefühl? Null. Wenigstens ein paar schöne Erinnerungen? Na, irgendwas wird schon hängenbleiben. Stellt man dieselben Fragen an Fontane, so ist der Minimalismus der Antworten fast überraschend, und zwar gerade wenn man die klassische Interpretation zugrundelegt. Weil das Gespräch zwischen Innstetten und Wüllersdorf immer wieder um den Konflikt zwischen den Forderungen der bürgerlichen Ordnung und den Wünschen der einzelnen Menschen kreist, läge es zwingend nahe, denselben Konflikt auch beim Störer dieser

Ordnung zu verfolgen. Doch nichts davon, Crampas' direkte Auftritte sind nach dem Bruch auf ein Minimum ganz weniger Zeilen beschränkt. Bei Effis Abschied aus Kessin, steht Crampas grüßend in erster Reihe an der Landungsbrücke, und es ist das letzte Mal, dass die beiden sich sehen. In den sieben Berliner Jahren wird er das eine oder andere Mal erwähnt werden, wenn beiläufig die Rede ist von jenem alten Leben auf dem Lande. Und dann folgt nur noch der letzte Auftritt: Entdeckung der Briefe, Duell, Tod. »Innstetten und Wüllersdorf gingen die Sandschlucht hinauf, Buddenbrook kam ihnen entgegen. Man begrüßte sich, worauf beide Sekundanten beiseite traten, um noch ein kurzes sachliches Gespräch zu führen. Es lief darauf hinaus, daß man à tempo avancieren und auf zehn Schritt Distanz feuern solle. Dann kehrte Buddenbrook an seinen Platz zurück; alles erledigte sich rasch; und die Schüsse fielen. Crampas stürzte. Innstetten, einige Schritte zurücktretend, wandte sich ab von der Szene. Wüllersdorf aber war auf Buddenbrook zugeschritten, und beide warteten jetzt auf den Ausspruch des Doktors, der die Achseln zuckte. Zugleich deutete Crampas durch eine Handbewegung an, daß er etwas sagen wollte. Wüllersdorf beugte sich zu ihm nieder, nickte zustimmend zu den paar Worten, die kaum hörbar von des Sterbenden Lippen kamen, und ging dann auf Innstetten zu. ›Crampas will Sie noch sprechen, Innstetten. Sie müssen ihm zu Willen sein. Er hat keine drei Minuten Leben mehr.‹ Innstetten trat an Crampas heran. ›Wollen Sie ...‹ Das waren seine letzten Worte. Noch ein schmerzlicher und doch beinah freundlicher Schimmer in seinem Antlitz, und dann war es vorbei.«

Eine Seite früher, kurz vor dem tödlichen Schuss, berichtet Wüllersdorf von dem Augenblick, da er als Sekundant die Forderung überbrachte, und dies ist die einzige Szene, die etwas von Crampas *nach* dem Ehebruch verrät, wiederum jedoch in der für diesen Roman so typischen indirekten, mehrfach gebrochenen Rätselform: »›Ich bekenne Ihnen offen, Innstetten, daß es mich erschütterte. Als ich Ihren Namen nannte, wurde er totenblaß und rang nach Fassung, und um seine Mundwinkel sah ich ein Zittern. Aber all das dauerte nur einen

Augenblick, dann hatte er sich wieder gefaßt, und von da an war alles an ihm wehmütige Resignation. Es ist mir ganz sicher, er hat das Gefühl, aus der Sache nicht heil herauszukommen, und will auch nicht. Wenn ich ihn richtig beurteile, er lebt gern und ist zugleich gleichgültig gegen das Leben. Er nimmt alles mit und weiß doch, daß es nicht viel damit ist.‹« Crampas' letzten Auftritt schildert Fontane indirekt durch den Bericht einer Nebenfigur; nichts erfährt der Leser, wie jener die letzten sieben Jahre verbracht hat; nur wiederum aus einer Randbemerkung ist zu entnehmen, dass er noch immer mit seiner Frau in Kessin lebt. Mehr verrät der Autor nicht. Ist das jene gelassene Resignation, die bei Effi so schreiend unecht klang? Oder soll man aus Wüllersdorfs Bericht verstehen, dass Crampas – anders als Léon und Rodolphe – im ernsten Sinne Reue empfindet, ein Bewusstsein von Verantwortung und Schuld? Wie er nach sieben Jahren an Effi denkt, kein Wort; hat er, der »Damenmann«, andere Damen umgarnt? Ist sie vielleicht doch etwas Besonderes geworden, eine wirkliche Liebe, ein Verlust, eine schmerzhafte Erinnerung? Kein Wort. Fontane will es nicht sagen, und so bleibt in Crampas' Bild ein großer weißer Fleck.

Wronskis Ende ist von tragischer Ausweglosigkeit und Klarheit. So unvergleichlich differenziert sein Charakter, so konsequent ist sein Schicksal nach Annas Tod. »›Sechs Wochen redete er mit niemandem und aß nur, wenn ich ihn anflehte. Und keinen Augenblick durfte man ihn allein lassen. Wir räumten alles weg, womit er sich hätte umbringen können; wir wohnten im Stockwerk unter ihm, aber es ließ sich ja nichts vorhersehen. Sie müssen wissen, dass er schon einmal auf sich geschossen hat, auch ihretwegen‹, und die Augenbrauen der alten Dame zogen sich zusammen bei dieser Erinnerung. ›Ja, sie hat geendet, wie eine solche Frau enden musste. Sogar der Tod, den sie gewählt hat, war gemein und niedrig.‹« Das Urteil von Wronskis Mutter ist unnachsichtig – Anna gegenüber. »›Nein, was Sie auch sagen mögen, eine üble Frau. Was sind das bloß für verzweifelte Leidenschaften! Da muss ständig etwas Besonderes bewiesen werden. Das hat sie nun bewiesen. Hat sich zugrunde gerichtet und zwei wunderbare

Menschen dazu, ihren Mann und meinen unglücklichen Sohn.‹« Der unglückliche Sohn teilt dieses Urteil nicht: »Und er suchte sich ihrer zu entsinnen, wie sie damals gewesen war, als er ihr das erste Mal begegnete, auch auf einer Bahnstation – geheimnisvoll, betörend, liebend, Glück suchend und Glück spendend, und nicht grausam rachsüchtig, wie sie ihm vom letzten Moment im Gedächtnis haftete. Er suchte sich der besten Momente mit ihr zu entsinnen, aber diese Momente waren ein für allemal vergiftet. Er hatte sie nur als triumphierend im Gedächtnis, ihre Drohung vollstreckend, die Drohung einer niemandem nützenden, doch niemals zu tilgenden Reue.« Diese Liebe ist auch für Wronski die letzte, eine Zukunft kann es für ihn nicht geben, und so bricht er auf in den Krieg, in den gesuchten Tod.

Zwei Liebhaber tot, zweie munter weiterlebend: Im gesellschaftlichen Bilderschatz ist dieser Mann, der die bürgerliche Ordnung stört, nur vage konturiert, unentschieden. Hier ein paar Züge Tristans, des großen Liebenden, dort von Don Juan, dem erotischen Hasardeur. Dann aber kommt Flaubert, der alle Mythologie beiseite wischt. Der Liebhaber, das ist ein trivialer Bürger wie du und ich; er packt die Gelegenheit beim Schopf, dann trollt er sich. Das vulgäre Bürgertum lässt nichts mehr übrig von den großen Gestalten der Mythologie und Geschichte. Bemerkenswert nur, dass Flaubert seinen Roman *vor* den beiden anderen schuf. Eigentlich hätten sie mit ihm vorbei sein müssen, die Tragödien der Ehebrecher. Doch wegschreiben lässt es sich nicht einmal mit einem literarischen Attentat, das große Thema von Treue und Verrat.

ZWEITER TEIL

Die ganze Kunst

Flaubert, Tolstoi, Fontane

ERSTES KAPITEL

Unter den menschlichen Worten das schönste

Gustave Flaubert und *Madame Bovary*

That, my dear, is called reading.
Toni Morrison

1.

Mit schnellen, leicht fahrigen Schritten tritt ein Mann ins dunkle Zimmer, Hose, Hemd, eine etwas lächerliche Mütze auf dem Kopf, da klingt eine Stimme durch den Raum, nuschelnd, metallisch, rauchig, eine Stimme, die man nie wieder vergisst: »Anybody got a match?« So lässig wie nur möglich in die Tür gelehnt steht eine Frau, sehr jung, sehr schlank, im grauen Pepitakostüm, mit ebenso herausfordernden wie kühlen Augen. Dazwischen der Dritte, der Franzose. Für Sekunden mustern sich Mann und Frau, schweigend, aber mit einer Intensität, in der bereits der Funke springt; nur Frenchies Blicke fliegen hastig abschätzend vom einen zur andern. Dann schießt, kaum dass man die Geste sieht, eine Streichholzschachtel quer durch den Raum, so perfekt gezielt, dass die Frau sie fast reglos abfängt, nur durch eine knappe Bewegung aus dem Handgelenk. Vor ihrem Gesicht flammt das Zündholz mit einer leuchtenden Feuerwolke, in der die markanten Züge der Frau aus dem dunklen Hintergrund plötzlich ganz klar hervortreten. Die gleichen unmerklichen Bewegungen, die Streichholzschachtel schießt zurück, genauso perfekt gezielt. Dann dreht Lauren Bacall sich um, geht, und Humphrey Bogart schaut ihr hinterher. Noch einmal die rauchige Metallstimme: »Thanks.«

Nun nimmt die Geschichte der beiden ihren Lauf. Es gibt Szenen, die in ihrer Kargheit, Konzentration, Schnörkellosigkeit zum Inbegriff einer konsequenten, unbestechlichen, realistischen Bildsprache geworden sind; dazu gehört nicht nur *To have and have not*, sondern noch manches andere Werk jenes *film noir*, der in Amerika oder Frankreich mit düsterer Härte die brutale Unterwelt von Verbrechen und Gewalt gezeichnet hat, aber auch von Leidenschaften und Liebe. Wenn man sich jedoch die entscheidenden Bilder dieser Filme noch einmal ansieht, den Schluss von *The Big sleep*, die Eheszenen der *Diaboliques*, dann hat man Figuren vor sich, deren Verhalten sie – diesseits der Leinwand – wohl stracks unter psychiatrische Beobachtung bringen würde. Die meisten Figuren in Detektivfilmen benehmen sich, als gingen sie deutlich zu oft ins Kino, um Detektivfilme zu sehen. Lauren Bacall steht in der Tür, als wolle eine Unschuld vom Lande den definitiven Auftritt an Coolness und Verruchtheit hinlegen, und der ebenso kurze wie symbolgeladene Dialog mit der Schachtelvoll Phallussymbole, durch die Luft fliegend wie einstudiert für den Zirkus, würde im realen Leben nur Spott provozieren. Natürlich, die ungeheure Präsenz von Bacall und Bogart und die erotische Spannung zwischen den zwei Jungverliebten nimmt der Filmszene alles Lächerliche. Aber viel interessanter ist eine ganz andere Frage: Warum verstehen wir bestimmte künstlerische Darstellungen als Inbegriff der Realistik, obwohl sie es schlechterdings nicht sind? Warum empfinden wir die künstlerische Darstellung bestimmter Personen als die Darstellung des Lebens selbst, obwohl das gezeigte Verhalten bei lebendigen Menschen nur grotesk wäre? Warum also ist der Begriff des Realistischen, der Wirklichkeitsnähe in der Kunst, sei's Film, Gemälde oder Literatur, offenbar so losgelöst von dem, was der Betrachter oder Leser sonst in seinem alltäglichen Leben erfährt? Was ist anders in der Wahrheit der Kunst und der des Lebens?

Emmas und Charles' Geschichte hatte, wir erinnern uns, auch ihre Initialzündung: »›Suchen Sie etwas?‹ fragte sie. | ›Meine Reitpeitsche, bitte‹, antwortete er. | Und er begann überall zu stöbern, auf dem Bett, hinter den Türen, unter den Stühlen; sie war auf den Boden gefallen, zwischen Säcke und Mauer. Mademoiselle Emma hatte sie entdeckt; sie beugte sich über die Getreidesäcke. Charles wollte höflich sein, stürzte herbei, und als er in gleicher Absicht ebenfalls den Arm ausstreckte, spürte er, wie seine Brust den Rücken des jungen Mädchens streifte, das sich unter ihm bückte. Mit rotem Kopf richtete sie sich auf und blickte über die Schulter, in der Hand seinen Ochsenziemer.« Was ist das, dieser Zusammenschnitt von Emmas einladendem Hinterteil, ihrem Bett und Charles' Peitsche, die beim Gang zu Frauen ja ohnehin unverzichtbar sein soll? Slapstick oder Realismus? Wer hat die Szene so gewollt: Die Wirklichkeit oder der arrangierende Autor? Der so offenkundig schwersterotische Oberton des Ganzen ist schon immer verstanden worden: Das Spiel mit den Rindviechern, französisch *bœuf*, bereits im Namen Bovary; Charles, der sich über Emmas Rückseite hermacht wie der Stier über die Kuh. Der Ochsenziemer heißt auf Französisch wiederum *nerf de bœuf*, und die einschlägigen Wörterbücher belehren einen über den jahrhundertelang verbreiteten Volksglauben, dieser Ochsenziemer werde aus nichts geringerem hergestellt als aus dem getrockneten Geschlechtsteil dieses *bœuf*.

Bei genauer Lektüre entfaltet Flauberts einfache Szene ein äußerst komplexes Gefüge von anzüglichen Doppeldeutigkeiten. Auf der Ebene des Realen erzählt sie zunächst von der Begegnung zwischen einem jungen, aber schon verheirateten Mann und einem jungen Mädchen, und der Leser spürt gespannt, wie hier sofort der Funke überspringt. Auf der zweiten Ebene enthält das Arrangement eine Komik, die gerade durch die übertreibende Drastik des Duos – der Mann über dem Hintern der Frau, die errötende Frau mit der Peitsche in der Hand – etwas ganz anderes wird als etwa eine psychologische Analyse der erotischen Attraktion. Und drittens ist darunter noch die rein sprachlichen Ebene: Durch ihr zusätzliches Bedeutungsnetz wird einerseits die Komik noch verstärkt, andererseits allwissend auf etwas vorausverwiesen, was in diesem Moment der Handlung noch niemand wissen kann, und zuletzt wird beim Leser ein wiedererkennendes, bösartiges Vergnügen ausgelöst, welches sich allein auf diese sprachlichen Schlüpfrigkeiten bezieht. Hält man sich all das vor Augen, so steckt in der Szene ein so erhebliches Maß an Übertreibung, an Komik, an Karikatur, dass man sie – aller erzählerischen Selbstverständlichkeit zum Trotz – auf gar keinen Fall einfach als real hinnehmen kann: angefangen mit Charles, der im Bett des Mädchens stöbert und sich aus Höflichkeit auf ihren Hintern stürzt, bis hin zu der weiß Gott mit gutem Grund errötenden Emma, die ihm das getrocknete Gemächt seines Namenspatrons vor Augen hält.

Flauberts Roman lebt von einer ungeheuren Suggestion: Der Leser wird so dicht herangeführt an Schauplätze, Handlung und Figuren, dass er glaubt, er sei selbst dabei gewesen. Flauberts so neue, unerhörte Konzentration und Schnörkellosigkeit machten seinen Roman zum Inbegriff einer konsequenten, unbestechlichen, realistischen Erzählsprache, die so ungeschminkt vom Leben und Sterben einer Ehebrecherin berichtet, dass die Zeitgenossen hier nicht mehr ein Buch vor sich zu sehen glaubten, sondern die Wirklichkeit selber. Um diese Suggestion zu begreifen, braucht es einen Blick auf die Wirklichkeit des Romans, wie sie dasteht gegenüber der wirklichen Welt außerhalb. Das ist die Geschichte, die Gustave Flaubert erzählt: Der Schüler Charles Bovary ist so beschränkt, dass er seinen eigenen Namen nicht richtig aussprechen kann. Trotzdem schafft er, mit energischer Hilfe seiner Mutter, das Baccalaureat und wird Arzt. Wiederum auf Initiative seiner Mutter heiratet er eine alte, ausgetrocknete Witwe, die für reich gilt, es aber nicht ist. Nach ihrem Tod heiratet er noch einmal, nämlich Emma, die schöne, junge Tochter eines wohlhabenden Bauern. Verdorben durch die frommen Schwestern des Internats und ausschweifende Lektüren, träumt sie den romantischen Traum von Leidenschaft und Fernweh und langweilt sich zu Tode mit den beschränkten Provinzlern und vor allem mit ihrem lächerlichen Charles, wirft sich nacheinander zwei Männern in die Arme, lässt sich von dem diabolischen Händler Lheureux zum Schuldenmachen verführen und vernichtet zum Ende sich und die ganze Familie in einem großen Autodafé. Das Personal ist von monolithischer Einheit, ja von geradezu kongenialer Lächerlichkeit und Dummheit.

Doch ist die Grundidee von Emmas Krankheit überhaupt glaubhaft in dieser Konsequenz: Eine junge Frau verliert durch

Romanlektüre so restlos Sinn und Verstand, dass sie in der normannischen Provinz *tatsächlich* südlich-romantische Gestade erträumt? Wie nur kann Emma, diese attraktive junge Frau, einen solchen Trottel heiraten? Wie ausgerechnet diese beiden mickrigen Helden zu Liebhabern wählen? Und andererseits, kann ein Ehemann wirklich *so* dumm sein wie Charles, der nichts, aber auch gar nichts bemerkt von dem, was vor seinen Augen geschieht, der es sogar immer wieder in bizarrer Weise fördert? Nicht nur ermuntert er Emma ausdrücklich zum Ausritt mit Rodolphe, er garantiert diesem auch noch schriftlich, »seine Frau stehe ihm zur Verfügung«, wie Flaubert mit brutalem Sarkasmus vermerkt; und die Liste der grotesken Kurzschlüsse zieht sich hin, bis Charles dem Schuldigen, also Rodolphe, beim letzten Bier noch einmal treuherzig versichert: »Schuld ist das Schicksal!« Umgeben ist dieses seltsame Quartett von einer Dorfbevölkerung, die zu ihm passt wie die Faust aufs Auge: der redesüchtige Apotheker Homais, Karikatur des liberalen, fortschrittsgläubigen Kleinbürgers unter Louis-Philippe, der selbstzufriedene Pfarrer Bournisien, der blind ist und taub für Emmas Seelenqual, der widrige Schacherer Lheureux, der zum Zwecke der Bereicherung unter werbewirksamem Gesäusel über Leichen geht wie nur irgendein Investmentbanker.

Sainte-Beuve, der maßgebliche Kritiker der Epoche, hat in seiner berühmten Rezension gerade das dem Roman vorgeworfen: »Warum gibt es nicht eine einzige Figur, die geeignet wäre, den Leser durch ein gutes Schauspiel zu trösten, sich erholen zu lassen, warum findet er dort nicht einen einzigen Freund?« Sainte-Beuve aber verfehlte das Buch, indem er aus einer Beobachtung einen Vorwurf machte, und noch dazu einen der Moral. Viel interessanter nämlich ist es, nach den Gründen zu suchen, die Flaubert zu einer solchen Konstellation gebracht haben. Es kann dem Schriftsteller ja kaum entgangen sein, dass die Einstimmung aller Figuren auf die eine Tonart der »bêtise«, der allumfassenden Dummheit, die Gutgläubigkeit des Lesers auf eine heikle Probe stellt und das Universum des Romans an die Grenze führt zu einer riskanten tautologischen Geschlossenheit. In der Tat genügt es ja, Personal und Schauplatz der *Madame Bovary* zu vergleichen mit denen der *Anna Karenina*, und man läuft sofort Gefahr, in einem Anflug von schlechtgelaunter Enttäuschung das Gemälde Flauberts als dürftig zu empfinden und den Roman über die Blödheit irgendwie selber als blödes Buch. Gegenüber jener unendlichen Vielfalt der Charaktere Tolstois, seiner psychologischen Tiefe, ist Flauberts Bild von den »Sitten in der Provinz« auf einer menschlichen Ebene ganz sicher eindimensional; was ihm offenkundig fehlt, ist die weite, nicht auszuschöpfende Welthaltigkeit von Tolstois Werk und dessen nie nachlassender Wille, dem Leben, Denken und Fühlen seiner Gestalten auf allen ihren verschlungenen Wegen zu folgen. Dagegen ist Flaubert obsessiv monothematisch: Der Ton, der mit dem »ridiculus sum« der ersten Szene angeschlagen wird, bestimmt das Buch bis zum Schlussakkord.

Diese Feststellung könnte als literarisches Urteil gelesen werden, und dann wäre es negativ. Allein, ist es vorstellbar, dass ein Schriftsteller wie Flaubert eine solche Entscheidung ohne genaue Überlegung und Absicht fällt? Und muss nicht die Substanz des Buches anderswo liegen, wenn man sie an dieser Stelle nicht auffinden kann? Der Begriff der »Welthaltigkeit« kann das Stichwort geben. Welthaltigkeit bezieht sich notwendig auf die Welt, wie sie ist, verlangt also eine literarische Darstellung, die so realitätsnah ist wie nur möglich. Die Szene von Charles und Emma mit der Peitsche hat es deutlich gezeigt: Flauberts Erzählweise steht offenbar in einer beständigen Spannung, nämlich zwischen der genau austarierten Sprache, welche durch Zuspitzung, Verschärfung und eine bewusst bösartige Vorbestimmung von Charakteren und Szenen eine eigene künstliche Wirklichkeit schafft, und jener Suggestion, die glauben machen will an die unmittelbare Realität des Erzählten. Ob Figuren wie der dumme Charles oder die radikalerotische Emma als lebendige Menschen *tatsächlich* denkbar wären, mag man sich *außerhalb* des Romans zuweilen fragen; die Wette des Romanciers ist dann gewonnen, wenn man trotz dieses Zweifels *innerhalb* des Romans in jedem Augenblick von der Wirklichkeit dieser unvergesslichen Figuren bis ins Tiefste überzeugt bleibt. Erfolg und dauerhafter Weltruhm der *Madame Bovary* beweisen Flauberts Sieg; *warum* jedoch diese Realität glaubhaft ist, das kann nur der Roman selbst erklären.

2.

Der Urknall der *Madame Bovary* ist berühmt, seit Maxime Du Camp ihn in seinen *Souvenirs littéraires* erzählt hat. Flaubert, der bereits seit Kindertagen schrieb, hatte mit der *Versuchung des heiligen Antonius* zum ersten Mal ein Werk geschaffen, das ihn selber mehr oder weniger überzeugte. Nun, im September 1849, bestimmte er seine Freunde Maxime Du Camp und Louis Bouilhet zu Richtern über das umfangreiche Opus. Die Spielregel war klar: Flaubert würde das komplette Manuskript seinen zum Schweigen verpflichteten Zuhörern vorlesen, vier Tage lang, insgesamt zweiunddreißig Stunden, jeweils von Mittag bis vier und von acht Uhr bis Mitternacht. »Wir waren übereingekommen, mit unserer Meinung zurückzuhalten und sie erst auszusprechen, wenn wir das ganze Werk gehört hätten«, beschreibt Du Camp die Prozedur: »Nach der letzten Lesung, gegen Mitternacht, schlug Flaubert mit der Faust auf den Tisch und sagte: ›Jetzt zu uns dreien, sagt mir offen, was ihr davon haltet.‹ Bouilhet war schüchtern, doch niemand konnte seine Gedanken entschiedener ausdrücken als er, wenn er nur einmal beschlossen hatte, sie mitzuteilen: ›Wir denken, du solltest das ins Feuer werfen und nie wieder davon reden.‹ Flaubert sprang auf und stieß einen Entsetzensschrei aus.« Wozu gibt es Öfen und Kamine, doch diese Frage wollte der entsetzte Autor nicht hören, hatte er doch Jahre an seinem Werk gearbeitet. »Flaubert sträubte sich; er las einige Passagen noch einmal vor und sagte: ›Aber es ist schön!‹ Wir antworteten: ›Ja, schön ist es, das bestreiten wir nicht, aber es ist eine innere Schönheit, die außerhalb des Buches zu gar nichts taugt. Ein Buch ist ein Ganzes, bei dem jeder Teil der Gesamtheit dient, und nicht eine Zusammenstellung von Sätzen, die, wie gut auch immer sie gemacht sind, nur einzeln für sich einen Wert haben.‹ Flaubert rief aus: ›Aber der Stil?‹ Wir antworteten: ›Stil und Rhetorik sind zwei verschiedene Dinge, die du verwechselt hast; erinnere dich an das Rezept von La Bruyère: Wenn ihr sagen wollt: *Es regnet*, dann sagt: *Es regnet*.‹« Flaubert streckte die Waffen; die *Versuchung* blieb für Jahre im Schreibtisch.

Das Tribunal hatte dem Urteil jedoch einen Ratschlag hinzugefügt: »›Du musst auf diese unklaren Sujets verzichten, die von sich aus schon so verschwommen sind, dass du sie nicht überschauen, sie nicht bündeln kannst; du hast einen unüberwindlichen Hang zum Lyrismus, also musst du ein Sujet wählen, bei dem Lyrismus so lächerlich wäre, dass du gezwungen bist, auf dich aufzupassen und auf ihn zu verzichten. Nimm ein bodenständiges Sujet, eine dieser Geschichten, von denen das bürgerliche Leben so voll ist, irgendwas wie *Cousine Bette* oder *Cousin Pons* von Balzac, und zwinge dich, es in einem natürlichen, fast gewöhnlichen Ton zu behandeln, und lass diese Abschweifungen, diese Redereien, die zwar für sich genommen schön sind, aber nur nutzlose Vorspeisen für die Entwicklung deiner Idee und ärgerlich für den Leser.‹« Dann war es soweit: »Plötzlich sagte Bouilhet: ›Warum schreibst du nicht die Delaunay-Geschichte?‹ Flaubert hob den Kopf und rief freudig aus: ›Was für eine Idee!‹« Die Affäre der Landarztgattin Madame Delphine Delamare – die Du Camps spätere Diskretion mit Pseudonym versah – war in aller Munde und auch Flaubert bekannt. Der Weg zu *Madame Bovary* war frei.

Die Anekdote, wie sie Du Camp Jahrzehnte nach der fatalen Lesung berichtete, ist grosso modo glaubwürdig, doch die Schlussfolgerungen, die man aus ihr gezogen hat, sind deutlich zu simpel gestrickt. Der literarische Sinn der Sache wäre der Legende nach folgender: Der junge Flaubert habe sich, auch generationsbedingt, in ausschweifenden, romantisierenden, symbolbefrachteten und schönheitstrunkenen Stilorgien verlaufen, und erst der alltägliche, bodenständige und realitätsnahe Bericht vom Ehebruch in der Provinz habe ihm – gleichsam ein reinigendes Bad in der Seine – von all diesen Lastern befreit und zum Begründer des realistischen Romans gemacht. Wie immer besitzt die Legende einen Teil Wahrheit, größer jedoch ist jener andere Teil, der noch eine weitere Geschichte enthält. Flaubert hat bekanntlich vor *Madame Bovary* ein umfangreiches, von ihm nie veröffentlichtes Jugendwerk geschaffen, unter dem sich zahlreiche Erzählungen, aber auch bereits drei abgeschlossene Romane befanden: die *Mémoires d'un fou* (1838), *Novembre* (1842) und die erste *Éducation sentimentale* (1845). In einem berühmten Brief an seine Geliebte Louise Colet wird er am 16. Januar 1852 im Rückblick seine frühen Schreibversuche analysieren: »Es gibt, literarisch gesprochen, zwei deutlich unterschiedene Burschen in mir: der eine ist begeistert von *Brüllerei* [*gueulades*], von Lyrismus, von hohen Adlerflügen, von allen Wohlklängen des Satzes und den Gipfeln des Gedankens; der andere wühlt und gräbt, so tief er kann, in das Wahre und liebt es, das kleine Faktum ebenso kräftig herauszuarbeiten wie das große, er möchte die Dinge, die er reproduziert, fast *materiell* spüren lassen; dieser liebt das Lachen und gefällt sich im Animalischen des Menschen. Die Éducation sentimentale war, ohne mein Wissen, ein Versuch, die beiden Tendenzen meines Geistes zu verschmelzen (es wäre leichter gewesen, in einem Buch das Menschliche zu gestalten und in einem anderen den Lyrismus). Ich bin gescheitert.«

Der Ehebruch wird in zahlreichen frühen Erzählungen zum Thema, doch ist es vor allem eine, die großes Interesse verdient in Hinblick auf *Madame Bovary*, mit der sie eine verblüffende Verwandtschaft hat. Den realen Kriminalfall für *Passion et vertu* fand Flaubert in der *Gazette des tribunaux* vom 4. Oktober 1837, der Gerichtszeitung, in der bereits Stendhal den von *Rot und Schwarz* entdeckt hatte. Mazza, junge Frau aus guter Familie, beginnt gleich nach der Hochzeit eine außereheliche Affäre. Der Liebhaber Ernest, ein schwacher und zunächst geschmeichelter Mann, flieht vor den leidenschaftlichen Ansprüchen Mazzas nach Brasilien. Die Verlassene aber, in der Hoffnung, ihm folgen zu können, tötet Mann und Kinder und zum definitiven Ende, als sie erfährt, dass Ernest längst eine andere geheiratet hat, sich selbst. Die Ehebrecherin stirbt am Gift, wie zwanzig Jahre später die ungleich berühmtere Emma. Ob Flaubert sich beim Schreiben seines Romans an die Jugenderzählung erinnert hat, wird man nie wissen, doch dass er die gleiche Grundkonstellation noch ein zweites Mal gestaltete, ist sprechend genug. Sieht man ab von anekdotischen Details, so ähnelt die Beziehung von Mazza und Ernest in den charakterlichen Voraussetzungen fast vollkommen der zwischen Emma und Léon. Emma jedoch wird noch deutlich konsequenter sein als Mazza, denn sie wird niemals davon träumen, den abgelegten Ehemann einfach einzutauschen gegen einen neuen. Fünf Jahre später, 1842, erscheint dann in *Novembre* zum ersten Mal bei Flaubert jene Bovary-Idee, dass einer sich an romantischen Romanen, an rhetorischen Klischees von der Liebe nicht nur berauschen kann, sondern schlechterdings vergiften. Die Heldin Marie konsumiert populäre Romane *en masse*, und Bernardin de Saint-Pierres *Paul et Virginie* hat sie bereits hundertmal verschlungen; dieselbe Lektüre wird auch Emma Bovarys Seelen- und Traumleben furchtbar verwüsten. Und dann steht dort in *Novembre* ein für den noch halbwüchsigen Flaubert doch sehr erstaunlicher Satz: »Seit damals gab es für mich ein Wort, das unter den menschlichen Worten das schönste schien: *Ehebruch* [*adultère*], eine auserlesene Süße schwebt undeutlich über ihm, ein einzigartiger Zauber ziert es; jede Bewegung, die man macht, sagt es und kommentiert es auf ewig für das Herz des jungen Mannes, er berauscht sich ohne Ende, er findet darin die höchste Poesie, eine Mischung aus Verdammnis und Lust.«

Liest man diese frühen Texte, dann ist die eindimensionale Darstellung des Ursprungs von *Madame Bovary*, wie man sie aus Du Camps Bericht ableiten könnte, nicht länger überzeugend. Im Gegenteil, gerade die Hauptmotive des großen Romans sind bereits Jahre zuvor in typisch Flaubertscher Radikalität vorhanden. Dies aber ist nicht nur eine historische Frage für Flauberts Entwicklung, es lenkt den Blick vor allem auch auf das, was für ihn bei den Geschichten des Ehebruchs tatsächlich so reizvoll war. Die frühen Erzählungen scheren sich noch kaum um die gesellschaftliche Realität des Erzählten, sie konzentrieren sich auf den Ehebruch ganz und gar als auf einen radikalen, ja existentiellen Akt des Umsturzes aller Lebensverhältnisse. Flaubert differenziert wenig bei möglichen Ursachen in den jeweiligen Umständen, die Mazza, Marie oder andere zum Ausbruch getrieben haben könnten; ihre Entscheidungen sind viel grundlegender, extremer und eben auch zerstörerischer. Mazza erliegt keineswegs einfach der sich bietenden Gelegenheit oder dem sich anbietenden Verführer; gleich Emma sucht sie, umgekehrt, von allem Anfang an nach der Gelegenheit, das auszuführen, was sie nicht nur ausführen will, sondern, viel tiefer, ausführen muss. Und schon jetzt ist die Sympathie des Schriftstellers ganz auf Seiten der romantischen, impulsiven Frau, ihrer ausschließlichen, alle Grenzen verachtenden Leidenschaft. Die Morde, mit denen Mazza ihre Freiheit erlangen will, entspringen allein der Radikalisierung ihrer erotischen Gier, und damit folgt sie einem seit Flauberts Jugend unerschütterlichen Impuls: Die höhnische Ablehnung des Bürgertums, seiner »bêtise«, seiner selbstzufriedenen Dummheit, seiner Gemeinplätze und seiner Anstandsregeln, spricht sich schon jetzt regelmäßig in allen Briefen aus und kulminiert in der lustvollen Destruktion der Familie als Keimzelle der bürgerlichen Gesellschaft.

Wenn Flaubert also schon 1842 schreibt: »Seit damals gab es für mich ein Wort, das unter den menschlichen Worten das schönste schien: *Ehebruch*«, dann hört man bereits die Stimme seiner Emma. Mochte man den Mangel an Tolstoischer Differenziertheit in der charakterlichen, psychologischen Darstellung spüren, so erkennt man hier den Grund: Ehebruch ist zwar in der Mitte des neunzehnten Jahrhunderts ein pragmatischer, sowohl moralischer als auch gesellschaftlicher und sogar juristischer Begriff, bei Flaubert jedoch enthält er einen Klang, der den Gesellschaftsroman hinführt zu etwas ganz anderem, nämlich zu der großen amoralischen Poesie von Baudelaires *Fleurs du mal*. Der Zufall, dass Flauberts Roman und Baudelaires Gedichtzyklus im gleichen Jahr 1857 erscheinen, ist kein Zufall. Erst bei der letzten Überarbeitung und Kürzung seines Manuskripts, im Frühsommer 1856, hat Flaubert aus dem ersten Kapitel des dritten Teils eine kurze Passage gestrichen; Léon wartet in der Kathedrale von Rouen ungeduldig auf Emma und die spätere gemeinsame Kutschpartie: »Gleich würde sie da sein, bezaubernd, erregt [...] mitsamt der Poesie des Ehebruchs und dem unsagbaren Reiz der Tugend, die strauchelt.« Und in seinem Tagebuch vom Mai 1845 notierte Flaubert über seine Freundin, die wenig sittenstrenge Pariser Bildhauersgattin Louise Pradier: »Die Poesie der Ehebrecherin ist nur deshalb wahr, weil sie selbst in der Freiheit ist, im Herzen des Schicksals«. Die Poesie des Ehebruchs ist nicht seine Moral oder Soziologie; von beidem enthält Flauberts Roman einen erheblichen Teil, doch alles wird durchsetzt von einem Element, das darüber weit hinausgeht. So weit hinausgeht wie Emma über alle denkbaren Verhaltensweisen einer kleinen, gefallenen Landarztfrau in der normannischen Provinz.

Kurz vor Toreschluss, als Léon bereits die Last zu spüren beginnt von Emmas unstillbarer Gier nach einer Lust, die schon lange keine bloß physische mehr ist, zeigt sich seine Faszination dagegen größer denn je: »Durch die Vielfalt ihrer Stimmungen, bald mystisch, bald heiter, fröhlich plappernd, still verschlossen, aufbrausend, unbekümmert, entflammte sie in ihm tausend Begierden, weckte Triebe oder Erinnerungen. Sie war die Liebende aller Romane, die Heldin aller Tragödien, das nebelhafte *sie* aller Gedichtbände. Auf ihren Schultern fand er die Bernsteinfarbe der *Odaliske im Bad*; sie hatte die lange Taille feudaler Burgherrinnen; sie glich obendrein der *blassen Frau von Barcelona*, vor allem aber war sie Engel!« Eine kleine Frau, irgendwo in der Provinz zwischen Gastwirtinnen, Apothekern und Krämern, ist zu etwas ganz anderem geworden, zur modernen Heldin, welche all die großen Geschichten vom Liebesverrat in Prosa, Drama und Poesie für die Gegenwart noch einmal lebt. Baudelaire hatte das in seiner berühmten Rezension der *Madame Bovary* resümiert: »Kurzum, diese Frau ist wirklich groß«, und er benannte damit jene mythische Dimension, die Flauberts Werk vom reinen Gesellschaftsroman abhebt. Die beiden »deutlich unterschiedenen Burschen«, die der junge Flaubert in sich diagnostizierte, sie haben die *Madame Bovary* gemeinsam geschrieben.

3.

Seit dem Erscheinen der *Madame Bovary* gibt es in der Ätiologie der Moderne eine neue Krankheit, den Bovarysmus. Das Wörterbuch der Académie française definiert sie wie folgt: »*Bovarysmus*: Subst. mask., 19. Jh., auch *Bovarismus*, bei Barbey d'Aurevilly. Ableitung vom Namen der Titelfigur in Gustave Flauberts Roman *Madame Bovary* (1857). Gefühl der Unzufriedenheit, das eine Person hinsichtlich ihrer gesellschaftlichen Stellung und ihres Liebeslebens empfindet und das sie dazu führt, Zuflucht im Romanhaften und Imaginären zu suchen.« Der Doktor Gustave Flaubert hat in seiner Diagnose das ansteckende Element der Krankheit sofort mitgeliefert: Lektüre. Der Bovarysmus ist romantische Völlerei im Geiste durch übermäßigen Buchgenuss. Emma liest und liest. Und *was* sie liest, hat Flaubert genau beschrieben, und ebenfalls *wann* sie liest. Der Ursprung von Emmas Infektion liegt in ihrer Internatszeit bei den frommen Schwestern. Nicht zufällig, laut Flaubert, ist doch die schwül-vergeistigte Atmosphäre unter religiös verzückten mystischen Jungfrauen ideale Brutstätte für das sich rasend schnell verbreitende Bakterium. Emma liest alles und verarbeitet es in ihrem Herzen zu einem schwülstigen Mischmasch von wüsten Träumen. Doch *alles*, das heißt auch: Emma liest keinesfalls nur Dienstmädchenromane und triviales Mittelmaß, wie die Legende es ihr unterstellt. Im Gegenteil, bei namentlich genannten Autoren hat Flaubert sorgfältig ausgewählt. Emma liest *Paul et Virginie*, den großen Erfolgsroman von Bernardin de Saint-Pierre, Lieblingsbuch aller Frauen, sie liest Eugène Sues Sensationsroman *Die Geheimnisse von Paris*, und über George Sand und Walter Scott ist sie mit Honoré de Balzac längst in einem ganz anderen Register wirklicher Literatur angelangt. Dazu kommen biblische Geschichten, die *Vorträge* des Abbé Frayssinous, und sonntags »zur Erholung« sogar Stellen aus dem *Geist des Christentums* von Chateaubriand. Da Emma ihrem Windhund den Namen Djali gibt, kennt sie natürlich auch Victor Hugos *Notre-Dame zu Paris*.

Was also die junge Emma heiß und innig liebt, ist das komplette Arsenal von Flauberts romantischen Zeitgenossen und

Vorgängern. »Wie lauschte sie die ersten Male dem klangvollen Lamento romantischer Melancholie, das sich überall wiederholt, auf der Welt und in der Ewigkeit!« Da aber nichts in Flauberts Roman zufällig ist, sind es auch nicht Emmas Bücher. Emma nämlich trägt, naturgemäß ohne es zu wissen, einen Kampf aus, der eigentlich kaum der Kampf einer kleinen Internatstochter sein kann: den Kampf mit der Romantik als Kunstepoche. Und natürlich tut sie das gewissermaßen in Stellvertretung ihres Autors. Scott, Balzac, Chateaubriand, das waren große, prägende Leseerlebnisse in Flauberts Jugend, und Victor Hugo, neunzehn Jahre vor ihm geboren und drei Jahre nach ihm gestorben, wird ihn ein ganzes Leben lang begleiten, so wie er das Jahrhundert begleitet hat: als *monstre sacré*, als bewundertes, beneidetes, verehrtes, verhöhntes Vorbild und überwältigender Schatten, als Vaterfigur und Traumobjekt des Vatermordes. Flauberts Lebenswerk wird in der Kulturgeschichte – ganz ähnlich wie das seines Zeitgenossen und Freundes Baudelaire – als der große Reinigungsprozess der romantischen Literatur beschrieben, hin zu der neuen Ästhetik des zeitgemäßen Realismus. Die komische Urszene des Tribunals über den *Heiligen Antonius* und der Geburt der *Madame Bovary* wäre dann der Vollzug dieses Übergangs, doch so, wie die verkürzte Geschichte bereits zu simpel gestrickt war, so verkennt die Mär, wie stark der Kampf noch *innerhalb* von Flauberts Meisterroman ausgekämpft wird. Bouilhet und Du Camp hatten Flaubert geraten, die romantischen Stilexzesse auszumerzen und stattdessen Klarheit zu suchen. Doch dem an sich höchst beherzigenswerten Stilprinzip La Bruyères: »Wenn ihr sagen wollt: *Es regnet*, dann sagt: *Es regnet*« folgte Flaubert durchaus nicht ganz und gar; aber kaum aus Unachtsamkeit, sondern weil er in seinem radikalen Stilwillen eben durchaus nicht immer »Es regnet« sagen wollte: »›Ich habe alles gelesen‹, sagte sie sich. | Und sie saß da, brachte die Feuerzange zum Glühen oder schaute, wie der Regen fiel. | Wie traurig war sie sonntags, wenn zur Vesper geläutet wurde! Sie lauschte, in aufmerksamen Stumpfsinn versunken, jedem einzelnen der scheppernden Glockenschläge. Eine Katze spazierte langsam über die Dächer, wölbte ihren Buckel in den matten Strahlen der Sonne. Der Wind blies Staubwolken über die Landstraße. In der Ferne heulte zuweilen ein Hund: und die Glocke ließ in gleichmäßigen Abständen weiter ihr monotones Geläut erklingen, das zwischen den Feldern verhallte.«

Aus der meteorologischen Mitteilung über schlechtes Wetter macht Flaubert hier wiederum, wie üblich in der romantischen Literatur, ein großes, stimmungsgesättigtes Sinnbild seiner Heldin; die gleichmäßig fallenden Regentropfen werden, wie eh und je, zum Symbol der sinnlos verrinnenden Zeit; die äußeren Umstände zum Abbild der inneren Verfassung Emmas, die, aus ihrer Durchschnittsehe langsam in Melancholie versinkend, nicht einmal mehr bei den geliebten Büchern Trost findet. Ist aber nicht der Gleichklang von Seele und Wetter genau eines jener stilistischen Laster vor allem der Trivialromantik, die durch das Bad in der Seine endgültig ausgewaschen werden sollten? Allein, *Madame Bovary* ist geradezu durchsetzt von gefühligen Exzessen dieser Art: »›Oh! Ich liebe das Meer‹, sagte Monsieur Léon. | ›Und scheint Ihnen nicht auch‹, bemerkte Madame Bovary, ›dass der Geist freier schwebt über dieser grenzenlosen Weite, deren Betrachtung einem die Seele erhebt und Gedanken an Unendlichkeit eingibt, an Ideale?‹« Und die Liebe führt auch hier dazu, wozu sie immer geführt hat: »Einmal zeigte sich der Mond; da versäumten sie nicht, große Worte zu machen, fanden das Gestirn melancholisch und voller Poesie; sie begann sogar zu singen: | *Denkst du des Abends noch? Der Kahn, in dem wir ruhten etc.* | Ihre wohlklingende, leise Stimme verlor sich über den Fluten; und der Wind verwehte die Triller, denen Léon nachlauschte wie flüchtigem Flügelschlag. | Sie lehnte ihm gegenüber an der Wand der Schaluppe, wo durch einen geöffneten Laden der Mond hereinglänzte. Ihr schwarzes Kleid, dessen Falten sich fächerförmig ausbreiteten, machte sie schlanker und größer. Sie hielt den Kopf hoch erhoben, die Hände gefaltet und blickte gen Himmel. Zuweilen verschwand sie vollkommen im Schatten der Weiden, dann tauchte sie plötzlich im Mondlicht hervor wie eine Erscheinung.«

Flaubert hatte rein gar nichts verloren von seiner Fähigkeit zu romantischem Überschwang, doch setzt er sie in *Madame*

Bovary mit größter Selbstbeherrschung ein und zu genau dosierten Zwecken. Ja, hier stimmt einmal der allzu oft kolportierte Ausspruch, der nicht von Flaubert stammt: »Madame Bovary, c'est moi.« Emma Bovary überlässt sich stellvertretend für ihren Autor dessen selbstkritisch diagnostiziertem Hang zu »Brüllerei«, »Lyrismus«, »hohen Adlerflügen«, aber indem *sie* es tut, hat sie ihren Autor von seinem Laster befreit und ihm gleichzeitig erlaubt, ihm weiter zu frönen. Der stilistische Kampf um die Romantik findet nicht *vor* der Niederschrift des Romans statt, sondern in ihm selbst. Und Flaubert führt ihn mit harten Bandagen. Lyrismus, Stimmungsschwelgerei, poetisierende Verklärung der Natur, all das kommt fast ausschließlich vor im Zusammenhang der Gefühlsexzesse seiner so trivialen wie verliebten Paare und, noch schlimmer, aus ihrer Perspektive. Flauberts bis dahin unbekannte Perfektionierung der erlebten Rede erlaubt es, in die Köpfe und öfter noch Herzen der Beteiligten hineinzuschlüpfen, ohne dass der Leser es merkt. Emma als Erscheinung im Mondlicht, ihre sich wie Flügelschlag verlierende Stimme, das alles ist Léons banales Empfinden in Léons banalen Worten – ohne dass Flaubert es ausdrücklich sagt.

Auf diese Weise aber macht Flaubert die große Romantik in seinem Jahr 1857 zu einem Phänomen der Trivialität, zu einem gängig gewordenen Mode-Tonfall, der abgesunken ist zur verbalen Spielmarke der lächerlichsten Art. Dass dies eine bösartige und einseitige, polemische Verleumdung war, wusste Flaubert selbstverständlich besser als jeder andere, stammte er doch selber aus der Familie der großen Dichter und Schriftsteller des frühen Jahrhunderts. Wie weit er ging in seiner zugespitzten, ironischen Demontage, zeigen nicht nur der grobe Scherz über die Chateaubriand-Lektüre ausgerechnet »zur Erholung« oder das Spiel mit Motiven Victor Hugos, sondern etwa auch jene stimmungsvolle Kanzone, die Emma so passend im Mondlicht trällerte. »*Denkst du des Abends noch? Der Kahn, in dem wir ruhten*«, von Flaubert mit dem höhnischen Attribut »große Worte« eingeleitet und einem kurzen »*etc.*« rabiat unterbrochen, ist keinesfalls das, was der Kontext glauben machen will, irgendein x-beliebiges Liebesliedchen zu populären Zwecken, ist vielmehr ein herausgerissener Vers aus »Der See«, dem Gedicht des bedeutenden romantischen Lyrikers Alphonse de Lamartine. Noch tiefer verankert in der Substanz des Romans ist dann die Benutzung des romantischen Pathos-Begriffs »Schicksal«, das in Flauberts Roman absinkt zu einer Leerformel, die nur noch zur Ausschmückung des Banalen Verwendung findet, sei's, um die Landarztgattin unter dem Blöken der ausgestellten Böcke herumzukriegen, sei's, um die lästig gewordene Geliebte abzuservieren, sei's, um zum bitteren Ende die ganze Lebenskatastrophe mit dem Mantel der kretinistischen Nächstenliebe zu verhüllen.

Flauberts Epoche vollzieht tatsächlich den Übergang von der Romantik zu neuen Kunstformen, zum Roman des Realismus. Flaubert hat den Abschied von der Romantik zu seinem Lebensthema gemacht, weil er selbst – oder vielleicht besser: die »zwei deutlich unterschiedenen Burschen« in ihm – noch beide Seiten kannte und sie sein Schreiben bestimmten. Emma nennt ihren Windhund Djali so wie Victor Hugos Zigeunerin Esmeralda ihre Ziege, und nicht anders als diese verrät sie dem braven Tier ihre tiefsten Lebensgeheimnisse: Emma ist eine zutiefst romantische Frauenfigur im Gewand der Gegenwart, und sie verkörpert damit das Doppelgesicht des ganzen Romans. Wer die romantische und zugleich romantik-kritische Dimension nicht erkennt und seine Figuren und Handlungen ausschließlich auf ihren Wirklichkeitsgehalt hin befragt, verkennt vollkommen, was Flaubert mit seinem Werk künstlerisch geschaffen hat. Und deshalb muss es bei der Analyse seines Ehebruchromans nicht allein um die Wahrheit des Ehebruchs gehen, sondern mehr noch um die Kunst des Romans. Nur diese kann erklären, warum man an die zuweilen so gewagte Realität des Romans glaubt wie an die unglaubliche Perfektion einer hin und her geschossenen Streichholzschachtel.

4.

Zu den unsterblichen Mythen im Umkreis der *Madame Bovary* zählt der des besessenen, brüllenden Gustave Flaubert in seinem Schreibkabinett in Croisset, hoch über der Seine. Jeder einzelne Satz musste die Probe des *gueuloir* bestehen, die lautstarke Erprobung von Klang, Rhythmus, Kadenz. Die Seineschiffer sollen bei Nacht den skandierenden Autor in seinem Fenster als akustischen Leuchtturm benutzt haben, und bei Tag wurden Mann, Frau und Kind an Deck der Ausflugsdampfer hingewiesen auf das allgemein bekannte Unikum am Ufer. Noch in Albert Camus' Roman *Die Pest* erscheint eine Flaubert-Persiflage in Form jenes perfektionsbesessenen Möchtegern-Romanciers Joseph Grand, der nie hinauskommt über die unendlichen Minimalvarianten seines ersten Satzes, weil kein reales Wort ihm die Schönheit der morgendlich ausreitenden Amazone im Bois de Boulogne angemessen wiedergeben kann, oder anders gesagt: weil Satz und Wirklichkeit definitiv zweierlei bleiben. Gerade darin aber trifft die Persiflage eben *nicht*. Der enthusiastische Joseph Grand wird nie zum Künstler werden, weil er die berührbare Wirklichkeit mit seinen geschriebenen Sätzen deckungsgleich machen will. Gerade das will Flaubert keineswegs; im Gegenteil: Er ist sich der rein sprachlichen Realität der Literatur bewusster als jeder Schriftsteller vor ihm. Joseph Grand träumt davon, die Wirklichkeit eines Tages in seinen Sätzen einzufangen und sie mit seinem Roman vollendet zu verdoppeln; Flaubert dagegen will die Vollkommenheit seiner Sätze so steigern, dass die Literatur, dass sein Roman am Ende eine ganz eigene, ganz vollkommene Wirklichkeit erreicht, eine Wirklichkeit der Kunst, welche die alltägliche physische Realität dann vielleicht sogar übertreffen wird.

Der Mythos des Perfektionisten Flaubert wird jedoch häufig noch immer missverstanden, so als handele es sich beim Ziel seiner Arbeit um ein möglichst gutes, elegantes Französisch, also um die gesteigerte, höchste Form eines klassischen Stils, wie ihn andere zuvor eben weniger vollkommen gepflegt hätten. Nichts kann Flauberts Schreiben stärker verkennen. Ihm ging es nicht um schönen Stil, ihm ging es um eine radikal neue Form des Romans. Dies radikal Neue in *Madame Bovary* allerdings erschließt sich nur einer Lektüre, die eingeht auf die Realität des *Buches* selber, also auf die Sprache, also auf jedes einzelne Wort. Flaubert wusste genau, sein Roman war einer, den man zweimal lesen *musste*, mindestens. Tatsächlich ist seine Sprache mit Attributen wie »schön«, »geschliffen« oder gar »elegant« kaum zu fassen. »Elegant« ist an *Madame Bovarys* Sprache gar nichts. Flauberts Schönheitsideal lag an ganz anderer Stelle. Natürlich, auf einer ersten handwerklichen Ebene kümmerte er sich um all das, was literarische Sprache ausmacht: um ungewollte Wortwiederholungen, um rhythmische Unebenheiten, um klangliches Ungeschick; er pflegte die Satzperioden, ihren dramatischen Spannungsbogen und was sonst noch schriftstellerischer Alltag ist. Das eigentliche aber lag woanders, das eigentliche lag da, wo jedes dieser stilistischen Elemente einen ganz präzisen Sinn im Geflecht des Ganzen bekam.

Für Flaubert war das zuerst eine Frage der Erzähltechnik. Die Objektivität, die *»impersonnalité«*, *»impassibilité«*, *»impartialité«*, ist das, worin laut einer weitverbreiteten Vorstellung Flauberts Modernität liegen soll, und Flaubert selbst hat zu dieser Sicht sehr stark beigetragen. Trotzdem sind Missverständnissen, Fehlverständnissen Tür und Tor geöffnet. Was bedeutet das eigentlich, Objektivität? Ganz sicher nicht, der alltagssprachlichen Ansicht folgend, hier werde die Welt dargestellt, so wie sie *tatsächlich*, *wirklich* ist. Nein, liest man Flauberts Selbstdeutungen nach, vor allem in seinen Briefen, dann ist Objektivität für ihn zuallererst die Haltung eines Erzählers, der sich aus der erzählenden Oberfläche seines Werks vollkommen zurücknimmt, so gut als irgend möglich versteckt. Ganz sicher rührte er mit seiner Überlegung an eines der zentralen Probleme des modernen Romans. Gelöst hat auch er es nicht – falls man hier von Lösungen überhaupt sprechen müsste. Natürlich hat Flaubert diesen kalten Blick weiter getrieben als jeder andere zu seiner Zeit, aber als »abwesend« kann man diesen Autor nun wirklich nicht bezeichnen. Gewiss, er beurteilt seine ehebrecherische Emma Bovary durchaus nicht im moralischen Sinne, aber in anderem Sinne sehr wohl! Da sind Flauberts sarkastische Aufzählungen aus Emmas Traumwelt, »Sultane mit langen Pfeifen«, »römische Ruinen« und »sterbende Schwäne«. Und da ist auch eine genaue Diagnose ihres inneren Illusionstheaters: »Je näher die Dinge ihr standen, desto entschiedener wandte ihr Denken sich von ihnen ab.« Das *ist* eine Wertung ganz ebenso wie das sarkastische, fast surreale Wort über die Intelligenz des gebeutelten Ehemanns, »platt wie ein Gehsteig«.

Nirgendwo ist der Autor präsent, nirgendwo greift er von außen ein, alles ist entwickelt aus den Figuren und ihren Konstellationen. Und doch: Wie perfekt stimmen die Arrangements! Wie genau ist jede Szene auf den entscheidenden Punkt hin zugespitzt! Nichts entspringt hier dem Zufall bloßen Geschehens, alles ist von der sicheren Hand des Autors dahin gestellt, wo es stehen soll. Flauberts Arbeit ist nicht die eines Seismographen, der objektiv aufzeichnet, was er sieht; die Bedingungen des Geschehens hat er ebenso in der Hand wie seine Schilderung. Flauberts »Objektivismus« hat ein Doppelgesicht, über das er sich auch selbst nicht immer im klaren war. Zum einen öffnete er den Weg zu einer realitätsnahen und in diesem Sinne objektiven Literatur; zum anderen ist er die vollkommene Ausprägung jenes idealistischen autonomen Kunstwerks, das den Schein für die Wirklichkeit setzt, das jede Spur der Arbeit an sich selber tilgt und für nichts anderes steht als für seine eigene Vollkommenheit. Flaubert, der Vorläufer der Moderne, verkörpert zugleich die Perfektion jenes allwissenden auktorialen Erzählers, den diese Moderne dann – zeitweise – so programmatisch verwerfen sollte. Am 18. März 1857 schrieb er an Marie-Sophie Leroyer de Chantepie: »Der Künstler muss in seinem Werk sein wie Gott in der Schöpfung, unsichtbar und allmächtig; man soll ihn überall spüren, aber nirgendwo sehen.«

Niemals zuvor hat ein Autor seine stilistische Technik bis ins kleinste Detail so konsequent zu inhaltlichen Zwecken genutzt, zur Entblößung seiner Figuren, zur Durchleuchtung ihres Verhaltens; Flauberts Szenen sind nicht nur Bilder, die etwas darstellen, sie sind zugleich Sätze, in denen unter dem

Bild auch sprachlich etwas geschieht. Schon bald nach der Hochzeit wühlt tief in Emmas Seele jener Keim der ehelichen Tristesse, der sie bald in fremde Arme treibt: »Doch vor allem zur Stunde der Mahlzeiten, da konnte sie nicht mehr, in diesem kleinen Raum zu ebener Erde, mit dem Ofen, der rauchte, der Tür, die quietschte, den Wänden, die schwitzten, dem feuchten Steinboden; all die Bitternis ihres Daseins schien ihr auf dem Teller serviert, und mit dem Dampf des Suppenfleisches stiegen vom Grund ihrer Seele immer weitere Ekelschwaden. Charles aß und aß; sie knabberte ein paar Haselnüsse oder vertrieb sich die Zeit und ritzte, den Ellbogen aufgestützt, mit der Messerspitze Linien ins Wachstuch.« Flaubert wählt für seine auktoriale Erzählprosa umgangssprachliche Formeln, die eindeutig aus Emmas Subjektivität stammen und von ihr direkt ausgesprochen sein könnten; wer hörte sie nicht seufzen: »Ich kann nicht mehr«, wer sähe sie nicht da sitzen mit einem angewiderten Blick auf den zufrieden kauenden Gatten: »Der isst und isst«, wer spürte nicht in der variationslosen Aufzählung »… mit dem Ofen, der rauchte, der Tür, die quietschte, den Wänden, die schwitzten, dem feuchten Steinboden« Emmas monomanischen Hass.

Wenige Seiten zuvor war dieselbe Wohnung ganz anders gesehen worden, nämlich mit dem hingerissenen Blick des Ehemannes und in Sätzen, die nach dem rhythmischen Pferde- und Silbengetrappel beim Anblick der Geliebten angenehm und weit ausschwingen: »Charles galoppierte bei Regen bei Schnee über bucklige Wege. Er aß Rührei am Tisch der Bauern, schob den Arm in feuchte Betten, bekam bei Aderlässen den lauwarmen Blutstrahl ins Gesicht, lauschte dem Röcheln, schaute prüfend in Schüsseln, fasste unter viel schmutzige Wäsche; doch jeden Abend erwartete ihn ein prasselndes Feuer, ein gedeckter Tisch, weiche Möbel und eine Frau in feinen Kleidern, so bezaubernd und wohlriechend, dass man sich fragte, woher dieser Duft kam, und ob es nicht vielleicht ihre Haut war, die hindurchatmete durch ihr Hemd.« Eigentlich kann nur eines der beiden Bilder *wahr* sein, entweder die feuchte Küche oder der gemütliche Kamin. Hier wird nicht *erklärt*; Flaubert wählt vielmehr einen literarischen Kunstgriff, mit dem die Distanz zwischen diesen beiden ungleichen Eheleuten *gezeigt* wird, gemalt und zum Klingen gebracht.

Emmas romantische Sehnsucht ergreift von ihr immer stärker Besitz: »Im Grund ihrer Seele freilich wartete sie auf ein Ereignis. Wie Matrosen in Seenot ließ sie über die Einsamkeit ihres Lebens einen verzweifelten Blick schweifen, suchte in der Ferne nach einem weißen Segel am diesigen Horizont. Sie wusste nicht, wie dieser Zufall aussehen, welcher Wind ihn zu ihr treiben, an welches Ufer er sie bringen würde, ob er Schaluppe war oder Schiff mit drei Decks, schwer von Ängsten oder voller Glückseligkeit bis hinauf an die Ladeluken. Doch jeden Morgen beim Aufwachen erwartete sie ihn für diesen Tag, und sie lauschte auf alle Geräusche, sprang erschrocken hoch, wunderte sich, dass er nicht kam; und ersehnte dann, bei Sonnenuntergang, jedesmal ein bisschen trauriger, den nächsten Morgen.« Der Grammatiker Flaubert knüpft das Personalpronomen so geschickt an, dass durch seine Suggestion im Gefühl des Lesers am Ende nicht mehr nur jenes ferne weiße Segel das Objekt von Emmas Hoffnung ist, sondern *Er*, der Mann aller Träume. Und eines Tages steht er dann da, im Gasthaus zu Yonville l'Abbaye: »Als Madame Bovary in der Küche war, trat sie an den Kamin. Mit zwei Fingerspitzen ergriff sie ihr Kleid in der Höhe des Knies, zog es hinauf bis zu den Knöcheln, und so, nah der Flamme, über der sich drehenden Lammkeule, wärmte sie ihren Fuß in seinem schwarzen Stiefelchen.« Die Wortstellung entscheidet Emmas Schicksal, denn nachbuchstabiert wird hier der erste, nahezu voyeuristische, den Körper abtastende Blick, den Emma Bovarys zukünftiger Liebhaber, sprachlos fasziniert, aus dem Halbschatten auf die attraktive Unbekannte wirft: »Auf der anderen Seite des Kamins stand ein junger Mann mit blondem Haar und betrachtete sie stumm«, heißt es gleich darauf. Und Léons Blick folgt Flaubert mit einem Satz, der voyeuristisch ist bis in seine Struktur hinein, syntaktisch und physiologisch; er beginnt also mit Identifizierung der herantretenden Madame Bovary über das Gesicht, gleitet dann die Brust hinab zur Hand, zu den Fingern, die den Kleidersaum hinreißend ein wenig nach oben lüpfen, und fixiert schließlich, das Frauenbein im Flammenschein hinabstreichend, die entblößten Knöchel und die erotisch aufgeladenen Stiefelchen.

Erhalten sind von den Vorarbeiten zur *Madame Bovary* mehr als viertausend Manuskriptseiten. Hier ist nachzulesen, mit welcher Akribie Flaubert über fünf Jahre hin daran gefeilt hat, auf diese Weise *jedem* einzelnen Satz genau die Gestalt zu geben, die allein seinem Inhalt entsprach; ein ästhetisches Radikalprogramm, das einen bloß realistischen Anspruch des Romans weit hinter sich lässt. Umgekehrt aber ist es genau dieses Prinzip, was die Suggestion weckt, man wäre als Leser beim Geschehen unmittelbar dabei. Ohne dass der Autor auch nur im Zartesten darauf hinwiese, befindet sich der Leser tief drinnen in der verzweifelten Emma am Esstisch, im glücklich bewundernden Charles am abendlichen Feuer, in dem hingerissenen Novizen Léon. Vor allen anderen aber ist es Emma, die Flaubert auf diese Weise zeigt: Emma, die sich sehnsüchtig verzehrt nach dem Schiff mit acht Segeln, das sie davonträgt, Emma, die in mystischen Verzückungen schwelgt, Emma, die das Zauberwort »Paris« in Léons Arme treibt, und schließlich Emma, der das bittere Arsen so auf der Zunge brennt, dass auch Autor und Leser seinen Tintengeschmack tagelang nicht loswerden können. Kein Autor vor Flaubert hat den Anspruch der Romanform, höchste *Kunst* zu sein, weiter getrieben, aber dass er dies ausgerechnet mit dem trivialsten, unsaubersten Sujet getan hat, nämlich mit einem schäbigen Ehebruch im Mief der Provinz, das und nichts anderes machte den eigentlichen Skandal.

5.

Am 18. Dezember 1856, der Vorabdruck der *Madame Bovary* war gerade beendet, das Buch noch nicht erschienen, der Prozess bereits am Horizont, erhielt der Autor einen Brief. Absenderin war Mademoiselle Marie-Sophie Leroyer de Chantepie, und ihr Schreiben zeigt auf verblüffende Weise, was das Schicksal der Romanheldin für eine reale Frau in der französischen Provinz bedeuten konnte: »Als Abonnentin und eifrige Leserin der *Revue de Paris* lese ich seit der ersten Folge Ihr durch seine Wahrheit so packendes Drama *Madame Bovary*. Zunächst habe ich gesehen, dass Sie ein Meisterwerk an Natürlichkeit und Wahrheit geschrieben haben. Ja, genau so sind die Sitten in dieser Provinz, wo ich geboren bin, wo ich mein Leben verbracht habe. Damit sage ich Ihnen, Monsieur, wie sehr ich die Traurigkeit, die Langeweile, das Elend dieser armen Frau Bovary verstanden habe. Von Anfang an habe ich sie erkannt, geliebt, wie eine Freundin, die ich gekannt hätte. Ich habe mich so sehr mit ihrer Existenz identifiziert, dass mir schien, sie war es und ich war es! Nein, diese Geschichte ist keine Fiktion, sie ist eine Wahrheit, diese Frau hat existiert, Sie haben ganz gewiss ihrem Leben beigewohnt, ihrem Tod, ihren Qualen.« Und sie steigerte sich zu einem bemerkenswerten Kompliment für den »Eremiten von Croisset«: »Ach! Monsieur, wo haben Sie diese vollkommene Kenntnis der menschlichen Natur bloß hergenommen, das ist ein ans Herz, an die Seele angesetztes Skalpell, das ist leider! die Welt in all ihrer Abscheulichkeit. Die Charaktere sind wahr, allzu wahr, denn keiner von ihnen erhöht die Seele, nichts tröstet einen in diesem Drama, das nur eine unendliche Verzweiflung hinterlässt, aber auch eine ernsthafte Warnung. Das ist die Moral, die daraus hervorgeht: die Frauen sollen bei ihren Pflichten bleiben, was immer es sie auch kostet. Dabei ist es so natürlich, glücklich sein zu wollen!«

Flaubert war bass erstaunt. Als seine begeisterte Leserin am 26. Februar 1857 schrieb: »Ich bitte den Himmel für sie [Emma] um die Gerechtigkeit, die man ihr auf Erden verweigert. Ich muss an das Glück dieser armen Seele in einer besseren Welt glauben. […] Ich habe sie geliebt wie eine Schwester, wie gern hätte ich mich zwischen sie und ihr Unglück geworfen, sie beraten, sie getröstet, sie gerettet! Niemals werde ich sie vergessen! Ich bin fest überzeugt, dass diese Geschichte wahr ist! Ja, man muss Beteiligter oder betroffener Zeuge eines solchen Dramas gewesen sein, um mit solcher Wahrheit davon zu schreiben!«, da musste ihr Flaubert dann doch reinen Wein einschenken: »*Madame Bovary* enthält nichts Wahres. Es ist eine vollkommen erfundene Geschichte«, antwortete er am

18. März 1857, »ich habe weder von meinen Gefühlen noch von meinem Leben irgendetwas hineingelegt. Die Illusion (wenn es eine gibt) kommt im Gegenteil aus der Unpersönlichkeit des Werkes. Einer von meinen Grundsätzen lautet, dass man nicht über sich selbst schreiben darf.« Und noch krasser hatte er es am 30. Oktober 1856 gegenüber Edma Roger des Genettes ausgedrückt: »Aus Hass gegen den Realismus habe ich diesen Roman angefangen. Aber genauso wenig ausstehen kann ich die falsche Idealität, mit der wir heutzutage zum Narren gehalten werden.«

Doch auch Flaubert musste zur Kenntnis nehmen, dass sein Roman auf unauslöschliche Weise verbunden blieb mit einer zeitgemäßen Vorstellung von realistischer Literatur, und indem er jüngere Autoren wie Guy de Maupassant und Émile Zola ausdrücklich als seine Schüler gelten ließ, hat er es mit seiner typischen Ambivalenz auch akzeptiert. Akzeptiert aber mit dem definitiven Vorbehalt: Wie viel Wahrheit ein Roman enthält, das entschied sich für ihn nicht im Vergleich mit der alltäglichen Welt draußen, das entschied sich im Kunstwerk selber. Am 4. September 1852 hatte er an seine Freundin und Muse Louise Colet geschrieben: »Ich gelange zu einer Art ästhetischem Mystizismus (wenn die beiden Worte zusammenpassen), und ich wollte, dass er stärker wäre. [...] – Wir sind ein wenig zu früh gekommen. In fünfundzwanzig Jahren wird der Kreuzungspunkt wundervoll sein.« »Ästhetischer Mystizismus«, das hieß für Flaubert, dass nur das wahr sein kann, was richtig ausgedrückt ist. Wie ein falscher Ton das Musikstück zerstört, so in der Literatur ein falsch gesetztes Wort das ganze Buch. Jahr um Jahr hat Flaubert das bei jeder Gelegenheit wiederholt: »Die Bemühung um äußere Schönheit, die Sie mir vorwerfen, ist für mich eine Methode«, schrieb er am 10. März 1876 an die große George Sand, eine von Emmas so geliebten wie verderblichen Lektüren: »Wenn ich in einem meiner Sätze eine schlechte Assonanz oder eine Wiederholung finde, bin ich sicher, dass ich im Falschen herumwate.« Für alles, was er zu sagen hatte, konnte es nur *ein* richtiges Wort geben, *einen* richtigen Satz, und Schreiben hieß, genau diese zu finden. Es ist bemerkenswert, dass eine Marie-Sophie Leroyer de Chantepie mit ihrer Suche nach der erlebten Wirklichkeit ebenso zu den Bewunderern der *Madame Bovary* zählen konnte wie jener Charles Baudelaire, der vor allem ästhetische Reize fand, und diese zwei Lesarten spiegeln denn auch jene zwei Seiten des Romans, die unauflöslich ineinander verschränkt sind: Als Kunstwerk ist *Madame Bovary* tatsächlich zugleich der Ursprung des realistischen Romans und des *L'art pour l'art*.

Und Emma? Am 30. März 1857 malte Flaubert sie gegenüber Mademoiselle Leroyer de Chantepie in wenig schmeichelhaften Farben: »Und vergleichen Sie sich nicht mit der Bovary. Sie ähneln ihr kein bisschen! Sie taugte weniger als Sie, was den Kopf betrifft und auch das Herz; denn sie ist eine etwas verdorbene Natur, eine Frau von falscher Poesie und falschen Gefühlen. Meine ursprüngliche Idee war, aus ihr eine Jungfrau zu machen, die in tiefster Provinz lebt, im Kummer alt wird und auf diese Weise in die äußersten Zustände des Mystizismus und der erträumten Leidenschaft gelangt. Von diesem ursprünglichen Plan habe ich die ganze Umgebung beibehalten (ziemlich schwarze Landschaften und Figuren), die Farbe also. Bloß, um die Geschichte verständlicher zu machen, und auch unterhaltsamer, im guten Sinn des Wortes, habe ich eine menschlichere Heldin erfunden, eine Frau, wie man sie öfter sieht.« Flaubert ist ein Briefschreiber der Extreme, der auch in seinen Urteilen über das eigene Werk mitunter zu Radikallösungen neigt; »eine Frau von falscher Poesie und falschen Gefühlen«, das ist Emma gewiss, doch gerade die Souveränität, mit der sie aus dem falschen Leben zur großen Gestalt erwächst, macht ihre eigenste Bedeutung aus. »Kurzum, diese Frau ist wirklich groß«, hatte Baudelaire geschrieben und damit tatsächlich etwas erkannt, was Flaubert im Innersten bewegte: aus der Mittelmäßigkeit der modernen Zeiten und ihrer Charaktere größte Kunst zu machen.

Im Hochgefühl des erotischen Rausches, bevor noch Eifersucht und Enttäuschung, Gewöhnung und Ernüchterung ihre nagende Arbeit vollenden, ist es Léon, durch den Flaubert ausspricht, was Emma ist: »Er genoss zum ersten Mal das unbeschreibliche Raffinement weiblicher Eleganz. Nie zuvor war ihm diese Anmut der Sprache begegnet, diese Dezenz in der Kleidung, diese Pose eines schlummernden Täubchens. Er bewunderte das Schwärmerische ihrer Seele und die Spitzen ihres Unterrocks. Außerdem, war sie nicht *eine Frau von Welt*, noch dazu eine verheiratete Frau! also eine richtige Geliebte?« Aber wer spricht hier wirklich? Léon? Kann man sich den drögen Büromann Léon 2 noch vorstellen als einen, der ganz bewusst diese gewagten Vergleiche eines Literaten anstellt: »die Liebende aller Romane, die Heldin aller Tragödien, das nebelhafte *sie* aller Gedichtbände«? Der also Emma sieht als den Inbegriff, als die vollkommene Verkörperung aller Frauen, die je ihre erotischen Reize enthüllten in der Literatur? Nein, wer hier spricht, das ist Gustave Flaubert selber. Verborgen spricht er aus, was seine Überzeugung war: Die große Literatur entstammt dem Mythos, und zu ihm kehrt sie zurück.

Emma Bovary als soziologische Figur *allein* hätte Flaubert nicht interessiert; an den großen historisierenden Themen, wie die Romantik sie liebte, war er verzweifelt. Deshalb hat Flaubert die Wahrheit seines Romans in der Gegenwart gesucht, und gebracht hat er sie durch künstlerische Perfektion, durch Stilisierung, Überhöhung, Konzentration auf den Rang eines großen Kunstwerks und einer mythischen Erzählung. Emma ist beides zugleich, eine mickrige *Muse du Département* und eine grandiose Medea der Moderne.

ZWEITES KAPITEL

Böse Zeichen, furchtbare Worte

Lew Tolstoi und *Anna Karenina*

Man macht einen Roman aus der Sünde
wie einen Tisch aus Holz.
Julien Green

1.

»Alle glücklichen Familien sind einander ähnlich, jede unglückliche Familie ist unglücklich auf ihre Weise.« Die einfachsten Wahrheiten sind immer die größten. Mit einem Satz, apodiktisch und monumental, beginnt *Anna Karenina*, ein Romananfang wie ein kraftvoller Akkord im *forte*, einprägsam und unvergesslich wie nur der erste Satz in Prousts *Recherche* oder Kafkas *Prozess*. Eine große Wahrheit, einfach und gewaltig wie das Wort des Propheten.

Aber – stimmt das überhaupt? Tolstois Romananfang ist großartig, weil er etwas in Bewegung setzt. Anders jedoch als die *Recherche* oder der *Prozess* beginnt *Anna Karenina* nicht erzählend, nicht mit einem komprimierten Augenblick der Handlung – dem frühen Schlafengehen, der widersinnigen Verhaftung –, sondern mit einer abstrakten Behauptung, so, als sei der folgende Roman dann deren Beleg. Auf den ersten Blick ist die Aussage eine einzige Suggestion der Wahrheit. Auf den zweiten Blick eine erstaunliche Verallgemeinerung. Auf den dritten eine Frage. Gibt es nicht Millionen von Familien auf der Welt? Und da sollen alle glücklichen sich ähneln, alle unglücklichen verschieden sein? Und wenn einer das strikte Gegenteil behaupten würde? Der Satz klänge nicht weniger plausibel. Und schon ist es geschehen, tief ist man drinnen in der eigentlichen Frage Tolstois, der Frage nach dem Glück und dem Unglück, der Frage nach dem scheiternden Leben und dem gelingenden. Nach dem einen einzigen Satz, der mehr als tausend Seiten auf seinen Grundakkord einstimmt, folgt ein Absatz, und erst jetzt beginnt die Geschichte, nun aber sofort *in medias res*: »Drunter und drüber ging es bei den Oblonskis. Die Frau des Hauses hatte erfahren, dass ihr Mann eine Liaison hatte mit einer Französin, die als Gouvernante im Haus gewesen war, und hatte ihrem Mann verkündet, dass sie nicht mehr im selben Haus mit ihm leben könne. Diese Situation dauerte schon den dritten Tag und wurde sowohl von den Eheleuten wie von allen Familienmitgliedern und Hausgenossen als qualvoll empfunden. Alle Familienmitglieder und Hausgenossen hatten das Gefühl, dass ihr Zusammenleben keinen Sinn habe und dass in jedem Absteigequartier die zusammengewürfelten Gäste mehr miteinander verbinde als sie, die Familienmitglieder und Hausgenossen der Oblonskis.«

Eine Geschichte, die, genau gelesen, die große einleitende Behauptung sofort widerlegt. Ganz offenkundig ist die Familie Oblonski unglücklich. Der Ehemann betätigt sich bei der Gouvernante als Liebhaber, die verzweifelte Ehefrau will die Trennung, aber die Sache hängt fest, man kommt keinen Schritt vor und keinen zurück, und das Gefühl, »dass in jedem Absteigequartier die zusammengewürfelten Gäste mehr miteinander verbinde als sie«, ist so witzig wie vernichtend – doch zugleich eine Aussage, die aus dem Unglück der Oblonskis ein auf sehr eigene Weise gelebtes Unglück macht. So auch wird es weitergehen: Zwar steht das eheliche Unglück der Oblonskis nicht im Mittelpunkt eines Romans, der ja *Anna Karenina* heißt, aber es zeigt bereits im zweiten Absatz, dass die Sache nicht ganz so eindeutig sein wird, wie es der erste behauptet. Die Oblonskis werden sich irgendwie zusammenraufen, werden dann doch wieder ein halbwegs anständiges Ehepaar darstellen, und wenn diese Nebengeschichte von Stiva und Dolly Oblonski etwas lehrt, dann vor allem dies: Sogar die Unterscheidung zwischen Glück und Unglück ist nicht ganz so sauber, wie die Sprache es suggeriert. Sind die Oblonskis eine glückliche Familie? Das kann man kaum behaupten, wandelt der joviale Hausherr doch nicht zum ersten Mal erotisch auf fremden Pfaden. Eine unglückliche Familie? So ganz wohl auch nicht, finden sie doch irgendwie immer wieder zusammen, sogar mehr recht als schlecht, auf einem Status quo, der zwar ein Kompromiss bleibt, aber doch offenbar ein für diese ganz spezielle Familie durchaus erträglicher, sogar angenehm lebbarer. Und sie leben ein Leben, das beides enthält, glückliche Momente und unglückliche, und darin sind sie – jenseits der Fundamentalopposition des ersten Satzes – ganz allgemein wohl tatsächlich den meisten Familien ähnlich. Aber eben nur *ganz allgemein*.

Tolstoi reißt mit seinem Anfang einen krassen Widerspruch auf, und der trägt den gesamten Roman. Er wird nicht einfach davon erzählen, wer glücklich ist und wer nicht, und das reine Glück und das reine Unglück, sie werden durchaus vorkommen, der größte Teil des Buches jedoch wird sich dazwischen abspielen, in den gemischten, den unklaren Augenblicken, in den Lebensformen, die weder das eine sind noch das andere, und genau so werden auch die Menschen sein, nicht wirklich gut, nicht wirklich böse, nicht ganz und gar unglücklich, nicht ganz und gar glücklich. Nein, der Roman wird viel tiefer die Frage stellen, was das überhaupt ist, was das überhaupt sein *kann*, Unglück und Glück. Hat Flaubert sich für diese Frage interessiert? Oder, etwas begrenzter, auch nur für das Glück seiner Figuren? Natürlich ist Charles mit seiner Emma glücklich, obwohl sie es nicht ist mit ihm, aber genau hier, im Glück als Zeichen der immergleichen Dummheit, zeigt sich der so vollkommen andere Blick Tolstois. Die Frage, die gegenüber Flauberts Figuren fast sinnlos ist, bei ihm ist sie die entscheidende. Kurz nach Ehekrach und Versöhnung bei den Oblonskis wird das Thema noch zweimal variiert, zweimal innerhalb des Ersten Teils. Zum einen in der Diskussion zwischen Stepan Arkadjewitsch Oblonski und Lewin; zum anderen in der Einführung der Familie Karenin selbst, die Titelheldin also eingeschlossen.

Bilden nun die Karenins eine glückliche oder eine unglückliche Familie? Nach wenigen Kapiteln nur wird sich durch Wronskis Hinzutreten die Waage kräftig zum Unglück neigen – für die Familie, noch nicht für Anna –, aber bis dahin war das kaum so eindeutig. Anna und Alexej leben ein Leben auf der Sonnenseite der Petersburger Gesellschaft, sie sind sich dessen bewusst, sie genießen es, denn es gibt ihnen, was sie vom Leben erwarten. Weder zusammengebracht noch zusammengehalten werden sie durch besinnungslose Leidenschaft, aber besinnungslose Leidenschaft ist auch nicht Zweck einer Ehe. Als Anna zurückkehrt von ihrer Mission, gibt Karenin ihr deutlich zu verstehen, dass er das Fremdgehen seines Schwagers mit französischen Gouvernanten keinesfalls billigt; Karenin gehört also nicht zu der Sorte Mann, die sich in puncto Treue andere Rechte zugesteht als den Frauen. »Anna lächelte. Sie wusste, dass er das ausdrücklich sagte, um zu zeigen, verwandtschaftliche Überlegungen könnten ihn nicht davon abhalten, offen seine Meinung zu äußern. Sie kannte diesen Wesenszug an ihrem Mann und mochte ihn.« Mit dieser Erklärung aber ist die Sache abgetan, fürs erste, und das Ehepaar wendet sich wieder dem Alltagsleben zu: »Als Alexej Alexandrowitsch sein zweites Glas Tee mit Sahne und einem Brot beendet hatte, stand er auf, um sich in sein Kabinett zu begeben. | ›Du bist ja nirgends hingefahren, gewiss war es dir langweilig?‹ fragte er. | ›O nein!‹ antwortete sie und stand ebenfalls auf, um ihn durch den Saal zum Kabinett zu geleiten. ›Was liest du zur Zeit?‹ fragte sie. | ›Zur Zeit lese ich *Duc de Lille, Poésie des enfers*‹, antwortete er. ›Ein sehr bemerkenswertes Buch.‹ | Anna lächelte, wie man über die Schwächen geliebter Menschen lächelt, sie schob ihren Arm unter den seinen und geleitete ihn zur Tür des Kabinetts. Sie kannte seine Angewohnheit, die ihm zum Bedürfnis geworden war, nämlich abends zu lesen.« In dieser freundlichen, fast idyllischen Eheszene ist das einzige Zeichen eines bereits drohenden Unheils Karenins Lektüre, und eine Poesie der Hölle wird auch seine Zukunft bereithalten.

So wie in dem kurzen Dialog zwischen Anna und Alexej wird das Grundmotiv des Ehebruchs auch zwischen Oblonski und Lewin verhandelt, doch während Karenin ganz einfach nüchtern und streng auf Einhaltung der Ordnung besteht, geht es für Lewin an die lebendige Substanz seines Daseins. Das Gespräch zwischen den beiden ist wie ein weiteres Präludium für den ganzen Roman, und es zeigt auch bereits, wie Tolstoi das, was er sagen will, auf sehr verschiedene Weisen sagt, zum einen in den ausgesprochenen Dialogen der Personen selbst, zum anderen in den gleichsam stummen Handlungsmomenten. Oblonski und Lewin sind alte, vertraute Freunde; wie unterschiedlich ihre Charaktere jedoch sind, zeichnet Tolstoi ganz bildlich in der Art, wie sie das teure, köstliche Menü in Angriff nehmen. »Mir schmeckt am besten Kohlsuppe und Grütze, aber hier gibt es das ja nicht.« Wie recht Lewin hat! Natürlich gibt es im Hotel Anglija keine Bauernkost, und der nicht nur erotische Bonvivant Oblonski bestellt dann auch Flensburger Austern, Gemüsesuppe, Turbot unter dicker Soße, Roastbeef, Kapaun und als Nachtisch eingemachte Früchte; dazu Champagner und Burgunder. »Gar nicht übel«, kommentiert Oblonski, zurecht, doch Lewin bleibt bedrückt. Er ist durchaus kein Kostverächter und weiß, was schmeckt; irritierend ist ihm vielmehr all das, was die *gourmandise* im gehoben gesellschaftlichen Sinn *bedeutet*. Nicht das Essen ist ihm zuwider, zuwider sind ihm die Lebensformen, die das Essen repräsentiert, sind ihm Reichtum, Verschwendung, Müßiggang. Und im strikten Sinne ist der Sünde der Völlerei vor allem die andere verwandt: die Wollust.

So gelingt es Tolstoi bereits in diesem Dialog festzuhalten, wie tief das Ehebruchmotiv für ihn verwurzelt ist: Es ist weder eine Frage bloß gesellschaftlicher Regelverletzung, noch etwa ein romantisches Drama. Es ist ein Motiv, das an die Wurzeln der menschlichen Existenz rührt, und es ist damit zutiefst religiös. Lewin kann den Ehebruch seines Freundes schlechterdings nicht begreifen, auch wenn der ihn zu erklären sucht: »›Angenommen, du bist verheiratet, du liebst deine Frau, aber du hast dich von einer anderen Frau berücken lassen …‹ | ›Entschuldige, aber das verstehe ich absolut nicht, wie wenn … es ist mir so unverständlich, wie wenn ich jetzt, rundum satt, an einer Bäckerei vorbeikäme und einen Kalatsch stehlen würde.‹« Zwei vollkommen verschiedene Bilder von der Ehe treffen hier aufeinander, so verschieden, dass sogar zwei gute Freunde aneinander vorbeireden wie Taubstumme. Lewin, in seiner Liebe zu Kitty hin und her gerissen zwischen Hoffnung und Enttäuschung, kann eine andere Liebe sich nicht vorstellen als die strikte Monogamie; dies aber nicht aus Gründen gesellschaftlicher Moral, sondern weil er die Liebe als eine ausschließliche, umfassende und definitive Bindung erlebt. Oblonski dagegen fasst unter diesem Begriff ein buntes Sortiment verschiedener Gefühle und Wünsche, Notwendigkeiten und Vergnügungen zusammen: Da ist einerseits die gesellschaftliche und familiäre Ordnung, konzentriert in der Ehe, die ihrerseits einst auf Liebe gebaut war. Und da ist die unordentliche Versuchung der kleinen Ausbrüche von Zeit zu Zeit: »›Was tun, sag mir doch, was tun? Deine Frau altert, und du bist voller Leben. Eh du dich's versiehst, fühlst du schon, dass du deine Frau nicht mehr mit Liebe lieben kannst, so sehr du sie auch achtest. Und da läuft dir auf einmal eine Liebe über den Weg, und du bist verloren, verloren!‹ stieß Stepan Arkadjitsch verzagt und verzweifelt hervor.« Aus seiner Verzagtheit wird der leutselige Oblonski sich bald befreien, Lewin an seiner individuellen Moral dauerhaft festhalten.

Wenn der Erste Teil der *Anna Karenina* nach rund 180 Seiten zu Ende ist, hat Tolstoi sein Thema vorgestellt und in drei ganz verschiedenen Perspektiven beleuchtet. Da sind die Oblonskis, sich irgendwie damit abfindend, dass dieses gemeinsame Leben höchst unvollkommen ist, aber eben zugleich das, mit dem es sich zu arrangieren gilt, und zwar aus den guten Gründen der leiblichen und seelischen Zufriedenheit. Da sind die Karenins, die sich von ihnen auf den ersten Blick nicht allzu sehr unterscheiden, aber doch ganz anders sind, labiler, leidenschaftlicher, und eben auch durch den bloßen Zufall jener Gefahr unterliegend, die beim Hinzutreten des störenden Dritten entsteht, des Grafen Wronski. Und dann sind dort schließlich Lewin und Kitty, die noch gar kein Paar bilden, aber gezeigt werden auf ihrem gebrechlichen, gefahrvollen Weg dorthin. Eine Skala vom gutmütigen Pragmatismus bis hin zur konsequenten strikten Moral. Und nicht der geringste Kunstgriff Tolstois ist es, dass der Vertreter von Monogamie und Moral, der Verteidiger einer zutiefst ernsthaften Ethik der Ehe, keinesfalls einer der Ehemänner ist, sondern ausgerechnet der einzige Junggeselle: Lewin.

2.

Natürlich zählen Liebe und Bruch der Liebe zu den selbstverständlichen Themen der abendländischen Literatur, trotzdem sollte man fragen, warum ein Autor sich ausgerechnet diesem Thema zuwendet. Gerade bei Tolstoi drängt sich die Frage auf. Was hat diesen Schriftsteller, der wie selten einer das Ganze der menschlichen Existenz in ihrer auch philosophischen Dimension umfassen wollte, ausgerechnet zum Ehebruch gebracht, also zu einem Sujet, das mindestens zur Hälfte ins Ressort der Komödie gehört? Und ist nicht auch irgendwann Überdruss die Folge von allzu ausdauernder Beschäftigung mit Ehepaaren und Ehebrechern, den immergleichen Wer-mit-wem-Spielen, dem Bäumchen-wechsle-dich und halbseidenen Heimlichkeiten? Gibt es nicht Ernsthafteres in der Literatur und vor allem im Leben selber als die ewige Geschichte vom Verliebt-verlobt-verheirat'-geschieden? Oder mit anderen, ernsteren Worten: Ist die von allen Säugetieren gepflegte Paarbildung bei den Menschen unter dem Stichwort »Liebe« nicht der am meisten überschätzte Gegenstand?

Als Tolstoi die Geschichte der Anna Karenina zu erzählen beginnt, ist er bereits Autor jenes monumentalen Werkes, das heute als einer der größten Romane der Geschichte gilt, obwohl er selbst ihn durchaus nicht als *Roman* verstanden wissen wollte. Tatsächlich, *Krieg und Frieden* kann man nur dann als Roman bezeichnen, wenn man zugleich begreift, womit dieses Epos *alle* bis dahin gültigen Kriterien der Form weit hinter sich lässt. *Krieg und Frieden* ist einerseits Enzyklopädie des russischen Lebens zur Zeit der Napoleonischen Kriege, und kein anderer Roman davor oder danach hat eine solche Fülle an Gestalten, an sozialen Schichten, an Situationen, Konflikten in sich umfasst. *Krieg und Frieden*, das ist andererseits ein programmatischer Entwurf für Tolstois Geschichtsphilosophie; der Krieg und der Frieden, die Gewalt und die Versöhnung, das Unglück und das Glück, diese Polarität erfasst die Gesamtheit der Existenz, die Gesamtheit der Triebkräfte, die den Menschen zum Handeln bringen. Das Epos vom Krieg und vom Frieden ist das Epos vom menschlichen Dasein schlechthin, und Tolstoi selber hat es ausgesprochen: »Ohne falsche Bescheidenheit, das ist so etwas wie die Ilias.« Und nach der Ilias ein Ehebruchroman? Umgekehrt hätte es gewiss plausibler geklungen, zunächst der Roman über Treue und Verrat – und natürlich ist *Anna Karenina* von der klar umgrenzten Handlung her viel mehr ein *Roman* als *Krieg und Frieden* –, danach die umfassende und auch viel umfangreichere epische Welt-Geschichte. So aber ist es nicht. Die Jahre von *Krieg und Frieden* sind 1863 bis 1869; die von *Anna Karenina* 1873 bis 1877. Doch andererseits ist der Weg vom großen Epos zum Roman der Gegenwartsgesellschaft weder in ästhetischer noch in menschlicher Hinsicht der Abstieg, den das Sujet fast zwingend nahelegt. Nahegelegt wird etwas ganz anderes, die Frage nämlich, was Sujet, Handlung, Gegenstand von Literatur sein kann und ob der »Plot« bereits das Wesentliche ausdrückt. Nicht alle Ehebruchromane sind tatsächlich Ehebruchromane.

Ende 1869 war der letzte Band von *Krieg und Frieden* erschienen und die lange, verwickelte Entstehungs- und Publikationsgeschichte fürs erste beendet. Briefe und Aufzeichnungen aus jener Zeit vermitteln den Eindruck eines Mannes, der kritisch auf sein eigenes Werk zurückblickt, selber fast nicht mehr versteht, was er da bewältigt hat und wie. Das Riesenwerk war zu einer Last geworden, unvermeidlich. Jener Anspruch auf Totalität, auf vollkommene und vollständige Darstellung der Menschenwelt, ist ja kein von außen angeheftetes Etikett, es ist vielmehr ein dem Buch ganz eigener, immanenter Anspruch, der aus dem Werk als Ganzem und deshalb aus jeder einzelnen Seite für die Leser wie für den Autor zwingend hervorgeht. Was sollte einer danach noch schreiben? Andererseits, Tolstoi war gerade *Künstler* genug, um zu wissen, dass ein solches Unternehmen auf einer anderen, höheren Ebene dann auch wieder zwangsläufig scheitern musste. Auch *Krieg und Frieden* ist am Ende nur ein *Buch*. Und ein Buch kann die Probleme der Menschen nur besprechen, nicht aber lösen. Dem Künstler Tolstoi ging es um Schreiben, Erzählen, um Sinn und Form; dem Totalitätsanspruch des Philosophen Tolstoi aber ging es immer nur um Lösungen. Diese Aporie ist dem Epos *Krieg und Frieden* tief eingeschrieben, und Tolstoi wusste das: »Ich hatte ein Gefühl wie jemand, der die Spuren einer Orgie sieht, an der er teilgenommen hat«, notierte er ein paar Jahre später im Rückblick. Damit meinte er nicht nur den endlosen Arbeitsprozess, sondern natürlich auch bestimmte formale Eigenschaften, die *Krieg und Frieden* charakterisieren: das Fehlen einer umgrenzten Handlung, die Montage von Fiktion und historischer Realität, das Schreiben in mehreren Sprachen, Russisch und Französisch, vor allem aber jene Exkurse ins Theoretische, Didaktische, die mancher Kritiker bis heute als Stilbruch wertet. Tolstoi hatte beim Schreiben seines Epos die Notwendigkeit gespürt, die Dinge nicht nur zu zeigen, zu erzählen, sondern sie auch zu erklären – ein überdeutliches Zeichen, dass eben doch etwas fehlte, fehlen *musste* in diesem gigantischen Ganzen.

Für den *Künstler* Tolstoi war dieses Fehlen, dies höhere Scheitern dann aber auch die Chance, unter seiner Ilias nicht begraben zu werden; wenn sogar ein solches Werk nicht *alles* gesagt hatte, dann gab es tatsächlich die Möglichkeit zum Weitermachen. Schwierig genug würde es werden, aber möglich musste es sein, denn noch war Tolstoi nicht an jenem Punkt seiner inneren Entwicklung, der ihn dann nur wenige Jahre später die Kunst als ganze anzweifeln und verwerfen ließ. Die Krise, die Tolstoi zwischen seinen beiden großen Romanen durchlief, war keine Krise der Kunst, im Gegenteil, es war eine persönliche, seelische, existentielle Krise, und die Kunst, also der Roman *Anna Karenina*, vermochte ihm noch einmal über diese Krise hinwegzuhelfen – es sollte das letzte Mal sein, dass dies gelang. Den Höhepunkt der Krise bezeichnete man in der Familie Tolstoi späterhin als »das Grauen von Arsamas«, und Tolstoi selbst hat es elf Jahre nach dem Ereignis in der Erzählung *Aufzeichnungen eines Wahnsinnigen* festgehalten und, viel unmittelbarer, in einem Brief an seine Frau. Im August 1869 musste er auf einer Reise in dem Ort Arsamas Station machen. Nachts um zwei wurde er von einem unerträglichen Anfall gepackt, und der trieb ihn, so war sein Gefühl, an den Rand des Wahnsinns: Angst, Verzweiflung, bodenloses Grauen. Die medizinische Festlegung auf einen Fall schwerer Depression führt nicht sehr weit; Tolstoi selbst empfand diese

Nacht als extreme Grenzerfahrung, als Blick in den Abgrund; so stark, dass er von nun an nicht mehr allein reiste.

Die medizinische Festlegung ist schon deshalb unzureichend, weil es Tolstoi gelang, die Krise durch seine schöpferische Tätigkeit zu überwinden; zwar wiederholten sich solche Augenblicke noch mehrfach, doch seinen Berichten nach in deutlich schwächerer Form. Diese Berichte und Selbstbefragungen lassen nur einen Schluss zu: Was Tolstoi in jener Nacht gesehen hatte, war der Tod, der seine und der Tod schlechthin. Das ist keine rhetorische Floskel; in den *Aufzeichnungen eines Wahnsinnigen* versucht Tolstoi sein Bestes, die existentielle, die geradezu physische Wucht dieser Erfahrung sprachlich einzufangen, aber es kann nicht gelingen. Erwachsene Menschen *wissen*, dass sie sterblich sind, er aber hatte es bis ins Körperliche *erfahren*. Diese Erfahrung des Todes war zugleich eine des vollständigen Verlusts von Sinn. Wo *alles* sterben muss, da hat *nichts* mehr den geringsten Sinn; nicht das eigene Leben, nicht die Familie, nicht die Literatur, nicht die nächste Minute in dieser Nacht. Und natürlich ist das die Verneinung aller nur möglichen Hoffnungen auf irgendein religiöses, göttliches Heil, das spürte gerade Tolstoi zutiefst. Das »Grauen von Arsamas« bezeichnet in Tolstois Leben eine Grenze, und von nun an ist der Tod eine Obsession, die ihn nicht mehr verlassen wird, die ihre Spur zieht durch Briefe, Tagebücher und Werke.

Der Teil vom Leben der Anna Karenina, den Tolstoi in seinem Roman erzählt, endet und beginnt mit dem gewaltsamen Tod unter einem fahrenden Zug. Zum Schluss ihres gescheiterten Lebens wird sich Anna unter die Räder werfen, und am Anfang ihrer Gemeinschaft mit Wronski steht der Unfall des Arbeiters am Bahnsteig, gerade als die zwei einander kennengelernt haben. Und in beiden Fällen betont Tolstoi ausdrücklich das Grauenvolle, das brutal Körperliche an diesen grausamen Toden, hier den »verunstalteten Leichnam« des Arbeiters, zum Ende dann »das, was von ihr noch übrig war, als er [Wronski] wie ein Wahnsinniger in die Arbeiterbaracke an der Bahnstation gerannt kam: auf dem Tisch der Baracke, umringt von Fremden, schamlos hingebreitet der blutbeschmierte

Körper, noch voll des jüngstvergangenen Lebens; zurückgeworfen der unversehrte Kopf mit den schweren Zöpfen und den Haarkringeln an den Schläfen, und auf dem betörenden Gesicht mit dem halboffenen roten Mund ein erstarrter, seltsamer, auf den Lippen kläglicher und in den reglosen, nicht geschlossenen Augen schrecklicher Ausdruck, der klar und deutlich jenes furchtbare Wort auszusprechen schien – dass er bereuen würde –, das sie während des Streits zu ihm gesagt hatte.« Wer hier vor allem den Ausdruck eines realistischen Erzählens sehen wollte, eines Beschreibens, das eben auch vor grausamer Wahrheit nicht zurückschreckt, verkennt zutiefst, was Tolstoi antreibt. Im Bilde nicht nur der bloß toten, sondern der physisch zerstörten Anna kommt Tolstoi dem Grauen des Todes so nahe, wie es durch Literatur nur möglich ist. Der Tod, das ist nicht einfach ein Aufhören des Lebens, er ist ein Massaker, das fleischlich, körperlich, anorganisch hereinfährt in das einzige, was die Menschen haben, in ihre fleischliche, körperliche, organische Existenz.

Der Tod, er ist der eigentliche Gegenstand der *Anna Karenina*. Der Tod ist es, was Tolstoi besessen umkreist, und er ist es auch, was dem Roman seine tragische Tiefe gibt, sein unerhörtes existentielles Gewicht. Wenn am Anfang das Hauptthema angeschlagen wird mit jenem »Drunter und drüber ging es bei den Oblonskis. Die Frau des Hauses hatte erfahren, dass ihr Mann eine Liaison hatte mit einer Französin, die als Gouvernante im Haus gewesen war«, dann geschieht das, angedeutet bereits durch die »Französin« und »Gouvernante«, im leichten Tone des Lustspiels, doch nichts davon bleibt, und wer sich einstimmen lässt auf das Frivole, Spielerische à la Marivaux, der ist dem Autor und seiner bewussten Irreführung in die Falle gegangen. Nein, nicht Marivaux, eher Mozart gibt diesen Ton vor, der es erlaubt, den Kontrast, den Bruch, den Sprung ins Tragische dann um so dunkler zu vollziehen. Wenn Tolstoi also nach *Krieg und Frieden* das Sujet des Ehebruchs ergriff, dann nicht, weil er das kleinere Thema suchte, das gängige Sujet des Gesellschaftsromans. Er suchte nach einer Konstellation, da die Erfahrung des Zerstörerischen, des Unbeherrschbaren, hineinfährt in das geregelte Leben von Menschen, die nichts ahnten vom lauernden Unheil. Und von dem Augenblick an, da es hineingefahren ist, folgt Tolstoi seinen Figuren – ohne sie zu entschuldigen, ohne sie zu verurteilen, ohne sie zu demütigen, ohne sie zu verklären. Simone Weil sah die große Gerechtigkeit der Ilias darin, dass hier das Schicksal eines jeden dem Tode unterworfenen Menschen mit der gleichen Waage gewogen werde; mehr noch als in den inneren und äußeren Dimensionen sind die großen Werke Tolstois, wie er selber es wusste, der Ilias in diesem Wesenszug verwandt.

Keine Figur, kein Handlungsstrang der *Anna Karenina* ist frei von dieser Erfahrung. *Anna Karenina* ist kein Liebesroman, es ist ein Roman der Lebenskatastrophen, der sich Schritt um Schritt entlangtastet an der Bedrohung des Todes, der Sinnlosigkeit, der Verlassenheit und der Leere, und dies mit dem ersten Augenblick, da der tote Arbeiter auf den Geleisen liegt. »Karenina nahm in der Kutsche Platz, und Stepan Arkadjitsch erkannte verwundert, dass ihre Lippen zitterten und sie mit Mühe die Tränen zurückhielt. | ›Was hast du, Anna?‹ fragte er, als sie ein Stück weit gefahren waren. | ›Ein böses Vorzeichen‹, sagte sie. | ›Dummes Zeug!‹ sagte Stepan Arkadjitsch. ›Du bist hier, das ist die Hauptsache. Du kannst dir nicht vorstellen, wieviel Hoffnung ich auf dich setze.‹ | ›Kennst du Wronski schon lange?‹ fragte sie. | ›Ja. Weißt du, wir hoffen, dass er Kitty heiratet.‹ | ›Ja?‹ sagte Anna leise.« Und das Wörtchen »leise«, das Tolstoi mit größtem künstlerischen Bedacht hierhertupft, zeigt, wie recht sie hat mit ihrer Angst vor bösen Zeichen – und auch, dass sie selber diese nicht zu deuten vermag.

3.

Warum eigentlich trägt Tolstois Buch den Titel *Anna Karenina*? Drei Romane sind gleichermaßen mit einem Frauennamen überschrieben, aber der Teufel steckt im Detail. *Madame Bovary* verbindet den angeheirateten Familiennamen Emmas vornamenlos mit der korrekt bürgerlichen Anrede

»Madame«. *Effi Briest* ist der Mädchenname jener Frau, die fast das gesamte Buch hindurch Effi von Innstetten heißt, obwohl der Name nur ein einziges Mal genannt wird, und zwar als Aufdruck einer Visitenkarte der bereits Verstoßenen: »Effi von Innstetten geb. von Briest. Alles andere war fortgelassen, auch die Baronin«. Nur Tolstoi übernimmt von A bis Z den Namen seiner Heldin. Seiner Heldin? Man könnte sagen, alle drei Romane trügen den Namen der Hauptfigur, wobei sie deren Rolle, deren Schicksal jeweils durch die Benennung akzentuieren. Aber ist Anna Karenina überhaupt die Hauptfigur von *Anna Karenina*? In *Effi Briest* gibt es nur eine einzige längere Passage, aus der Effi als auftretende Figur vollkommen abwesend ist; das ist die Entdeckung ihrer Liebesbriefe, die Gewissensentscheidung Innstettens und das Duell; als passives Objekt der Handlung ist sie natürlich selbst hier in jeder Sekunde präsent. *Madame Bovary* ist ebenso konsequent auf die Titelheldin konzentriert; ausschließlich und ausgerechnet das erste Kapitel kommt ganz ohne sie aus und erzählt stattdessen die Jugendgeschichte ihres zukünftigen Mannes. Hat sie aber erst einmal die Bühne des Romans betreten, wird sie bleiben bis zum Schluss, als Lebende und dann als Tote. *Anna Karenina* hat summa summarum 235 Kapitel; von denen beschäftigt sich, grob überschlagen, die Hälfte mit Annas Geschichte. Kann man die Titelfigur unter diesen Umständen tatsächlich auch als Hauptfigur bezeichnen? Gewiss nicht in demselben Sinne wie bei Flaubert und Fontane.

Die herausragende, ganz offensichtliche Eigenschaft des Romans *Anna Karenina* ist es, dass er nicht *eine* Geschichte erzählt, sondern mehrere parallele, genau gesagt: drei. Alle drei sind miteinander verknüpft, aber jede könnte doch auch als einzelne bestehen. Die erste, die aufs Tapet kommt, ist zugleich die nebensächlichste, die von Stiva und Dolly Oblonski; eine Ehe, die durch Untreue des Mannes ins Kriseln gerät, aber gerade wegen ihrer Durchschnittlichkeit irgendwie gerettet wird; weil keiner sehr viel mehr von ihr erwartet als Lebenssicherheit, ist die Fallhöhe der Enttäuschung geringer und die Kompromissfähigkeit größer. Die beiden anderen bestimmen demgegenüber die Substanz des Romans. Noch vor Annas

Geschichte beginnt die von Kitty und Lewin. Ein junger Mann und ein Mädchen lernen sich kennen; Lewin verliebt sich in Kitty, alle sehen sie bereits als Ehepaar, doch Kitty verliebt sich in den Dritten und weist um seinetwillen Lewin zurück. Doch dieser Dritte wiederum – ganz wie in Heines Gedicht – liebt noch eine andere, und so bleibt Kitty allein. Erst in einem langen Lernprozess finden die beiden zusammen, und trotz ihrer sisyphosartigen Liebesarbeit muss man sich Lewin und Kitty verheiratet als glückliche Menschen vorstellen. Und dann Anna, auch das eine kurze Geschichte, eigentlich die kürzeste. Eine verheiratete Frau verliebt sich in einen leidenschaftlichen Verehrer, verlässt um seinetwillen Mann, Kind und Gesellschaft, doch die neue Liebe führt zu keiner neuen Ehe, endet in Spannung, Streit und Verzweiflung. Die Frau wählt den Selbstmord, ihr Geliebter sucht den Tod in der Schlacht, ein Selbstmord auch das, verkleidet als hoffnungsloses Heldentum.

Gewiss, Tolstoi verknüpft die drei Geschichten durch verschiedene Liebes- und Familienbande: Stiva Oblonski ist Annas Bruder, seine Frau Dolly Kittys Schwester. Der störende Dritte, um dessentwegen Kitty Lewin zurückweist, ist Wronski, der wiederum Kitty aufgibt um Annas Willen. Allein steht einzig Lewin. So entsteht ein Netz von Beziehungen – ein Netz von Verlangen und Verrat. Dieses Beziehungsnetz jedoch ist nicht das wirklich entscheidende Netz für die Einheit des Romans. An sich genommen wäre die familiäre Verknüpfung der Ehe- und Ehebrecherpaare nur ein anekdotischer Trick, aus drei Romanen einen zu machen. Tolstois Meisterschaft erweist sich aber daran, dass die drei Handlungsstränge nicht nur durch die Beziehungen der Personen selbst und durch das verbindende Thema verknüpft sind, sondern dass sie, mehr noch, erst durch die Verknüpfung ihren wirklichen Sinn bekommen. Annas Tragödie wäre, für sich allein, ein großes Melodram oder eine Anklage gegen die gefühllose, ordnungsbesessene Gesellschaft; die von Kitty und Lewin womöglich eine pädagogische Demonstration. Und genau das ist *Anna Karenina* nicht. Die Handlungsstränge sind in Wirklichkeit nicht parallel, sie sind in einer Weise überblendet, dass jeder in jedem Augenblick präsent ist; das Scheitern von Anna wird durch die gelingende Liebe von Lewin transparent; umgekehrt muss das Scheitern Annas in einem ganz wesentlichen Sinne gerade die gelingende Liebe von Kitty und Lewin in Frage stellen – oder vielmehr die Frage stellen, was ein solches gelingendes Leben eigentlich sein kann.

Zwei der großen, unvergesslichen Szenen der *Anna Karenina* erzählen jeweils den Augenblick einer Geburt; jede von ihnen ist von unvergleichlicher Kraft und markiert in ganz eigener Weise einen Wendepunkt des Romans und im Leben der Figuren. Aber ihren wirklichen Sinn erfasst man erst dann, wenn man versteht, wie Tolstoi sie gegeneinander stellt, sie aufeinander bezieht, die eine durch die andere deutet. Zunächst liegt schon in der Handlung ein schreiender Kontrast, in den Fakten, welche die Geburten überhaupt möglich machten. Hier, im Vierten Teil, also in der Mitte des Romans, ist es die Geburt eines unehelichen Kindes, des Kindes von Anna und Wronski; dort, im Siebten, vorletzten Teil, des ersten Kindes von Kitty und Lewin. Hier das Kind der Schuld, dort das Kind der Ehe, so könnte die konventionelle Auffassung sein. Doch nichts, und darin liegt Tolstois so große Kraft als Epiker, nichts in der Erzählung stellt diesen Unterschied dar als einen moralischen Unterschied; nichts zeichnet Annas Verfehlung – und dass es eine Verfehlung ist, daran lässt Tolstoi keinen Zweifel –, nichts zeichnet sie ein in das Geschehen selbst, und das heißt: Die Geburt eines Kindes ist zunächst einmal genau das, ein existentielles Wunder und keinesfalls eine Frage der Schuld. Die höhere Gerechtigkeit des Erzählens *wertet* nicht, *richtet* nicht – sie sagt, was ist. Und was *ist*, das ist in beiden Fällen das gleiche: der unerhörte Augenblick, da ein neues Leben entsteht, da etwas völlig Neues, nie Dagewesenes geschieht, obwohl es schon unendlich oft geschehen ist auf der Welt. Für die Paare, die diesen Lebensbeginn verantworten, wird er zum Augenblick der Wahrheit für ihr eigenes, schon so viel länger währendes Leben.

Alexej Alexandrowitsch Karenin, zurückkehrend von einer administrativen Besprechung, bekommt ein Telegramm von seiner Frau, die ihn verlassen hat und, das weiß er, schwanger ist: »›Ich sterbe, bitte inständig, kommen Sie. Sterbe mit Vergebung ruhiger‹, las er. Er lächelte verächtlich und warf das Telegramm hin. Dass dies Betrug war, eine Finte, daran konnte, so schien ihm im ersten Moment, gar kein Zweifel sein.« Doch sofort ist genau das da, woran gar kein Zweifel sein durfte: der Zweifel. Was, wenn es doch wahr wäre? Wenn Anna doch im Sterben läge? Wenn der Augenblick unmittelbarer Todesnähe sie zu wirklicher Reue gebracht hätte? Machte er selbst sich nicht schuldig, wenn er nicht hinginge zu ihr? Karenin bricht auf: »Falls ihre Krankheit Betrug sein sollte, würde er schweigend wieder abreisen. Falls sie tatsächlich krank und dem Tod nahe wäre und ihn vor dem Tod sehen wollte, würde er ihr vergeben, falls er sie noch lebend anträfe, und ihr die letzte Ehre erweisen, falls er zu spät käme.« Das, was dann geschieht, macht ein Ende mit den allzu vielen »falls«; vor der Wirklichkeit des Todes gibt es kein Wenn und Aber. Anna hat ein Mädchen zur Welt gebracht. »Alexej Alexandrowitsch blieb stehen und erblasste. Er begriff nun klar, wie stark er ihren Tod wünschte.« Ein Wunsch, den Tolstoi hier keineswegs mit Rachegedanken motiviert, Karenin verlangt ganz einfach danach, dass jenes Grauenvolle, welches mit dem Ehebruch in sein Leben getreten ist, wieder aus ihm verschwinde, so vollständig verschwinde wie nur irgend möglich. Aber es verschwindet nicht aus seinem Leben; nein, genau das *ist* sein Leben jetzt: Das versteht er, als er Anna im Bett liegen sieht und vorne am Tisch den weinenden Wronski. Jetzt ist es da, nicht als Vorstellung, sondern als Welt: das Leiden, die Verzweiflung, der Tod.

Tolstoi entwirft diesen Augenblick als einen Augenblick fast mystischer Erfahrung; Karenin *versteht* in diesem Jetzt und Hier das Leben so tief wie nie zuvor und nie danach. Er tritt zu Wronski und »bittet« diesen, ihn anzuhören: »›Ich habe vollkommen vergeben. Ich möchte die andere Backe darbieten, ich möchte das Hemd weggeben, wenn mir der Kaftan genommen wird, und ich bitte Gott nur darum, er möge mir nicht das Glück der Vergebung nehmen!‹ Tränen standen ihm in den Augen, und ihr lichter, ruhiger Blick erstaunte Wronski. ›So ist meine Situation. Sie können mich in den Schmutz treten, zum Gespött der Gesellschaft machen, ich werde sie nicht verlassen und Ihnen nie ein Wort des Vorwurfs sagen‹, fuhr er fort. ›Meine Pflicht ist mir klar vorgezeichnet: Ich muss bei ihr sein und werde das auch. Falls sie Sie zu sehen wünscht, lasse ich Sie das wissen, aber jetzt, meine ich, sollten Sie sich besser entfernen.‹ | Er stand auf, und Schluchzen unterbrach seine Rede. Wronski stand auf, und noch gebeugt, nicht aufgerichtet, schaute er von unten herauf ihn an. Er war am Boden zerstört. Er verstand Alexej Alexandrowitschs Gefühle nicht, spürte aber, dass sie etwas Höheres waren und für ihn, bei seiner Weltanschauung, sogar etwas Unfassbares.« Sehr nahe sind Karenins Worte an frommer Rhetorik – sind sie am Ende Heuchelei? Tolstoi *erklärt* nichts; in großartiger Konsequenz *zeigt* er die Wahrheit von Karenins Empfinden durch das, was nun geschieht: Wronski fährt nach Hause und schießt sich eine Kugel in die Brust. Er überlebt; doch in seiner Geste hat Tolstoi einen Augenblick beglaubigt, den Wronski schlechterdings nicht zu begreifen vermag. Und doch *sieht* er ihn, und seine Wahrheit ist für ihn unerträglich.

Und dann, viele hundert Seiten später, die andere Geburt. Wiederum hat Tolstoi das große, und hier wirklich freudige Ereignis in einen Kontext gestellt, der die bloße Anekdote überschreitet, erweitert, ja sogar mit einem getrübten, zweideutigen Licht umgibt. Der Vorabend der Geburt nämlich bringt den ersten bösen Konflikt in Lewins und Kittys junge Ehe: Lewin, eingeladen von Oblonski, begegnet bei einem Empfang Wronski und Anna; also dem, der seine eigene Verlobung fast zum Scheitern gebracht hat, und der, die den Konkurrenten dann ihrerseits abgelenkt hat von Kitty. Und gerade in dieser Begegnung macht Tolstoi die unwiderstehliche Attraktivität Annas noch einmal ganz fühlbar, und ausgerechnet darin, dass sogar der asketische Lewin ihr unterliegt. Kitty spürt es, und damit tritt das Grauenvolle, Ungestalte, Formlose auch in ihr Leben, wenn auch jetzt nur für einen Moment: Doch wenn sogar Lewin, dieser große Liebende, in den Sog Annas geraten kann, wer ist dann noch sicher? Was ist dann noch eine wirkliche Liebe, wenn selbst diese hier am Abgrund gelebt wird? Der Streit zwischen Kitty und Lewin wird geschlichtet, aber dem Leser bleibt die Ahnung, er könne doch der Auslöser der Wehen anderntags gewesen sein.

Tolstois Schilderung der Geburt ist einzigartig in der Literatur, und zwar gerade, weil er sie nicht von der Mutter her niederschreibt, sondern ganz und gar aus der Perspektive jenes Ehemanns, der dem Zusammenbruch nahe nach etwas sucht, was er tun könnte, aber nicht tun kann. Doch dann, plötzlich, erklingt das Unerhörte, »der kühne, dreiste, sich um nichts scherende Schrei des von irgendwoher gekommenen neuen Menschenwesens.« Für den Vater beginnt eine andere Zeitrechnung: »Zuvor, wenn Lewin gesagt worden wäre, Kitty sei gestorben und er sei mit ihr gestorben, ihre Kinder seien Engel und vor ihnen stehe Gott – er hätte sich nicht gewundert; nun jedoch, zurückgekehrt in die Welt der Wirklichkeit, musste er große gedankliche Anstrengungen unternehmen, um zu begreifen, dass sie lebte und gesund war und dass dieses so verzweifelt quäkende Wesen sein Sohn war. Kitty lebte, die Leiden waren zu Ende. Und er war unaussprechlich glücklich. Das begriff er, und das machte ihn auch überglücklich. Aber das Kind? Woher, wieso, wer war es? Er konnte es überhaupt nicht begreifen, konnte sich nicht gewöhnen an diesen Gedanken. Es dünkte ihm wie des Guten zuviel, ein Überfluss, an den er sich lange nicht gewöhnen konnte.« Mit größtem Pathos wird es hier beschworen, das Rätsel dieses neuen Lebens und damit des Lebens überhaupt. Und doch, das Düstere ist ihm von Anfang an eingeschrieben. Die ungeheure Anspannung dieser zweiundzwanzig Stunden haben den bösen, ja zutiefst zweideutigen, schmutzigen Streit vom Vorabend vergessen gemacht – ausgelöscht aber ist das Vergessene nicht.

Auf diese Weise hat Tolstoi das Helle und das Finstere in- und übereinander geblendet, und liest man die beiden Geburtsszenen gemeinsam, so werden aus ihnen zugleich Todesszenen. Das Rätsel des Lebens und das Rätsel des Todes sind für Tolstoi ein und dasselbe. Niemand stirbt tatsächlich in diesen Szenen, Anna wird vom Kindbettfieber genesen und Wronskis Schusswunde verheilt; die viel tieferen Wunden aber bleiben, und der Tod wird nur wenig auf sich warten lassen. Das sind Anna und Wronski, und bis dahin könnte man ihre Geschichte lesen als eine von Schuld und Sühne oder Verbrechen und Strafe. Die aber hat Tolstoi nicht erzählt. Neben Annas und Wronskis Tragödie stellt er die glückliche Geschichte von Lewin und Kitty, doch indem der Roman die beiden eben nicht einfach parallel erzählt, sondern zutiefst ineinander verwebt, erzählt er seine eigentliche Geschichte, nämlich die, dass auch das vollkommene Glück eine Täuschung ist. Das richtige Leben im falschen kann es nicht geben, und zwar, weil es eben genau das ist: das Leben.

4.

Paul Valéry soll gerne verraten haben, warum er keine Romane schrieb; er könne ein Genre nicht schätzen, in dem die ersten Sätze immer nach Schema F klängen: »Die Marquise verließ um fünf Uhr das Haus.« Den Ursprung von *Anna Karenina* hat Sofja Andrejewna Tolstaja berichtet. In seiner unruhigen Zeit des Suchens schlug Tolstoi einen Band von Puschkins Erzählungen auf und las den ersten Satz: »Im Landhaus *** trafen die Gäste ein.« Valérys Bonmot steht an dem Ort, wo das Geistreiche umkippt in Dummheit. Tolstoi, mit der Erfahrung des großen Romanciers, war gerade durch den lapidaren Satz gefesselt, jetzt wusste er, wie zu beginnen war. Für das, was er im Sinn hatte, fand er hier den einzig angemessenen Ton: Ein ruhiges Feststellen, ein Aussprechen des Geschehens, eine Erzählung, die ganz dicht dranbleiben würde an Figuren, Geschehnissen, Orten. Diese Sprache bildet denn auch das Gegengewicht zu jener komplexen Struktur, in der die verschiedenen Liebes- und Verratsgeschichten verwoben sind. Alle Berichte zeigen, dass Tolstoi zwar die Sprache, nicht aber diese Struktur von Anfang an gefunden hatte, und zugleich und wichtiger: dass gerade die Sprache ihm die Möglichkeit gab, für das Thema, für die Figuren, die schon lange herumgeisterten in seinem Kopf, eine wirkliche Geschichte zu finden, also einen Roman.

Bezeichnend, dass eine von Tolstois frühesten Äußerungen eine rein poetologische ist; er träume von einem Buch, so hielt es seine Frau in ihren Aufzeichnungen fest, »das ebenso rein und elegant wäre, in dem es nichts Überflüssiges gäbe, wie die ganze griechische Literatur, wie die griechische Kunst.« Ein erstaunliches Wort, erstaunlich nah an Flauberts Selbstaussagen zu *Madame Bovary*. Der andere Ursprungsimpuls zu *Anna Karenina* war dagegen ein Bild, war das noch handlungslose, innere Bild eines nackten Frauenarms: »Unwillkürlich schaute ich mir die Erscheinung genauer an. Eine Schulter tauchte auf, ein Hals und schließlich die gesamte Gestalt einer schönen Frau im Ballkleid, die mich aus traurigen Augen bittend anzuschauen schien.« Aus diesem Kern – dem Bestreben nach klassischer Form und dem Bild einer schönen Frau – entwickelte Tolstoi dann in jahrelanger Arbeit seinen Roman. Viktor Schklowski hat *en détail* beschrieben, wie mit jedem Arbeitsgang eine neue Dimension sichtbar wird. Denn auch als die Handlung Gestalt annahm, und zu Anfang geschah das sehr rasch, war sie, wie Sofja Andrejewna am 24. Februar 1870 notierte, noch vollständig auf Annas Geschichte konzentriert: »Gestern Abend sagte er mir, ihm schwebe ein bestimmter Frauentyp vor, eine verheiratete Frau der großen Welt, die sich verliert. Er sagte, seine Aufgabe sei es, aus der Frau ein Geschöpf zu machen, das nur bejammernswert ist, aber keine Schuld trägt, und kaum sei er auf diesen Typ verfallen, hätten sämtliche Personen und früher schon im Geist vorgezeichneten männlichen Figuren sofort ihre Plätze gefunden und sich um diese Frau herum gruppiert. ›Jetzt ist mir alles klar geworden‹, sagte er.«

Doch diese Personen hatten da noch nicht einmal für die Anna-Geschichte ihre endgültige Gestalt. Etwas trat noch hinzu, nämlich der Selbstmord seiner Heldin. Im Jahre 1872 erst erlebte Tolstoi ein solches Ereignis mit, als eine Frau seiner Umgebung sich aus Eifersucht unter den Güterzug warf; Tolstoi fuhr zum Schauplatz und beobachtete aufmerksam die Obduktion des schlimm zugerichteten Körpers. Generell wird die Bedeutung realer Vorbilder oder Geschehnisse für die künstlerische Gestalt von literarischen Werken vollkommen überschätzt, und darum trägt es zum Verständnis der *Anna Karenina* nichts bei, die Identität jener Frau und Ähnlichkeiten in ihrer Ehebruchgeschichte aufzuschlüsseln. Entscheidend ist nicht einmal die bloße Tatsache dieses Selbstmords, denn der war oft genug die unausweichliche Konsequenz solcher ausweglosen Affären; entscheidend ist allein das *Wie*, also der Tod auf den Schienen. Seit er jene Obduktion miterlebte, muss Tolstoi – der ja doch einige Kriegserfahrung hatte – die grauenvolle physische Wirklichkeit dieses Endes so vor Augen gestanden haben wie schon der nackte Frauenarm; und genau hier entspringt die wirkliche Tragödie: in der brutalen blutigen Zerstörung eines Körpers, der jener schönen Frau im Ballkleid glich und für anderes gemacht war als für diesen Tod. Er sah beides zugleich, den weichen, geformten, auf Liebe wartenden Körper und das hämmernde, schwere und vollkommen gleichgültige Rad der Eisenbahn, das ihn überrollt und verwandelt in einen Haufen blutiges Fleisch. Man kann es nur wiederholen: Niemals hat Tolstoi mit diesem Tod eine Frage der Bestrafung verbunden; was er vor sich sah war das totale Scheitern dieses einen Menschen und die elementare körperliche Fragilität eines jeden. Als Tolstoi an jenem Obduktionstisch stand, wollte er sich genau diesem Wissen aussetzen: Auch das dort, was da vor mir liegt, ist der Mensch.

Solches Wissen ist kaum zu ertragen. Die Art des Erzählens, vor allem aber die so offensichtlich tiefe Liebe, die Tolstoi seiner Anna entgegenbringt, verdecken oft, ein wie düsteres, verzweifeltes Buch *Anna Karenina* ist, ein Roman der Einsamkeit, der Ausweglosigkeit und des Todes. Vieles spielt seine Rolle in Annas Untergang: die Eitelkeit und Selbsttäuschung der Beteiligten, ihre gewöhnliche menschliche Unzulänglichkeit, die starren Regeln der gesellschaftlichen Ordnung, die Vorurteile und die Hartherzigkeit von Männern und Frauen gegenüber der Ehebrecherin oder geschiedenen Frau, doch all das sind für Tolstoi nur Teilphänomene und nicht die eigentliche Ursache. Diese wird sichtbar in den beiden Szenen unmittelbar vor Annas Tod, im letzten Streit mit Wronski und in der Fahrt zum letzten Bahnhof. Diesen Streit erzählt Tolstoi als etwas, was längst kein Streit unter Liebenden mehr ist, und auch kein Streit in einer bloßen Krise dieser Liebe, wie er eben vorkommen kann bei einem Paar. Drei Schichten legt Tolstoi in diesen

Kapiteln übereinander: die auktoriale Erzählung, den Dialog von Anna und Wronski, sowie die inneren Gedankenstimmen der beiden. Man erfährt in diesem einzigartigen Geflecht zugleich, was geschieht und was gedacht wird, die Wünsche und die Realität; die beiden denken, und sie handeln anders, sie wünschen, und sie entscheiden gegen ihre Wünsche, sie sehen, was zu tun ist, und tun das Gegenteil, sie begreifen, dass ein Schritt in den Abgrund führt, sie wollen ihn nicht, sie wollen den anderen Schritt, und sie tun trotzdem den einen, fatalen. Das Gespräch zwischen Anna und Wronski ist ein Gespräch zwischen zweien, die keine gemeinsame Sprache mehr sprechen, und Tolstoi legt die Konsequenz nahe, dass sie diese gemeinsame Sprache niemals besaßen und nur die erotische Anziehung sie hinweggetäuscht hat über die zwischen ihnen gähnende Leere.

Natürlich, Tolstoi verwendet Elemente jener häuslichen Szenen, die nur allzu bekannt sind aus Komödien und aus der Alltagsrealität der Leser: Szenen des dauernden Missverstehens, des Umdeutens, des »Du hast doch gestern gesagt …« und »Ich habe das niemals gesagt …«, der vorschnellen Versöhnung im Bett und des ewigen, durch keinen Beweis zu widerlegenden »Er liebt mich längst nicht mehr …« Tolstoi aber spitzt diese Motive derart zu, dass sie längst keine Schachzüge im Liebesspiel mehr sind, nicht einmal Manöver im Krieg; auch geht es schon gar nicht mehr um die Frage, ob bei diesen beiden, wie es eben geschieht, aus Liebe Hass geworden sei. Nein, hier sind Rede und Gegenrede Ausdruck einer unaufhebbaren Fremdheit, einer ewigen Einsamkeit, die es den Menschen unmöglich macht, zueinander zu finden. Mehr noch, in ihren Gedankengängen spüren Anna und Wronski und spürt der Leser, wie unbegreiflich ein jeder sich sogar selber ist. Schon gleitet das freundlich begonnene Gespräch ins Aggressive, und Anna weiß es genau: »Für einen Augenblick kam sie zu sich und war entsetzt, dass sie ihrer Absicht untreu wurde. Doch obwohl sie wusste, dass sie sich zugrunde richtete, konnte sie sich nicht zügeln, musste sie ihm zeigen, wie unrecht er hatte, konnte sie sich ihm nicht fügen.« Nicht anders Wronski: »›Ich habe keine Schuld vor ihr‹, dachte er. ›Wenn sie sich selbst bestrafen will, *tant pis pour elle*.‹ Aber beim Hinausgehen war ihm, als hätte sie etwas gesagt, und das Herz zuckte ihm plötzlich vor Mitgefühl. | ›Was ist, Anna?‹ fragte er. | ›Nichts, nichts‹, erwiderte sie ebenso kalt und ruhig. | ›Nichts, nun, *tant pis*‹, dachte er, erneut kühler, drehte sich um und ging. Beim Hinausgehen erblickte er im Spiegel ihr Gesicht, bleich, mit zitternden Lippen. Er wollte schon stehenbleiben und ihr ein tröstliches Wort sagen, aber die Beine trugen ihn aus dem Zimmer, bevor er sich ausgedacht hatte, was er sagen könnte.«

All das ist so entsetzlich aussichtslos, dass es jede Psychologie überschreitet, und drum ist es auch keine Psychologie, wenn jetzt in Annas Sinn der Tod auftaucht, der Tod als das Nichts, das schwarze Loch, in dem alles verschwinden kann: »Plötzlich schwankte der Schatten des Wandschirms, verschluckte das ganze Sims, die ganze Decke, andere Schatten jagten ihm von der anderen Seite entgegen; für einen Augenblick flohen die Schatten, rückten dann aber mit neuer Geschwindigkeit vor, schwankten, flossen in eins, und alles wurde dunkel. ›Der Tod!‹ dachte sie. Und es packte sie ein solches Entsetzen, dass sie lange nicht begreifen konnte, wo sie war, und lange nicht mit zitternden Händen die Zündhölzchen finden und eine andere Kerze anzünden konnte anstelle der ausgebrannten und erloschenen.« Was Anna hier packt, ist das Grauen von Arsamas. Ein Grauen, das Anna mit einer letzten, schon rührenden Selbsttäuschung bannen will: mit der Liebe, ausgerechnet mit dieser Liebe, die sie doch bis an diesen Punkt geführt hat. Sie geht hinüber zum schlafenden Wronski, sieht ihn an, ganz erfüllt von einer echten, tiefen Liebe. Und sie weiß zugleich, dass diese Liebe nichts ändert; wenn er erwacht, wird es sich von neuem drehen, das Räderwerk aus Missverstehen und Grauen und Hass.

Der letzte innere Monolog dann wäre fast so etwas wie der Sermon einer tatsächlich religiösen Verzweiflung, befände sich der ganze Roman nicht längst jenseits von jeder Vorstellung einer anderen, göttlichen Gerechtigkeit; tatsächlich ist hier nichts als Klage über eine Menschenwelt, die jeden auf ewig allein lässt mit seinem Grauen: »›Alle möchten wir Süßes,

Schmackhaftes. Gibt es kein Konfekt, dann schmutziges Eis. Kitty ganz genauso: wenn nicht Wronski, dann Lewin. Und sie beneidet mich. Und hasst mich. Und wir alle hassen einander.‹« Und weiter: »›Wozu diese Kirchen, dieses Glockengeläut und diese Lüge? Nur, um zu verbergen, dass wir alle einander hassen, wie diese Droschkenkutscher, die sich so böse beschimpfen.‹« Und weiter: »›Das ist die Hölle! Und eben das haben wir. Er liebt mich längst nicht mehr. Und wo die Liebe endet, da beginnt der Hass. Diese Straßen kenne ich gar nicht. Irgendwelche Berge, und überall Häuser, Häuser … Und in den Häusern überall Menschen, Menschen … Wie viele es sind, endlos, und alle hassen einander.‹« Und weiter: »›Sind wir denn nicht alle nur dazu in die Welt geworfen, um einander zu hassen und deshalb uns selbst und die anderen zu quälen?‹« Und unausweichlich so weiter, bis auf die Geleise der kleinen Bahnstation. Natürlich, das ist das Delirium einer Frau kurz vor dem Selbstmord. Tolstoi aber verleiht ihr in diesem Augenblick beides zugleich, wahnhafte Verstörung und hellsichtigste Klarheit. In seiner Erzählung wird Anna Kareninas Geist durch Verzweiflung nicht getrübt, sondern zur Einsicht geführt in die letzte Wirklichkeit des Todes.

Durch die Schrecken von Annas letzten Stunden kündigt sich bereits der alte Tolstoi an, der Tolstoi der *Beichte* und der späten Erzählungen. Noch ist seine Radikalität erst zu ahnen, noch wird sie gemildert oder verborgen durch den Zusammenhang des großen epischen Romans, noch kann sie diesen nicht dominieren. Und doch liegt in diesem Schrecken der innere Antrieb eines Romans, der die äußeren und inneren Dimensionen einer klassischen Ehebruchgeschichte längst gesprengt hat. Am Ende stellt Anna *alles* in Frage, was es einmal gab, die Liebe zu ihrem Mann, die Liebe zu ihrem Geliebten, sogar die Liebe zu ihrem Sohn. In diesem letzten Augenblick will sie sich über nichts mehr täuschen, und sie weiß gut genug, dass sie auch ihr Kind damals verlassen hat, als sie um der Liebe willen mit Wronski davonging. Nie ist Tolstoi seiner Figur näher als in diesem letzten Monolog. Und doch wird die künstlerische Aufrichtigkeit und Genauigkeit ihn im *allerletzten* doch wieder einen Schritt von ihr wegführen, den kleinen

Schritt, den der kalte Beobachter braucht; Tolstoi weiß, auch die Vorstellung einer großen Klarheit im Augenblick des Todes ist Täuschung. Die letzte Sekunde, das Fallenlassen unter den Zug, das ist keine Klarheit mehr, sondern wiederum eine eingetrübte Mischung aus Eifersucht, dem Wunsch zu strafen, dem Bedürfnis nach Rache. Rache wofür? Ist Wronski in dieser »Hölle«, als die sie das Leben erkannt hat, nicht genauso einsam wie sie? Für Fragen ist es zu spät, schon arbeitet das unerbittliche Eisen der rollenden Waggons.

5.

Zumindest die zweite Hälfte des Eingangssatzes ist gründlich bewiesen, die unglückliche Familie Karenin ist unglücklich auf ihre ganz persönliche Art. Doch *vor* diesen Satz hatte Tolstoi noch einen gesetzt, das Motto, nicht weniger apodiktisch und mit noch größerer Autorität: »Die Rache ist mein, und Ich will vergelten.« Die Stimme des Herrn ist unverkennbar, und so könnte man es begreiflich finden, dass Tolstoi keine Angabe macht über die Herkunft der Stelle. Schlägt man aber nach in der Heiligen Schrift, so ist auch dieser erste Satz vor dem ersten von einer seltsamen Ambivalenz. Im Fünften Buch Mose 32:35 steht der ursprüngliche Sinn geschrieben: Der Herr verheißt Mose vor seinem Tod den Schutz des Volkes gegen seine Feinde, und die angekündigte Rache ist eine Drohung gegen die ganz irdischen Feinde *innerhalb* dieser Welt. Im neutestamentlichen Hebräerbrief 10:30 wird die Vergeltung ausgedehnt auf alle, ganz gleich welchen Volkes, die das Gesetz des Herrn übertreten. Doch eine andere, vollkommen neue Deutung findet sich im Brief des Paulus an die Römer 12:19: Nicht der Mensch soll rächen, die Rache ist erst Sache des jenseitigen Gottes, und aus der Bedrohung der Feinde wird das Gegenteil, der Aufruf zur innerweltlichen Friedfertigkeit im Sinne der Bergpredigt, Matthäus 7:1: »Richtet nicht, auf daß ihr nicht gerichtet werdet.«

Welche Bedeutung hat Tolstoi gemeint? Eine? Alle? Nein, das wirklich Verstörende dieses Mottos liegt darin, dass *keine* dieser Bedeutungen einen Sinn gibt zur Interpretation des Romans. Tolstoi kann nicht meinen, Gott kündige eine innerweltliche Vergeltung für Anna Kareninas Vergehen an; eine solche Deutung widerspräche der Handlung, so fern von jeder Schuld-und-Sühne-Logik. Aber der neutestamentliche Aufruf, nicht irdisch zu richten, sondern das Urteil dem himmlischen Richter des Jüngsten Tages zu überlassen, hat ebenso wenig Raum in diesem Roman, dem jede Perspektive auf einen religiösen Bereich abgeht, jeder Ausblick auf einen anderen, transzendenten Raum. *Anna Karenina*, diesem Buch des Todes, ist die religiöse Dimension dieses Todes so vollkommen fremd wie der kalten *Madame Bovary*. So bleibt nur die Schlussfolgerung, dass Tolstoi sein Motto bewusst als Rätsel gesetzt hat; ein Satz, der auf Wege verweist, die dann aber nirgendwo hinführen. Der wirkliche Sinn des Satzes bestünde in dem Hinweis, dass irrt, wer Zeichen und Deutungen erwartet, und mehr noch: dass dieser Roman, der doch eine zutiefst religiöse Fragestellung in seiner Mitte hat, keine religiöse Antwort weiß.

Tatsächlich sind die Antworten, die der Roman auf seine eigentlichen Fragen gibt, in einem fundamentalen Sinne zutiefst irdisch. Tolstoi hat das Geflecht des Buches so angelegt, dass sich die Geschichten Annas und Lewins antagonistisch entgegenstehen, ja, dass Lewins Geschichte sogar die Antwort gibt auf Annas. Eine Antwort, zunächst einmal im Herzen des Buches selber, in der Geschichte von Liebe, Ehe und Ehebruch. Annas Geschichte ist unglücklich; Tolstoi lässt, für ihn so typisch, das Vorleben der Karenins fast völlig im Dunkel, und er zeigt damit, dass ihr eigentliches Leben erst mit Wronski beginnt, und das ist unglücklich. Lewins Leben dagegen wird als glücklich entworfen, obwohl es keinesfalls so beginnt. Ganz im Gegensatz zu der strahlenden Schönheit, souveränen Dame und stolzen Mutter, ganz im Gegensatz also zu diesem glücksverwöhnten Charakter Annas ist Lewin depressiv, unbeholfen und scheu, vergrübelt, selbstquälerisch und obsessiv. Doch die glanzvolle, selbstsichere und für ein schönes Leben geschaffene Frau wird scheitern und sterben, der immer am Rande der Selbstzerstörung tastende Mann wird seine große Liebe gewinnen und leben. Anna verspielt das Leben, das so natürlich zu ihr passte, und Lewin gewinnt das andere, für das er so unbegabt wirkte wie nur je ein schwarzer Melancholiker.

Eine Regel allerdings macht Tolstoi daraus ganz und gar nicht. Was hinzukommt zu diesen so prägenden Charaktereigenschaften, das ist das soziale Milieu, in das der Autor seine Gestalten setzt, und auch in diesem Kontrast spürt man bereits den späteren Sozialreformer und Feind der städtischen Bürgerordnung. Anna Karenina ist reiche, sorgenlose Ehefrau in den besten Kreisen der Hauptstadt; Lewin ist Grundbesitzer, das heißt ein Landmensch, der sich zutiefst unwohl fühlt im hochzivilisierten Luxusmilieu, in das es ihn dennoch verschlägt. Hier will er nicht leben, und zwar, weil er es nicht *kann*; und er kann es nicht, weil er das Falsche spürt an einer Gesellschaft, die den realen Kontakt zur berührbaren Welt verloren hat. In der grandiosen Szene vom Heumachen gelingt es Tolstoi, in einem einzigen Bild den Grundkonflikt und Lewins mögliche Lösung zu malen; der Gutsbesitzer Lewin schließt sich, vollkommen gegen die Regel, seinen eigenen Bauern an und findet in der stundenlangen, erschöpfenden Arbeit mit der Sense zu etwas wie dem nie gekannten Einklang zwischen Ich und Welt: »Je länger Lewin mähte, desto öfter spürte er die Minuten der Entrückung, wobei nicht mehr die Arme die Sense schwangen, sondern die Sense den seiner selbst bewussten, lebensvollen Körper hinter sich herzog und wie durch Zauberei, ohne Gedanken daran, die Arbeit sich von allein machte, richtig und sorgfältig. Das waren die wohligsten Minuten.« Die erschöpfende Arbeit wird zur meditativen Übung, und sie erlaubt ihm zugleich eine sonst unmögliche Nähe zu denen, die weit unter ihm stehen: »Lewin merkte nicht, wie die Zeit verging. Wäre er gefragt worden, wie lange er schon mähe, hätte er gesagt – eine halbe Stunde, dabei war es bald Zeit zum Mittagessen. Beim Beginn einer neuen Reihe wies der Alte Lewin auf die kleinen Jungen und Mädchen hin, die von verschiedenen Seiten, kaum sichtbar, durchs hohe Gras und über den Weg zu den Mähern kamen, wobei Brotbündel und mit Stofflappen zugepfropfte Kwaskrüglein ihnen die Ärmchen langzogen. | ›Schau, die Käferchen kommen gekrochen!‹ sagte er, als er auf sie deutete, und blickte unter der Hand zur Sonne.«

Das große Mähen zeigt in einem Bild von genauester Realität und überwältigender Symbolkraft zugleich, was ein Glück sein kann jenseits der Wünsche und Erfüllungen der zivilisierten Gesellschaft. Auf diese Weise macht Tolstoi aus seinen Gegen-Geschichten einen grundsätzlichen Konflikt von Lebens- und Liebesweisen: Was eigentlich ist Glück, was Unglück? Was ein richtiges, ein gelingendes Leben, und warum scheitert das andere? Lewins Anfänge sind hart, bedroht, und als Kitty ihn zurückweist, versinkt er für lange Zeit in der Verzweiflung; dann aber kommt der Umschwung. Anna dagegen hat zu viel Glück, und deshalb riskiert sie es, nicht merkend, dass sie von einem falschen Glück wechseln will ins andere falsche Glück. So sieht es aus, wenn man am Ende zusammenzählt, doch: die Rechnung geht nicht auf. Zum Glück geht sie nicht auf, denn genau hier läge die Gefahr, der dann der alte Tolstoi nicht mehr entgehen wird, die Gefahr des Belehrenden, schlimmstenfalls Dogmatischen. Der Schlussabsatz des ganzen großen Buches bringt ja tatsächlich so etwas wie eine Regel, eine populärphilosophische Lebensregel aus dem Munde Lewins: »›Dieses neue Gefühl hat mich nicht verändert, nicht beglückt, nicht plötzlich erleuchtet, wie ich es erträumt hatte – genauso wie das Gefühl für meinen Sohn. Auch da gab es keine Überraschung. Und der Glaube – nicht Glaube, ich weiß nicht, was das ist – jedenfalls ist dieses Gefühl genauso unmerklich und durch Leiden in mich gekommen und hat sich in der Seele festgesetzt. | Noch genauso werde ich mich über Kutscher Iwan ärgern, genauso werde ich streiten, werde meine Gedanken unpassend äußern, genauso wird es eine Wand geben zwischen dem Allerheiligsten meiner Seele und den anderen Menschen, sogar meiner Frau, genauso werde ich ihr meiner Angst wegen Vorwürfe machen und es dann bereuen, genauso werde ich mit dem Verstand nicht begreifen, weshalb ich bete, und werde ich beten – aber mein Leben ist nun, mein ganzes Leben, unabhängig von allem, was mir zustoßen kann, in jedem seiner Augenblicke – es ist keineswegs mehr sinnlos, wie es früher war, vielmehr hat es einen unanzweifelbaren Sinn: das Gute, das hineinzubringen in meiner Macht steht!‹« Kann es das tatsächlich sein, das Resümee eines solchen monumentalen Romans?

Wenige Seiten zuvor stand da noch etwas anderes, zutiefst Verstörendes: »Und Lewin, der glückliche Familienvater, der gesunde Mann, war ein paarmal so nahe am Selbstmord, dass er sogar einen Bindfaden versteckte, um sich nicht daran zu erhängen, und nicht mit dem Gewehr loszuziehen wagte, um sich nicht zu erschießen. | Aber Lewin erschoss sich nicht und erhängte sich nicht und lebte weiter.« Die Erklärungen, die Tolstoi gibt für die Selbstmordversuchung eines Mannes, der nun alles hat, was er sich wünschte, sind einerseits beinahe zu abstrakt, um glaubhaft zu sein: Wer bringt sich schon um aus metaphysischer Verzweiflung über die Unerklärbarkeit des Kosmos und der menschlichen Existenz in ihm, hat er in diesem Kosmos doch sein Glück gefunden? Zugleich aber klafft hier der brutale Riss, der zeigt, wie wenig sie doch wirklich trägt, die Versöhnung im Begriff des Guten. Reicht es tatsächlich, einfach »das Gute« zu tun, »das hineinzubringen in meiner Macht steht«? Und weiß ein jeder tatsächlich immer, was »das Gute« ist in diesem absoluten Sinne? Nein, Lewin ist einer, der sich in einem verzweifelten Akt am eigenen Schopf aus seiner Verzweiflung zieht, und indem Tolstoi davon erzählt, widerlegt er seinen auf den ersten Blick so optimistisch klingenden Schluss. Wenn das überhaupt *möglich* ist, wovon hier berichtet wird, nämlich dass Lewin mit dem Selbstmord kämpft, *nachdem* er sein Glück gefunden hat, dann kann man nur eines schließen: In diesem todverfallenen Leben kann es ein wirkliches gar nicht geben, im falschen kein richtiges und im allgemeinen Unglück kein individuelles Glück. *Anna Karenina* endet auf einem versöhnlichen Ton mit dem Ausblick in eine glückliche Ehe. Dahinter aber weiß jeder: Auch die Ehe von Kitty und Lewin wird weiter in jedem Moment bedroht sein. Sicher ist nichts, gar nichts.

Der narrative Schluss des Romans bietet eine Lösung, die tatsächlich nur eben in der narrativen Ebene der Geschichte überzeugt; das Grundproblem des Buches bleibt vollkommen offen. An dieser Stelle zeigt sich, welche Rolle *Anna Ka-*

renina im Gesamtwerk Tolstois spielt: Es ist noch einmal ein Höhepunkt seines Könnens als Romancier, und es ist zugleich ein Roman, der den ersten Schritt hinaus macht aus der Kunst, die Tolstoi sehr bald vollständig verwerfen wird. In *Anna Karenina* kündigt sich an, dass die Kunst für Tolstoi nicht mehr ausreicht, und so ist einer der größten Romane der Weltliteratur einer, der die Literatur überschreitet. Die reine Kunst interessiert Tolstoi bereits hier nicht mehr. Tolstoi war ein großer Leser von Romanen; sein Sohn Sergej berichtete später: »Aus der französischen Literatur las er Victor Hugo, Flaubert, Droz, Feuillet, Zola, Maupassant, Daudet, die Brüder Goncourt und andere. | Besonders schätzte er *Les misérables* und *Le dernier jour d'un condamné* von Victor Hugo, und von den Realisten Maupassant. Für Flaubert, Balzac und Daudet konnte er sich nicht erwärmen«. Die Nähe, die Tolstois Aussage suggeriert, er wolle etwas schreiben, »das ebenso rein und elegant wäre, in dem es nichts Überflüssiges gäbe, wie die ganze griechische Literatur«, diese Nähe in der Selbstaussage täuscht. Flaubert strebte nach einer immanenten Perfektion der Kunst. Tolstoi sprengte sie. Was Flaubert schrieb, *konnte* Tolstoi gar nicht interessieren. Nur in einem hätten diese beiden großen Schriftsteller sich verstanden: in dem Leiden, das sie verspürten, als sie ihre Heldinnen so grausam zu Tode bringen mussten, ihre Heldinnen, die sie, jeder auf seine Weise, so sehr liebten.

DRITTES KAPITEL

Alle Zeichen trügen

Theodor Fontane und *Effi Briest*

Küsse kann man nicht schreiben.
Bismarck

1.

Drei Autoren, drei Romane, und alle drei stammten aus der sogenannten Wirklichkeit. Von Ehebruch und Ende der Madame Delphine Delamare in dem normannischen Dörfchen Ry sprach alle Welt, und obwohl ihre Geschichte nichts weiter zu tun hat mit Flauberts Roman, leben das sonst nicht sonderlich interessante Nest und sein Tourismusbüro bis heute sehr gut von dem populären Irrtum, hier und nirgends sonst habe die »wahre Madame Bovary« geliebt, gelitten und den Tod gesucht. Tolstoi sah mit eigenen Augen den blutigen Leichnam der Anna Stepanowa Sykowa, doch sie hatte sich zwar, wie Anna, unter den Zug geworfen, war aber eben durchaus keine ehebrecherische Ehefrau, sondern das ganze Gegenteil, eine unverheiratete, verlassene Geliebte. Was in beiden Fällen für den Leser literarisch aus diesen Herleitungen herausspringt, geht gegen Null. Anders scheint es bei Fontane; die Affäre der Elisabeth von Ardenne, die hinter seiner *Effi Briest* steht, war allgemein bekannt, ist auch in deutlich mehr Details mit dem Roman verknüpft und wird seit seinem Erscheinen beständig zur Interpretation des Kunstwerks herangezogen – ob mit Erfolg, das muss sich zeigen. Drei reale Geschichten also, von drei Schriftstellern in Romane verwandelt, doch einer nur, der erste, wurde zu einem öffentlichen Skandal bis hin zum Prozess: *Madame Bovary*. Die Erregung, die Flaubert im Jahre 1857 auslöste, sucht man 1894/95, bei Publikation der *Effi*

Briest, ganz vergeblich, obwohl doch Fontane sich in einer heute vollkommen unvorstellbaren Weise bei realen Zeitgenossen bediente, die weiterhin quasi um die Ecke wohnten und für jeden neugierigen Zeitungsleser, Persönlichkeitsschutz hin oder her, bestens erkennbar waren. Doch von Skandal keine Spur. *Effi Briest* wurde gelesen als Sitten-, Gesellschafts- und Gegenwartsroman, als neues Werk eines bekannten und beliebten Schriftstellers, sein heikles Sujet galt als interessant, hatte aber im Laufe von fast vierzig Jahren seine provozierende Unmöglichkeit verloren. Warum? Nur der Gewöhnung wegen im Strom der vergangenen Zeit?

Als Fontane diesen dritten der drei großen kanonischen Ehebruchromane des neunzehnten Jahrhunderts schrieb, hatten sich die äußeren Umstände natürlich stark verändert, auch waren die persönlichen Voraussetzungen der drei Autoren sehr verschieden. Flaubert veröffentlichte seinen Roman 1857 unter dem repressiven Second Empire Napoleons III., das Buch aber spielt noch vor der 1848er Revolution in der Epoche des Bürgerkönigs Louis-Philippe; das gab Flaubert die bemerkenswerte Möglichkeit, jene bereits fast zwanzig Jahre zurückliegende Zeit in ihren Sitten zu analysieren mit dem unterschwellig präsenten, aber eben nie ausgesprochenen Wissen um ihr gewaltsames Ende. Napoleons III. Regierungszeit war geprägt von einer staatlichen Repression, vom Versuch, die Ordnung im Staate, in den Familien und auch in der Literatur gegen jeden Wandel abzuschotten. In diesem Kontext war *Madame Bovary* ein bewusst subversives Buch, das ganz offenkundig die öffentliche Moral herausfordern wollte, indem es laut verkündete, wie es aussah mit den Sitten in der Provinz, hinter dem langweilig kleinbürgerlichen Anstrich. Subversive Bücher in diesem Sinne schrieben weder Tolstoi noch Fontane. *Anna Karenina* spielte bereits mit der moralischen Fundamentalopposition des alten Tolstoi, hatte die Grenze allerdings noch nicht überschritten. Und als Fontane im preußischen Berlin an die Arbeit ging, war die bekannte Regel, dass nicht sein kann, was nicht sein darf, in puncto Ehebruch nur noch ein frommer Wunsch. Während die große Frage der Epoche, *was* der literarische Realismus nun eigentlich sei, noch immer völlig ungeklärt war, hatte dieser Realismus praktisch längst gesiegt: Die hässliche Wahrheit, die Flaubert bei Strafandrohung nicht aussprechen sollte, konnte nun diskutiert werden; die bürgerlichen Sitten in Stadt und Land waren zum Gegenstand von Literatur geworden, und es war möglich, sie zu behandeln als ein Symptom für die Gesellschaftsverhältnisse, unter denen man lebte. Natürlich nicht in *jeder* Weise, aber doch mit der unverhohlenen Erkenntnis, dass manches zwar verboten ist, und trotzdem geschieht.

Verändert hatten sich also Moral und Regelwerk der Gesellschaft, verändert hatten sich aber auch Moral und Regelwerk der Literatur. Die Möglichkeit, jetzt über bestimmte erotische Dinge zu sprechen, ist auch eine Antwort auf die Veränderung der erotischen Dinge selbst. Flaubert erzählte von einer Landarztgattin auf dem Dorf, zwischen neugierigen Nachbarinnen, heimlichem Klatsch und einer Vox populi, die stets bereit ist zum scharfrichterlichen Urteil. Anna bewegt sich in höchsten Kreisen, wo die Sitten zwar streng sind, das Spiel mit dem Feuer aber durchaus dazugehört zu den standesgemäßen Beschäftigungen eines jungen schneidigen Offiziers. Effis Geschichte, kurz vor Toreschluss des neunzehnten Jahrhunderts, spielt bereits in einer Gesellschaft, wo die strengsten Verfechterinnen der hochoffiziell doch noch gültigen Ordnung – man denke an Sidonie von Grasenapp – zu Spottfiguren werden, deren Reden, so moralisch korrekt auch immer, schon keiner mehr ernst nimmt. Auch in dieser Gesellschaft wird das Schlimmste, der Ehebruch, naturgemäß nicht propagiert, man muss aber jederzeit mit dem Schlimmsten rechnen, darüber macht sich niemand mehr Illusionen. Und genau hier beginnt der moderne Roman; da, wo die Wirklichkeit bereits so wacklig ist, dass der Romancier gern nachbohrt im Gemäuer.

Wie tief kann die Wirklichkeit eindringen in einen Roman, wie tief kann sie bestimmen, was und wie es in ihm geschieht? Und was kann sie an ihm erklären? Die Geschichte ist gut erforscht: Der preußische Fähnrich Armand Léon von Ardenne und Elisabeth Freiin von Plotho hatten am 1. Januar 1873 geheiratet; er war vierundzwanzig Jahre alt, sie neunzehn. Etwa ab 1880 kam die junge Frau dem befreundeten Amtsrichter

Emil Hartwich nah und näher, im Sommer 1886 fasste das ehebrecherische Paar den Plan zu Flucht, Scheidung und neuer Ehe, der Ehemann entdeckte kompromittierende Briefe, tötete seinen Nebenbuhler im Duell und ließ sich scheiden, wobei er das Sorgerecht für die Kinder übernahm. Bis zu seinem Tod 1919 setzte er seine Militärlaufbahn fort; Elisabeth von Ardenne widmete ihr Leben karitativen Tätigkeiten und starb 1952 mit neunundneunzig Jahren in Lindau am Bodensee. Soweit die Wirklichkeit, wie sie von der Forschung genauestens festgehalten wurde. Gerade deshalb ist nicht recht verständlich, dass ihr oft eine so große Bedeutung für den Roman zugestanden wird, ist doch bei einem näheren Blick kaum etwas von ihr erhalten geblieben; ja, für Fontanes Erzählkunst ist nicht das interessant, was tatsächlich aus der Ardenne-Affäre stammt, als vielmehr die Details, in denen der Autor den Stoff vollkommen verändert. Und interessant vor allem: warum er das tut. Dann ist es wirklich verblüffend, wie man die vagen Anstöße für so lange Zeit so wichtig nehmen konnte, obwohl doch *alle* zentralen Elemente der Romanhandlung Fontanes Erfindung sind.

Am Beginn stehen zwei entscheidende Tatsachen: Erstens der Altersunterschied zwischen dem achtunddreißigjährigen Innstetten und der siebzehnjährigen Effi; zweitens die Zweideutigkeit, dass Innstetten die Tochter seiner Jugendliebe heiratet. Der Altersunterschied der Ardennes betrug vier Jahre und verblieb im allernormalsten Rahmen; daraus machte Fontane einundzwanzig, und das ist wahrlich kein Detail, ja, der Altersunterschied und die Jugend Effis sind bis zur letzten Seite das Hauptmotiv der eigentlichen Schuldfrage. Das gleiche gilt für den Ehebruch selbst: Der Heiratsplan von Hartwich und Elisabeth von Ardenne ist im Roman nicht vorhanden, die im protestantischen Deutschland durchaus nicht irreale Absicht, auf bürgerlicher Basis ein neues Leben zu beginnen, spielt für Effi und Crampas keine Rolle. Und schließlich das Ende. Natürlich, der Liebhaber musste fallen, auch in der Realität, doch die Eheleute überlebten, Elisabeth sogar bis ins gesegnete Alter von neunundneunzig. Auch das ist weiß Gott keine Kleinigkeit: Der tödliche Schluss, im Roman so unausweichlich, war es im realen Preußen überhaupt nicht; es gab ein Leben nach dem »Fall«; und so starb die »wahre Effi« 1952 erst in einem Jahr, als die karge Nachkriegsliteratur Europas längst ganz andere Sorgen hatte als Ehefragen aus dem moralischen Holozän. Hieraus folgt zweierlei: Erstens hat Fontane die Realien so zugespitzt, dass die zentralen Handlungsmomente – Altersunterschied, Mutterkomplex, Tod – erst in der Fiktion entstehen; zweitens forderte die Wirklichkeit gar nicht so strikt den Tragödienschluss des Todes. Unterm Strich: Für die künstlerische Darstellung der Ehebruchthematik war Fontane mit den realen Fakten durchaus unzufrieden.

Fontane hat in einem Brief vom 21. Februar 1896 selbst erklärt, was ihn eigentlich an der Ardenne-Affäre interessiert hatte, und das ist etwas ganz anderes, als man gemeinhin denken sollte: »Die ganze Geschichte ist eine Ehebruchsgeschichte wie hundert andre mehr und hätte, als mir Frau L. davon erzählte, weiter keinen großen Eindruck gemacht, wenn nicht (vgl. das kurze 2. Kapitel) die Szene bez. die Worte: ›Effi komm‹ darin vorgekommen wären. Das Auftauchen der Mädchen an den mit Wein überwachsenen Fenstern, die Rotköpfe, der Zuruf und dann das Niederducken und Verschwinden machten *solchen* Eindruck auf mich, daß aus *dieser* Szene die ganze lange Geschichte entstanden ist. An dieser *einen* Szene können auch Baron A. und die Dame erkennen, daß *ihre* Geschichte den Stoff gab.« Nur hat der Autor, wie die Forschung weiß, auch diese Szene vollkommen umgedreht: Locken bei Fontane Effis Freundinnen das Mädchen zurück zum Kinderspiel, weg von ihrem werbenden Ehemann in spe, so war im wirklichen Leben mit »Else komm, der junge Ardenne spielt Klavier« das Mädchen, ganz im Gegenteil, hingerufen worden zu ihrem künftigen Mann. Verstehen kann man allein, dass Fontane tief fasziniert war von dem Lockruf an das halberwachsene Mädchen und in ihm ein Vorzeichen sah für all das, was die Ehefrau dann hinausführen sollte aus den Bahnen ihres geordneten Lebens, ein Vorzeichen, das aber nicht die Wirklichkeit einlöste, sondern nur der Roman.

Ein Roman verlangt tatsächlich etwas anderes als »eine Ehebruchsgeschichte wie hundert andre mehr«, das wusste Fontane genauso gut wie Flaubert und Tolstoi, und erst recht in dieser neuen bürgerlichen Zeit mit ihrer elastischer werdenden Moral. Auch Fontane brauchte ein Drama, das mehr war als bloß noch eine *ménage à trois*, und er fand und erfand es mit der heiklen, leicht schlüpfrigen Konstellation des Anfangs, jener ganz anderen, ungewohnten *ménage à trois* zwischen Mutter, Tochter und einem Verehrer, der von der ersten zur zweiten wechselt. Die Erosion der Moralregeln beginnt nicht erst bei Effi, sondern in Wahrheit schon bei ihrer nur noch äußerlich anständigen Mutter. Nein, die Ardenne-Geschichte trägt nichts bei zum Verständnis von *Effi Briest*. Der Vergleich lässt ahnen, dass etwas nicht stimmt mit dem, was der eigentliche Kern der *Effi Briest* sein soll und, daraus folgend, so etwas wie seine Moral. Denn wo der eine Anstoß so offensichtlich nicht genügt, müsste ein anderer vorhanden sein.

2.

Über die Sitten in der Provinz schreibt der Stadtmensch Fontane hier nicht, doch sein Berlin, immerhin die preußische, dann deutsche Kapitale, war gegenüber Sankt Petersburg, der russischen, höchstens von zweitem Rang. Diese geographische, gesellschaftliche Differenz darf ebenso wenig wie die zeitliche außer acht lassen, wer nach den Motiven fragt, warum ein Schriftsteller gegen Ende des Jahrhunderts noch einmal zu der klassischen Konstellation seiner Vorgänger greift, und nach den Gründen, warum das Resultat so grundverschieden ist und eben auch – man hat es oft gesehen – deutlich schwächer. Wie in jedem bedeutenden Kunstwerk wird der Zeitbezug – das soziale, moralische, historische Feld – überschritten und durch eine menschliche, existentielle Dimension erweitert; trotzdem ist das Interesse Fontanes stark auf die gesellschaftliche Prägung von Handlung und Figuren gerichtet. Für diesen Schriftsteller wurde der Roman nicht unter der Hand zum Gesellschaftsroman, er hat die Darstellung, Analyse und Kritik von Sitten und Moral konsequent als Weg zum Gesellschaftsroman *gewollt*, und das von Anfang an. Bei keinem anderen der drei stehen Familie und Ehe so sehr im Mittelpunkt des gesamten Lebenswerks. Fontane ist zugleich der *letzte* von ihnen, und nicht nur das, er schreibt zu einem Zeitpunkt, da die umkämpften Werke von Guy de Maupassant, Émile Zola, Hendrik Ibsen bereits die Gemüter erhitzen. Maupassant hatte man 1880 wie seinem Vorbild, Lehrer und Freund Flaubert den Prozess gemacht, als er sein Gedicht »Une fille« publizierte, doch seitdem war zumindest die juristische Skandalfähigkeit von Literatur deutlich abgesunken.

Fontane legte keinerlei Wert auf Skandale. Das ist zunächst gewiss eine Frage von Temperament und Charakter, zum anderen aber auch von seinem eigenen Verhältnis zur Gesellschaft um ihn herum. Die literarische Provokation beruht immer auf dem Vorhandensein von Normen, die dann mit dem einen Schlag angegriffen werden, mit dem einen Attentat. Maupassants 1880 erschienene Novelle *Boule de suif* etwa bezog ihre Explosionskraft daraus, dass die abstoßende Doppelmoral der Reisenden gegenüber dem Mädchen, welches sie erst mit sanften Worten zur Prostitution überreden und dann dafür verachten, den Lesern tatsächlich als die gewöhnliche Norm ihrer Gegenwart präsentiert wurde und dass ein schieres Aussprechen dieser unerfreulichen Wahrheit schon provozierende Übertretung war. Für Fontane war das nicht mehr der Fall, und auch wenn sein Schreiben ohnehin der brutalen, klaren Wahrheit auswich, wurden seine Romane und Erzählungen von den Zeitgenossen durchaus als Gesellschaftskritik verstanden. Nur war eben beides nicht mehr dasselbe: Die Toleranz der Gesellschaft gegenüber Kritik war offensichtlich größer geworden, der literarische Schärfegrad der Kritik, wie *Effi Briest* beweist, kleiner. Erst als die Ehebrecherin zwar noch Schuldige, aber doch kein Monster mehr war, konnte man sie als gegenwartsnahe Figur in den Roman tragen. Flaubert hat das begonnen, Fontane aufgenommen.

Fontane hat die Reihe seiner Gesellschaftsromane bekanntlich sehr spät geschrieben, und deshalb umfasst Thomas Manns Charakterstudie »Der alte Fontane« im Grunde den *ganzen* Romancier. *L'Adultera* erschien 1882, dann folgten in kurzem Abstand *Schach von Wuthenow* 1883, *Irrungen, Wirrungen*

1888, *Unwiederbringlich* 1892, *Frau Jenny Treibel* 1893 und schließlich als Höhepunkt und Abschluss 1895 das berühmteste Werk *Effi Briest*. Nur vierzehn Jahre zwischen *L'Adultera*, dem Roman, der »die Ehebrecherin« bereits im Titel trägt, und dem kanonischen Meisterwerk, das ist eine kontinuierliche Beschäftigung innerhalb eines recht kurzen Zeitraums, und das hat Folgen. Trotz Flauberts lebenslanger Faszination für das »Wort, das unter den menschlichen Worten das schönste schien: *adultère*«, ist Fontane der einzige Romancier, der sich geradezu systematisch der Erforschung von Ehe und Ehebruch widmete, der immer wieder zurückkam auf die eine Grundkonstellation des Verrats. Doch möglich war das gerade deshalb, weil der Moralkodex seiner Zeit ihm – und naturgemäß den betroffenen Paaren – verschiedene Verhaltensweisen gestattete, um auf den Casus zu reagieren; ein ausschließlich moralisches und juristisches Grundsatzurteil war inzwischen nicht mehr möglich. Diese lange Reihe der Romane in einer kurzen Zeit bedeutet aber auch, dass Fontane – anders als etwa der Tolstoi zwischen *Anna Karenina* und *Kreutzersonate* – seinen Standpunkt nicht komplett verändert hat, sondern dass die einzelnen Werke Variationen ein und derselben Problematik sind, gesehen aus unterschiedlichen Blickwinkeln.

Wie sehr die Verhältnisse sich verschoben hatten, zeigt sich auch an einem bemerkenswerten Detail, welches die Ambivalenz von Fontanes literarischer Verfahrensweise seltsam beleuchtet. Man war und ist immer wieder mit einem eingespielten Automatismus geneigt, das traurige, tödliche Ende von Effi im Jahre 1895 als unausweichliche Konsequenz darzustellen, in einer rigiden, erbarmungslosen Gesellschaft, die jede Frau verstößt, welche die Männergebote missachtet. Aber *L'Adultera*, der erste, vierzehn Jahre früher erschienene Roman zum gleichen Thema, erzählt etwas ganz anderes, erzählt nämlich davon, dass ein Ehebruch durchaus nicht zwangsläufig in die Katastrophe führen musste. Melanie van der Straaten verlässt ihren deutlich älteren Mann, den sie ebenfalls mit siebzehn geheiratet hatte, und flieht mit ihrem Geliebten Ebenezer Rubehn, wie Anna und Wronski, nach Italien. Zurückgekehrt gründen sie eine neue Familie; Melanie spürt die gesellschaftliche Ächtung nicht anders als Effi, doch als Rubehns Firma Bankrott macht, kann Melanie durch entschiedenen Einsatz zeigen, dass sie nicht die leichtfertige, sittenlose Außenseiterin ist, für die man sie hält, sondern eine Frau, die sehr wohl weiß, was die Gesellschaft verlangt: »Und nun kann ich mich bewähren und will es und werd' es und nun kommt *meine* Zeit!« Naturgemäß erfuhr Fontanes Ehebruchroman mit *happy end* deutliche Kritik, ja vehemente Ablehnung, all das aber ändert nichts daran, dass ein solcher Roman *möglich* war, und auch ein solches Schicksal. Bereits die Gespräche zwischen Melanie und ihrem Mann sind nichts anderes als Relativierungen jeder strikten Moralregel; Ezel van der Straatens Nachgiebigkeit, sein Verständnis, seine Zugeständnisse, um die junge Frau zum Bleiben zu bewegen, all das wäre für einen gestrengen Hausherrn alter Schule unaussprechlich gewesen; sogar und gerade im einsamen Tête-à-tête mit der Frau hätte er auch gegenüber sich selbst jede Achtung verloren. Und Fontane durfte ungestraft auch solche Überlegungen Melanies hinschreiben und publizieren, die man jetzt als Ausdruck einer pragmatischen Menschlichkeit lesen konnte, früher jedoch als sophistische Relativierung aller Werte: »Denn die Liebe tut es nicht, und die Treue tut es auch nicht. Ich meine die Werkeltagstreue, die nichts Besseres kann, als sich vor Untreue bewahren. Es ist eben nicht viel, treu zu sein, wo man liebt und wo die Sonne scheint und das Leben bequem geht und kein Opfer fordert. Nein, nein, die bloße Treue tut es nicht. Aber die bewährte Treue, *die* tut es.«

Täuschend ist der versöhnliche Ton Fontanes in diesem vorletzten Kapitel, bevor dann das letzte tatsächlich »Versöhnt« heißt; täuschend, weil Melanies so gesetzte Worte der wirkliche Ausdruck des moralischen Relativismus sind: Wo nunmehr zwischen »bloßer« und »bewährter« Treue unterschieden werden kann, da erkennt sich jedes Individuum das Recht zu, über jede Norm selbst zu entscheiden, zu unterscheiden zwischen echter und falscher Liebe, echter und falscher Treue, echter und falscher Bindung, es übernimmt also das, was bis dato das Kollektiv vorzugeben hatte. Wo das aber *möglich* ist, da ist die Norm schon fast dahin. Der Kampf des

Individuums mit der Gesellschaft wird hart genug sein, aber die Gesellschaft hat ihn nicht im voraus gewonnen. Dieser Kampf wird in Fontanes Werken nun häufig in der Mitte stehen. *Irrungen, Wirrungen* ist zwar kein Ehebruchroman, erzählt aber sehr offen und mit großer Sympathie für das unverheiratete Paar von außerehelichen Liebesverhältnissen *vor* einer Ehe, und Baron Botho von Rienäckers Verzicht auf die unstandesgemäße Lene Niembsch ist eine konventionelle Entscheidung, wie später die von Innstetten und Effis Mutter. *Unwiederbringlich* geht noch deutlich weiter in der Erkenntnis, dass auch begreifliche Gründe zum Scheitern einer Lebensgemeinschaft führen können.

Fontane ist deshalb gegenüber Flaubert und Tolstoi der einzige, der im ästhetischen Sinne tatsächlich Gesellschaftsromane schrieb; der einzige, für den der Konflikt zwischen Gesellschaft und Individuum, zwischen Anspruch der Norm und Verlangen nach Freiheit zum wahren Kern seiner künstlerischen Gestaltung wird. Der erotische Stand der Dinge wird zum Indikator für das, was in einer Gesellschaft geschieht. In dieser Hinsicht ist Fontanes Problematik zutiefst modern – auch wenn seine Antworten es nicht immer sind, und am wenigsten in *Effi Briest*. Bezeichnend ist ein Text, in dem er sich nicht erzählend, sondern abstrakt, analytisch zu seiner Problematik geäußert hat, und bezeichnend deshalb, weil es sich um einen zugleich gesellschaftlichen wie künstlerischen Anlass handelt. Am 9. Januar 1887 wurde am Residenztheater die Berliner Erstaufführung von Hendrik Ibsens *Gespenstern* gegeben, und die öffentliche Erregung wurde durch des Dichters Anwesenheit noch reizvoller. Die *Vossische Zeitung* brachte eine enthusiastische Rezension, von der sich die Redaktion allerdings in einer Fußnote umstandslos distanzierte, und drei Tage später folgte eine weitere Besprechung von der Hand Theodor Fontanes. Das Ehe-, Sitten- und Gesellschaftsdrama des modernsten und umstrittensten Dramatikers in Europa führte mitten ins Herz der Fontaneschen Problematik, und so nutzte er die Gelegenheit zu der vielleicht grundsätzlichsten Erörterung dessen, was für ihn die künstlerische Behandlung der zeitgenössischen Moral sein konnte. Fontane versteht, bei großem Respekt für die literarische Leistung, die *Gespenster* als Thesenstück, das sich gegen die materiell begründete bürgerliche Ehe wende und für eine neue Bindungsform Partei ergreife, welche der Neigung folgt und der freien erotischen Wahl von Mann und Frau.

Fontane, der ein Jahr später *Irrungen, Wirrungen* publizieren und mit *Effi Briest* beginnen wird, hält diese Thesen strikt für »falsch«. Seine Argumente verweisen auf historische Erfahrung und auf nüchtern interpretierte Beobachtungen aus der Gegenwart: »Solange die Welt steht oder solange wir Aufzeichnungen haben über das Gebaren der Menschen in ihr, ist immer nach den ›Verhältnissen‹ und nur sehr ausnahmsweise nach Liebe geheiratet worden.« Er skizziert, wie Familiengründungen und -verbindungen auf allen sozialen Stufen die Basis einer funktionierenden Gesellschaft bilden, und folgert mit einem ironischen Zitat von Benjamin Disraeli, dass alle aus Liebe geschlossenen Ehen »mit Tätlichkeiten oder Untreue enden«. Das könnte man bezeichnen als eine Form des liberalen Konservatismus in Sachen Moral, begründet auf einer äußerst pessimistischen Beurteilung der menschlichen Natur. Zum einen sind ihm Moralvorstellungen nicht einfach ein Diktat von irgendwelchen höheren Instanzen, sondern Resultat einer langen anthropologischen Entwicklung; zum anderen erkennt er, wie stark das gesamte harte Gefüge der Gesellschaft abhängt von den weichen Themen der Gefühle: »Unsere Zustände sind ein historisch Gewordenes, die wir als solche zu respektieren haben. Man modele sie, wo sie der Modlung bedürfen, aber man stülpe sie nicht um. Die größte aller Revolutionen würde es sein, wenn die Welt, wie Ibsens Evangelium es predigt, übereinkäme, an Stelle der alten, nur scheinbar prosaischen Ordnungsmächte die freie Herzensbestimmung zu setzen. Das wäre der Anfang vom Ende. Denn so groß und stark das menschliche Herz ist, eins ist noch größer: seine Gebrechlichkeit und seine wetterwendische Schwäche.« Und, wie gesagt, nachdem er dies geschrieben, setzte Fontane sich an *Effi Briest*.

Es ist beileibe kein Zufall, dass der Schriftsteller Fontane seine Vorstellungen nicht generell entwickelt, sondern an einem Kunstwerk; ihm geht es nicht nur um die Sache an sich, sondern um die Möglichkeit, über die Sache zu schreiben. Und der Aufsatz bezeichnet sehr genau die Stelle, an der dieser Autor in der modernen Literatur vor der Jahrhundertwende steht. Von Ibsen her kommt jene Linie des literarischen Modernismus, die in der Moral nur Diktat und Repression sieht und durch ihre Zerstörung hinwill zur Freiheit des Individuums und seiner Gefühle; vom frühen Hauptmann über Strindberg, Schnitzler, Wedekind führt der Weg immer weiter in die Gegenwart, und eine ironische Pointe hat bewirkt, dass eine inzwischen fest etablierte Lesart auch Effi Briest als Symbolfigur für die Opfer der repressiven Gesellschaft sieht. Fontane aber steht an ganz anderer Stelle. Sein Misstrauen gegen die Selbstorganisation des menschlichen Zusammenlebens durch Neigung und befreite Erotik war unüberwindlich, und sein Konservatismus bestand in felsenfester Überzeugung von der Notwendigkeit gesellschaftlicher Regeln. Moral war ihm kein Diktat und darum auch keineswegs unveränderlich; sie war ihm ein Regelwerk, mit dem das komplexe Gefüge Gesellschaft versucht, die Seele mit den Formen in eine erträgliche Kohabitation zu bringen. Dass diese Kohabitation nicht reibungslos verlaufen kann, das war dem Kritiker Fontane hoch bewusst, der Romancier Fontane aber fand hier den eigentlichen und selbstverständlichen Treibstoff seiner Bücher. Der Schriftsteller ist nicht zuständig für Revolutionen, doch der Satz, die *größte aller Revolutionen* würde es sein, wenn die Welt übereinkäme, an Stelle der alten Ordnung die freie Neigung zu setzen, ist wörtlich gemeint. Die bürgerliche Ordnung war weniger bedroht durch einen politischen Umsturz als durch einen sittlichen. Für den aber ist nicht der Politiker zuständig, sondern der Seismograph des großen Sitten- und Gesellschaftsromans.

3.

Die Grundspannung zwischen persönlichem Charakter und gesellschaftlicher Moral ist *Effi Briest* so tief eingeschrieben, dass sie immer schon als das eigentliche Zentrum der Handlung gelesen wurde. Diese Handlung ist sichtbar weniger kompliziert als die der *Anna Karenina* und gleicht in der Konzentration auf die eine Hauptfigur und ihr Schicksal viel mehr der *Madame Bovary*; offensichtlich jedoch ist auch die Schwäche des Romans gegenüber den beiden Vorläufern. Fontane folgt seiner kurzen Geschichte vom jugendlichen Beginn bis zum bitteren Ende, und er hat in einem Brief vom 2. März 1895 rückblickend berichtet, wie er die Arbeit an seiner Geschichte sah: »Ja, die arme Effi! Vielleicht ist es mir so gelungen, weil ich das Ganze träumerisch und fast wie mit einem Psychographen geschrieben habe. Sonst kann ich mich immer der Arbeit, ihrer Mühe, Sorgen und Etappen, erinnern – in *diesem* Falle gar nicht. Es ist so wie von selbst gekommen, ohne rechte Überlegung und ohne alle Kritik.« Merkwürdig nur, dass alle Dokumente diese Erinnerung widerlegen. Aus anderen Briefen, während der Arbeit selbst, geht hervor, dass Fontane unendliche Mühe mit seinem Manuskript hatte und es mehrfach gründlich überarbeitete. Noch im Januar 1894 bittet er Julius Rodenberg, den Redakteur der *Deutschen Rundschau*, wo im Oktober schon der Vorabdruck beginnen sollte, um einen Monat Aufschub für die Manuskriptabgabe: »Bis dahin kann vielleicht alles in Ordnung sein; etwas zu 99/100 Fertiges liest sich schlechter als etwas ganz Unfertiges mit 3000 Fehlern im großen und kleinen. Etwas ganz Unfertiges liest man nur auf den Stoff hin, das aber, was schon rein handschriftlich ›ganz fertig‹ aussieht, wird auch als solches gelesen.« Der Stoff also, die Handlung war längst da, noch unfertig dagegen die Gestaltung, und versteht man den Brief richtig, so war diese Gestaltung das, worauf es ihm ankam.

Die fertige Gestalt widerspricht ebenfalls der Aussage, der Roman sei »wie von selbst gekommen, ohne rechte Überlegung und ohne alle Kritik«; ganz im Gegenteil, betrachtet man das sprachliche Gewebe aus der Nähe, so ist eine solche *écriture automatique* vollkommen ausgeschlossen. Verweise, Anspielungen, vorausdeutende Zeichen sind so systematisch gesetzt, dass sie schlechterdings nur mit der genauesten Überlegung und wiederholten Korrektur möglich sind. Woher dann diese irreführende Selbstdarstellung? Konnte Fontane, vielleicht seiner schweren Erkrankung wegen, sich nicht mehr erinnern? Wollte er täuschen und die Spuren verwischen? Wollte er die Frage, *wie* der Roman gebaut war, ausweichend beantworten gleich dem alten Briest? Der Widerspruch in der Frage des *Wie* öffnet einen irritierenden Riss auch in der Frage des *Was*, denn wenn Fontane ein Wesentliches des Romans in der Gestaltung verwirklicht sah, dann bleibt das nicht ohne Auswirkung auf die Handlung. Auf den ersten Blick gibt es für diese Handlung ein leichtes Resümee. Geert von Innstetten heiratet die siebzehnjährige Effi Briest, Tochter jener Frau, die er als junger Mann nicht bekommen konnte. Man geht aus beruflichen Gründen nach Hinterpommern, und dort, enttäuscht von dem trockenen Beamten, dem vor allem nachgesagt wird, »Bismarck halte große Stücke von ihm«, beginnt Effi eine kurze Affäre mit dem Major Crampas, der zu seinem Vorteil weniger auf Bismarck schaut als auf die reizende Damenwelt. Das Leben geht weiter, man zieht nach Berlin, die Affäre wird entdeckt, die Ehe geschieden, und Crampas stirbt im Duell. Effi, vereinsamt und von ihrem hartherzigen Mann auch der Tochter beraubt, geht einem frühen Tod entgegen.

Soweit das *Was*. Folgt man nun dem Fontaneschen Hinweis, die künstlerische Gestaltung des Romans sei wenigstens ebenso wichtig wie die Handlung, dann werden die Figuren allerdings zweideutig. Eines der auffälligsten Ordnungsprinzipien ist das unterirdische System von Andeutungen und vorausweisenden Zeichen. Bereits die kurze Szene mit der kindlichen Effi, die Fontane als die eigentliche Urzelle des Romans bezeichnet hat, wird gleich am Anfang zu einer überdeutlichen Chiffre für all die Versuchungen, die Effi von ihrem Weg hinweglocken werden. Während der frischverlobte Innstetten unkonzentriert dem schwadronierenden Schwiegervater lauscht, gehen seine Gedanken wenige Minuten zurück, und ihm kommt vor »als säh' er wieder die rotblonden Mädchenköpfe zwischen den Weinranken und höre dabei den übermütigen Zuruf: ›Effi, komm.‹ | Er glaubte nicht an Zeichen und ähnliches, im Gegenteil, wies alles Abergläubische weit zurück. Aber er konnte trotzdem von den zwei Worten nicht los, und während Briest immer weiterperorierte, war es ihm beständig, als wäre der kleine Hergang doch mehr als ein bloßer Zufall gewesen.« Er glaubte nicht an Zeichen – in der Logik des Romans müsste man sagen: Desto schlimmer! Denn wozu hätte Fontane sie hingeschrieben? Dieses beständige Zeichensystem funktioniert auf drei Ebenen. Da sind jene, wie das »Effi, komm«, die auf der ersten Handlungsebene sich abspielen und auch von den Protagonisten selber wahrgenommen werden, wenn auch nicht immer verstanden. Dann solche, die zwar auch in der unmittelbaren Handlung stehen, aber als Zeichen nur für den durchschaubar sind, der die traurige Geschichte als ganze mit ihrem Ende kennt, also per definitionem nicht für die Figuren in ihrer momentanen Situation: »Jeder ist der Richtige«, belehrt die vorlaute Effi ihre Freundinnen, und der vorgewarnte Leser denkt sein *Wehe, wehe, wenn ich auf das Ende sehe!* Und drittens gibt es auch die, die nur der *Leser* erkennen kann, weil sie auf der reinen Sprachebene des Romans verbleiben, und hier beginnt der eigentlich interessante Fall.

Die problematischsten Vorbedeutungen bei Fontane sind stets die offensichtlichsten; häufig sind sie so simpel gestrickt, dass sie weder inhaltlichen noch literarischen Gewinn bringen, sondern, im Gegenteil, die psychologische Analyse durch plumpe Analogien beschädigen. Nach einiger Zeit in Kessin führt die Ortsgemeinschaft ein kleines Theaterstück auf, und das heißt akkurat *Der Schritt vom Wege*. Kein Lektor dürfte seinem Autor einen solchen Wink mit dem Zaunpfahl durchgehen lassen! Muss man Fontane tatsächlich den Glauben unterstellen, der platte Titel einer pikanten Boulevardkomödie bringe den Roman irgendwie weiter? Spiele auf etwas an, was nun schon der Dümmste merkt? Man möchte lieber nicht. Ähnliches gilt für die Umdeutung des »Effi komm!« gegen Ende des Romans, als der alte Briest mit dem fatalen Lockruf die inzwischen gefallene Tochter nun einlädt zur Heimkehr in die Familie. Die einzige Entschuldigung für so grobe Verdopplungen wäre es, wenn etwas anderes sich hinter dem Zaun verbergen würde. Bereits seit dem letzten Kapitel ist das Verhältnis zwischen Effi und Crampas ins Erotisch-Zweideutige geglitten, und so klingt es nicht nach einer attraktiven Alternative, wenn der Ehemann seiner Frau für den Winter schöne

Nachbarschaftsabende vorschlägt mit Lektüre seiner Tagebücher von der italienischen Hochzeitsreise, »und du sitzest dabei und strickst mir eine große Winterkappe. Was meinst du dazu, Effi?« Was Effi zum Winterkappenstricken meint, verrät Fontane nicht; jedenfalls nicht mit Worten, stattdessen springt er über zum Faktum, dass diese Abende, trotz allem, stattfinden, zugleich aber anderes im Anzug ist, nämlich der von Crampas inszenierte Schritt vom Wege. Gieshübler, der »unschuldige, harmlose« Apotheker von nebenan, steht dabei »trotz größter Abgeneigtheit gegen zweideutiges Handeln, dennoch im Dienste zweier Herren«, bei Innstetten assistiert er der Hochzeitsreise, bei Crampas dem Schritt vom Wege. Wer dächte da nicht, wie gewünscht, an die weniger unschuldige, weniger harmlose Effi, auch schon im Dienste der gleichen beiden Herren, und diese ist dann auch begreiflich »elektrisiert«, und das, obwohl »eine Stimme ihr zugerufen hätte: ›Sieh dich vor!‹«, denn sie weiß, nun hat Crampas »die Regie übernommen.« Was ihr wiederum den Kommentar entlockt: »Desto schlimmer.« Denn »man muß dann spielen, wie er will, und nicht wie man selber will.« Fontane kommentiert: »Sie sprach noch so weiter und verwickelte sich immer mehr in Widersprüche. Der ›Schritt vom Wege‹ kam wirklich zustande«. Doch was der Absatz jetzt schon ausführlich vorausgesagt hat, wird der Roman dann noch ausführlicher beweisen.

Die Wissenschaft hat Fontanes Zeichensystem genauestens herauspräpariert, obwohl es ohnehin überdeutlich ist und die grobgestrickten Anspielungen oft zu tatsächlicher Redundanz werden. Deshalb sollte man eher versuchen, hinter der Arbeit mit dem tautologischen Zaunpfahl eine andere Absicht zu suchen, welche dieses System gewiss nicht retten, aber doch vielleicht erklären kann. Vielleicht sind die gröbsten Hinweise gar keine Hinweise thematischer Art – denn dass Effi vor dem gefährlichen Schritt steht, hatte man wahrlich auch ohne die ominöse Komödie kapiert –, sondern Hinweise auf ein Verfahren, Hinweise, Doppelbödigkeiten zu lesen, die dem Inhalt des Buches dann doch etwas hinzufügen könnten. Der Apotheker Gieshübler verspürt »größte Abgeneigtheit gegen zweideutiges Handeln«, und wäre das nicht auch ein Hinweis auf einen

Roman, der von vorn bis hinten von zweideutigem Handeln erzählt? Dass Effi statt »Aufgewärmtheiten« sich »Frisches« ersehnt, auch das beginnt man sehr fleischlich zu verstehen – und findet sich einem bösen Witz gegenüber, den auch Flaubert sich hätte leisten können. Doch gleich wird es wieder didaktisch, denn als der Fehltritt dann gemacht ist, weckt Effi, verräterisch unaufmerksam, in einem kurzen Moment den Argwohn ihres Mannes, und zwar sehr zurecht, wie der Leser bestens weiß. Und Innstetten? »Was war das alles? Wo kam das her? Und er fühlte seinen leisen Argwohn sich wieder regen und fester einnisten. Aber er hatte lange genug gelebt, um zu wissen, daß alle Zeichen trügen und daß wir in unsrer Eifersucht, trotz ihrer hundert Augen, oft noch mehr in die Irre gehen als in der Blindheit unseres Vertrauens. Es konnte ja so sein, wie sie sagte.« Es *konnte* ja so sein. Es *konnte* aber auch anders sein. Fontane hat in seinen Text zahlreiche ausdrückliche Zeichen gesetzt, dass man den Zeichen nicht trauen solle. Diese Erkenntnis allerdings kommt Innstetten just in dem Augenblick, da die Zeichen eben *nicht* getrogen haben. Die erste Lesart ist nicht immer die richtige. Und die zweite? Die dritte?

Am Ende kommt der Leser so zurück auf Zweifel, die er schon zuvor bei seiner Lektüre hatte, erinnert sich an Effis Urteil über Innstetten, »›er hatte viel Gutes in seiner Natur und war so edel, wie jemand sein kann, der ohne rechte Liebe ist‹«, und auch an des betrogenen Innstetten Worte nach dem Betrug: »›Ich liebe meine Frau, ja, seltsam zu sagen, ich liebe sie noch, und so furchtbar ich alles finde, was geschehen, ich bin so sehr im Bann ihrer Liebenswürdigkeit, eines ihr eignen heiteren Charmes, daß ich mich, mir selbst zum Trotz, in meinem letzten Herzenswinkel zum Verzeihen geneigt fühle.‹« Und er fragt sich noch einmal, was Effi eigentlich diese Urteilskraft gibt und ob nicht gerade Innstettens Worte genau das ausdrücken könnten: das wirkliche Wissen von der rechten Liebe? Und er denkt an die letzten Augenblicke des sterbenden Major Crampas, und was er sieht, ist nicht der Tod eines leichtlebigen Frauenhelden. Liest man nun den ganzen Roman noch einmal in diesem Bewusstsein, dass alle Zeichen trügen könnten, dann kommt die ganze Handlung ins Rutschen. Jede Figur, jede Szene kann auch etwas anderes bedeuten, und vielleicht gibt es hinter dem Roman, den alle kennen, noch einen zweiten, oder gar einen dritten.

4.

Effi Briest ist Fontanes erfolgreichster Roman, doch zutiefst problematisch, stellt man ihn in den Zusammenhang der Weltliteratur. In diesem Zusammenhang kommt der Kritiker nicht herum um ein klares Urteil. Mit dem Blick auf die Handlung muss man eindeutig feststellen, dass sein Fazit, Effi sei eben doch zu jung gewesen und ihr Mann zu verständnislos, einen wirklich großen Roman nicht zu tragen vermag; mit dem Blick auf die Erzähltechnik, dass die zuweilen sogar tautologischen Anspielungssysteme immer wieder ins Leere laufen; und zuletzt mit dem auf seine zeitgenössische Ehebruchthematik, dass die Briestsche Lebensweisheit, beim Frühstückskaffee neben seiner Tochter frischem Grab, »Ach, Luise, laß ... das ist ein *zu* weites Feld« nun doch *deutlich* zu weit geht in dem beliebten Fontane-Ton der Versöhnung. Diese Sentenz ist eine dürftige Ausflucht, und zwar nicht nur eine der Romanfigur, sondern auch eine des Autors, der keinen überzeugenden Schluss für sein Buch gefunden hat. *Effi Briest* ist der letzte der kanonischen Ehebruchromane, und so ist zu fragen, wie er sich zu den Vorgängern in der Weltliteratur verhält. Dass *Effi Briest* im literarischen Gewicht der mitleidlosen Schärfe Flauberts und der umfassenden Menschlichkeit Tolstois weit unterlegen ist, hat man immer schon bemerkt, aber unbeantwortet blieb die Frage, worin diese Autoren den jüngeren Kollegen trotzdem beeinflusst haben könnten. Fontane kannte Flaubert und Tolstoi, es gibt knappe Erwähnungen, aber, nicht untypisch, keine aussagekräftigen Kommentare. Aus dem episch umfassenden, singulären Großwerk Tolstois war für einen Preußischen Gesellschaftsroman nicht viel zu lernen. Anders sieht es aus mit Flauberts Skandalbuch, und es ist erstaunlich, dass die Literaturwissenschaft hier bislang keine Verbindung sehen wollte.

Fontane sprach schlecht französisch, doch er konnte es lesen und schreiben. Man stelle sich nun für einen Augenblick Theodor Fontane vor als Leser von Gustave Flaubert. Was war seine Reaktion? Bewunderung für das Können des Schriftstellers, selbstverständlich, aber sonst? Verblüffung, Ärger, Empörung, anders kann es nicht gewesen sein. Empörung zunächst gegen die erkennbare Zerstörungslust, mit der Flaubert der bürgerlichen Institution Ehe den Garaus machte; die »Poesie des Ehebruchs« war nur allzu spürbar; Flaubert, das war ganz sicher ein Autor aus jener antibürgerlichen Ibsen-Linie, die Fontane entschieden verwarf. »Unsere Zustände sind ein historisch Gewordenes, die wir als solche zu respektieren haben«, hieß es bei Fontane – aber was wollte Flaubert schon respektieren? Nichts. »Denn so groß und stark das menschliche Herz ist, eins ist noch größer: seine Gebrechlichkeit und seine wetterwendische Schwäche«, das hätte auch Flaubert wohl bestätigt, aber nicht im Fontaneschen Ton des Verständnisses, sondern in dem des Hohns, denn für wetterwendische Schwäche des Herzens war auch seine Emma ein faszinierend leuchtendes Beispiel.

Daraus folgte dann ganz zwangsläufig die Empörung vor allem gegen die Haltung des Schriftstellers Flaubert zu seinen Figuren. Wie kann man, musste Fontane denken, so grausam umgehen mit den eigenen Gestalten? Sie aufbauen wie ein Theater von Pappkameraden, nur um an ihnen die ewige, grundsätzliche menschliche Dummheit nachzuweisen? Der stets nach Verständnis, Ausgleich, Versöhnung suchende Fontane fand hier nur einen bewusst arrangierten und mutwillig auf die Spitze getriebenen Konflikt; fand eine systematische Ungerechtigkeit, die bei allen Figuren genießerisch nach dem sucht, was sie für den Autor disqualifiziert. Konnte man einem Ehemann schlechtere Karten in die Hand drücken als Schahbovarie? Eine Ehefrau in ein aussichtsloseres Spiel schicken als Emma? Liebhabern schäbigere Nebenrollen zuteilen als Rodolphe und Léon? Fontane hatte in *Irrungen, Wirrungen* oder *Unwiederbringlich* sehr wohl gezeigt, dass er imstande war, die zuweilen klägliche Unzulänglichkeit von menschlichen Verhaltensweisen zu schildern, aber bei alledem ging es ihm um das Verständnis auch für das, was er nicht billigte. Bei Flaubert spürte er, dass die unausweichliche Unheilslogik natürlich eine Wahl des Autors war, und dessen Beweggründe schienen wohl keinesfalls die besten.

Nun verbindet die Geschichte der Effi sehr viel mehr mit derjenigen Emma Bovarys als mit der immer wieder aufgeführten, doch nur ganz oberflächlich ähnelnden Affäre Ardenne: das ungleiche Ehepaar, die Langeweile in der Provinz, der Tod. Sind diese Verbindungen zufällig, ergeben sie sich zwangsläufig aus der Nähe des Sujets oder steckt mehr dahinter? Es ist beinahe ein Sport der Literaturwissenschaft geworden, irgendwelche Motive eines Werkes aus denen beliebiger anderer Werke abzuleiten, aber fast immer kranken solche Detektivgeschichten an derselben krassen Leerstelle: Sie können nicht erklären, *warum* ein Schriftsteller es so reizvoll finden sollte, nur für ausgebildete Spezialisten erkennbare Rätsel mit Geheimtinte in Bücher einzuschreiben. Nur gänzliche Unkenntnis der Arbeitsweise von Schriftstellern kann ihnen derartige Winkelzüge unterstellen, handeln ihre Bücher doch von ganz anderem, nämlich nicht von anderen Büchern, sondern von der Wirklichkeit. Und genau hier liegt die Plausibilität, nach der einen E. B. in der anderen E. B. zu suchen: Etwas stimmt nicht in *Effi Briest*, und *Madame Bovary* kann das eine oder andere aufklären. Was an *Effi Briest* nicht stimmt, lässt sich in einer verblüffenden Erkenntnis sagen: Es gibt keine konsistente Möglichkeit, den Roman in einer Synthese sinnvoll zusammenzufassen, seine Handlung, seine Figuren, seine Motive. Das kann man Schritt für Schritt an den drei Hauptfiguren noch einmal überprüfen.

Da ist Effi. Fontane selbst bezeichnet sie in seinen Briefen immer wieder als »die arme Effi«, stets im Ton des Mitleids, doch nicht mit einem untergehenden Opfer, sondern mit einem Menschen, der das eigene Schicksal und, schlimmer, selbst das eigene Handeln nie versteht. Effi ist keinesfalls ausschließlich wehrloses Opfer. Sie ist von allem Anfang an leichtfertig, altklug, überheblich, sie ist risikofreudig und zugleich äußerst standesbewusst und wünscht sich dringend »Reichtum und ein vornehmes Haus, ein *ganz* vornehmes«. Natürlich, es sind ihre

Eltern, die sie an Innstetten verheiraten, aber es ist Effi, die mit »schnippischem Lachen« darauf besteht, dass die jungen Männer ihres eigenen Alters nicht in Frage kommen. Nach wenigen Monaten, sie hat ihren Mann noch kaum richtig kennengelernt, lässt sie sich auf eine Affäre ein, mit Crampas, »den ich nicht einmal liebte«. Effi wird niemals wissen, ob sie diese Affäre gewollt hat oder nicht, und ihre Tochter, um die sie später so trauert, hat für sie zur Zeit von Ehe und Ehebruch kaum gezählt. Selbst Leiden und Tod sind ins Zwielicht getaucht, sie gleitet langsam dem Ende zu und tröstet sich unbelehrt mit einem altklugen, sinnlosen Spruch, eigentlich habe sie nichts versäumt. Effi ist zwar jung und charmant, aber weder klug noch sympathisch; sie spielt und sie verliert.

Da ist Innstetten. Fontane selbst klagt oft in seinen Briefen, dass »die Leute« nur mit Effi »sympathisieren« und ihren Mann zuweilen gar »als einen ›alten Ekel‹« bezeichnen: »Denn eigentlich ist er (Innstetten) doch in jedem Anbetracht ein ganz ausgezeichnetes Menschenexemplar, dem es an dem, was man lieben muß, durchaus nicht fehlt«. Gewiss, Innstetten heiratet ein junges Mädchen, wie üblich »nach den ›Verhältnissen‹ und nur sehr ausnahmsweise nach Liebe«, was sonst sollte er tun, aber diese Liebe erwirbt er, und er gibt sie auch nach dem Ehebruch nicht auf. Gewiss, er glaubt den Verhältnissen nach zum Duell gezwungen zu sein, aber er weiß, »*daß* es ein Glück gebe, daß er es gehabt, aber daß er es nicht mehr habe und nicht mehr haben könne«. Fontane wollte seinen Innstetten verstanden wissen als einen, der trotz aller Zwänge hineinwächst in ein Bewusstsein von der Gebrechlichkeit der menschlichen Einrichtungen, der die Liebe nicht als Spiel versteht und für den beruflicher Erfolg und Ruhm definitiv ihren Wert einbüßen, da diese Liebe ruiniert ist. Effi, die ihm hinterher die »rechte Liebe« absprechen will, nannte ihn zuvor noch »Zärtlichkeitsmensch«; auch hier also hat er seiner Ehefrau offenbar nicht alles versagt. Innstetten spielt nicht. Vielleicht ist er so trocken, wie ein Ministerialrat nun einmal sein muss, aber er ist klug, er ist lernfähig und er verdient jede Sympathie.

Da ist Crampas. Fast kein Raum wird dem störenden Dritten gelassen, seine Qualitäten zu beweisen. Ein Frauenheld, so will es das Klischee, der leichtfertig und ohne große Bedenken von einer zur anderen geht. Aber ein leichtfertiger Verführer, der aus Verantwortungsbewusstsein bei seiner kranken Ehefrau bleibt? Crampas hat nur eine einzige Szene, in der er sich bewähren kann, und in dieser bewährt er sich. Totenblass ringt er nach Fassung, als er die Duellforderung erhält, erweckt den Eindruck, über Jahre hin mit diesem Augenblick gerechnet zu haben und seinen Tod zu akzeptieren. Ein leichtfertiger Spieler? Eher ein existentiell verzweifelter: »›Wenn ich ihn richtig beurteile, er lebt gern und ist zugleich gleichgültig gegen das Leben. Er nimmt alles mit und weiß doch, daß es nicht viel damit ist.‹« Einer, der auch nach sieben Jahren nichts vergessen hat und weiß, was seine Verantwortung ist; einer, der vielleicht wirklich geliebt hat, denn womöglich ist Effi gerade nicht die flotte, schnell verflogene Affäre unter vielen; einer, der offenbar Schuld empfindet und Reue, der den Tod – »Noch ein schmerzlicher und doch beinah freundlicher Schimmer in seinem Antlitz, und dann war es vorbei« – vielleicht sogar als Ausweg empfindet aus einer quälenden Verstrickung. Der Major geht den Weg, den er vor Jahren eingeschlagen hat, mit Haltung zu Ende.

Und so könnte das Resümee auch ganz anders lauten: Effi, ein verwöhntes, selbstbewusstes, mehr an Reichtum und Amüsement als an Liebe interessiertes, nicht sehr intelligentes Mädchen heiratet einen älteren, etwas ernsthaften Mann, ist mit ihm so glücklich, wie eine bürgerliche Ehe nun einmal ist, spielt, weil sie das Spielen liebt, mit einem, der auch spielt, das Spiel aber ernster nimmt, als er dachte. Auch nach der Trennung setzt sie auf Risiko, hebt bizarrerweise das einzige Beweisstück auf – und verliert. Selbst im Verlust begreift sie das eigene Leben nicht, schwankt zwischen Anklagen und Selbstanklagen, Beschuldigungen und Gleichgültigkeit, und bleibt doch immer egozentrisch auf das eigene Missgeschick fixiert. Crampas aber, der Liebhaber, kann sie nicht vergessen, und erst das tödliche Duell löst ihn aus der Schuld; Innstetten lebt ein düsteres Leben des Verlusts. Liest man *Effi Briest* Satz für Satz auf *diese* Interpretation hin, dann erkennt man erstaunt, dass sie mindestens ebenso plausibel ist wie jene erste, populäre von der armen, unglücklichen Effi. Wie das? Kann ein Roman in seinen Hauptfiguren so extrem entgegengesetzte Deutungen zulassen? Und ist das *künstlerisch* noch möglich, vom Autor gewollt oder ihm zufällig unterlaufen? Die Antwort auf diese Fragen entscheidet über Gelingen und Misslingen eines ganzen Werks, und im Falle von *Effi Briest* stehen die Dinge zunächst nicht gut. In einem Roman, der so sehr mit Zeichen und Vorzeichen spielt, müssen diese Zeichen auch etwas zu einer Antwort beitragen. Ist Fontane gescheitert, so muss man wissen warum; will man ihm nicht geradezu Versagen unterstellen, dann muss man versuchen, seine *Effi Briest* beim Wort zu nehmen und als einen Roman zu lesen, der alle Deutungen in menschlichen Dingen als trügerisch zeigen soll. *So* kann es gewesen sein, vielleicht aber auch *ganz anders*! Ein bestimmter Mensch *ist* nicht einfach so oder so, alle vielmehr leben in einem ständigen Geflecht von Zweideutigkeiten, von Motiven, die sie selber nicht verstehen, von Handlungen, die sie wider besseres Wissen dann doch begehen. Die offenen Reste, die Fontane lässt, wären dann das eigentliche Erzählprinzip, die täuschenden und wieder nicht täuschenden Zeichen wären die Aufforderung, jedem einzelnen nachzugehen – und am Ende wird zu entscheiden sein, ob dieses Erzählprinzip die Täuschung überwindet oder selbst in ihr verbleibt. Denn der Schriftsteller muss Mittel und Wege finden zu zeigen, dass die Ambivalenz seiner Figuren nicht seine eigene ist.

Effis bester Freund im Kaff Kessin ist der Apotheker von gegenüber; Emmas bester Freund im Kaff Yonville ist der Apotheker von gegenüber: Dieses Zeichen ist natürlich nicht unbemerkt geblieben, aber hat man es verstanden? »Derart die beiden Apotheker einander gegenüberzustellen wäre im übrigen womöglich noch abwegiger als die verschiedentlich vorgenommenen Vergleiche thematischer Art zwischen den Titelheldinnen im besonderen sowie den Romanheldinnen im allgemeinen«, dieses Diktum der Wissenschaft ist bis heute unwidersprochen geblieben, und man will kaum glauben, dass die beiden zeitungsbesessenen Pharmazeuten ernsthaft nur für ein Spielchen gehalten wurden oder gar für Zufall. Nein, wenn man auch diesmal dem Zaunpfahl folgt, sogar nur die stärksten, aussagekräftigsten Berührungen nachzeichnet, ergibt sich ein ganz neues Bild von den Parallelgeschichten der beiden Frauen, die eben – welch Zufall wiederum! – auch die Initialen teilen, und folglich von Fontanes Roman und seiner Herkunft. Effi hat ganz wie die lektüresüchtige Emma ihre klischeehaften, zuletzt verhängnisvollen Träume, weil sie »irgendwo gelesen hat, Liebe sei nun mal das Höchste, das Schönste, das Herrlichste«; sie teilt mit ihr den verräterischen Fehler, die bösen Briefe nicht zu verbrennen; die Liebschaft mit Crampas bahnt sich beim Ausreiten an, dummerweise auch hier ermuntert vom Ehemann, ganz wie bei Charles, Emma und Rodolphe; als habe Effi die vielversprechende *Madame Bovary* gelesen, ist sie enttäuscht, dass bei *ihrer* Kutschpartie mit Innstetten auf dem »ganzen weiten Wege« nicht einmal ein Kuss herausspringt; zum Glück indes springt Crampas bei der Schlittenfahrt nach Léons Vorbild so gründlich ein, dass die nachgiebige Effi etwas verspürt, was sie für eine Ohnmacht halten will. Rodolphe und Crampas – eine der stärksten Parallelen – beenden ihre Liebschaften mit Briefen, und beide benutzen die gleiche Formel: »Warum musste ich Ihnen begegnen? Warum waren Sie so schön? Ist es meine Schuld? O mein Gott! nein, nein, klagen Sie nur eines an: das Schicksal!« der erste, »Alles ist Schicksal. Es hat so sein sollen. Und möchtest Du, daß es anders wäre, daß wir uns nie gesehen hätten?« der zweite. Und auch Innstetten scheint seinen Vorgänger Schahbovarie und dessen unsterbliches »Ridiculus sum« so gut zu kennen, dass er weiß: »Von solcher Lächerlichkeit kann man sich nie wieder erholen.«

Die Liste ist noch fortzusetzen – wer könnte dem Leser einreden wollen, dass sie Zufall ist? Nein, von dem Schreck, dass gegen den Wunsch ein Mädchen geboren wird, bis zu den blutigen Verletzungen der beiden Mädchen – Wange hier, Stirn dort –; über die Arztfigur Rummschüttel, der im Grunde eine liebenswürdige Korrektur von Charles' Mittelmäßigkeit ist; bis zu jenem genau choreographierten Liebesspiel der Verliebten, als Emma und Rodolphe am Fenster, Effi und Crampas am Strand mit zurückgezogenen und gewährten Händen, mit dem delikaten Wechsel zwischen Namen und Vornamen, mit

Zurückhaltung und Gewährenlassen auf ganz gleiche Weise die Grenzen der Intimität von beiden Seiten her abtasten: Die Bezüge sind, im Wesentlichsten wie in Kleinigkeiten, so systematisch, so zahlreich, so bedeutsam, dass man nur eines folgern kann: *Madame Bovary* ist eine der Hauptquellen für *Effi Briest*, ist ein zugleich verborgenes und offenes Zeichensystem unter dem Text – und *dass* es diese Zeichen gibt, darauf hat Fontane ja deutlich genug verwiesen, programmatisch gleich ein drittes Mal, damit man es auch unbedingt verstehe: »Es ist merkwürdig, was alles zum Zeichen wird und Geschichten ausplaudert, als wäre jeder mit dabeigewesen.« Im gleichen Augenblick, da Innstetten zu Hause schon die fatalen Briefe liest, unterhält sich auch die auf Kur weilende Effi mit einer Gefährtin über Lektüren, wobei Effi noch einiges zu lernen hat; denn »nie habe sie sich, trotz ihrer Fünfundzwanzig, so als Kind gefühlt, wie nach der Bekanntschaft mit dieser Dame. Dabei sei sie so belesen, auch in fremder Literatur, und als sie, Effi, beispielsweise neulich von Nana gesprochen und dabei gefragt habe, ob es denn wirklich so schrecklich sei, habe die Zwicker geantwortet: ›Ach, meine liebe Baronin, was heißt schrecklich? Da gibt es noch ganz anderes.‹« Was kann schrecklicher sein als *Nana*, Émile Zolas Skandalroman? *Madame Bovary*, die Mutter aller literarischen Skandale.

5.

Gleich im ersten Kapitel wird Effi etwas gesagt, was sie zwar als allgemeine Lebensweisheit verstehen kann, der Leser aber schon als erstes der zahlreichen Vorzeichen aufs bereits feststehende Ende deutet: »›Man soll sein Schicksal nicht versuchen; Hochmut kommt vor dem Fall.‹« Und so geht es weiter, mit unzähligen inneren Verweisen, bis hin zu jener allzu naiven Beschwörung: »›Und dann ist es auch schon so sehr lange her‹«, unmittelbar bevor ein Packen Briefe mit roter Schleife die alte Erkenntnis bestätigt, das Vergangene mag so lange her sein, wie es will, es wird niemals so ganz vorbei sein, wie man es sich wünscht. Dieses offensichtliche und häufig viel zu deutliche

Zeichensystem ist nur das eine, und unter ihm liegt ein anderes, verstecktes und übersehenes, das nicht innerhalb des Romans verbleibt, sondern aus ihm hinausweist auf einen anderen.

Ähnlichkeiten, Analogien, Parallelen zwischen Szenen, Motiven oder auch nur Worten sind das eine; aussagekräftig werden sie allerdings *nur*, wenn man den künstlerischen Grund zeigen kann, der für den Autor hinter ihnen steht. Für Fontanes Kunst, mit der er sehr spät den Gesellschaftsroman in die deutsche Literatur trug, war der Roman des Ehebruchs ein Hauptgenre. Beim Lesen von Flaubert ging es ihm nicht anders als bei Ibsen, er sah die »größte aller Revolutionen« kommen. Das Motivgeflecht Flauberts blieb ihm dauerhaft im Sinn, und zwar als etwas, was tatsächlich noch »schrecklicher« war als *Nana*. Zum einen, weil *Madame Bovary* nicht etwa unter Zolas ohnehin zweideutigen Gestalten der Boheme spielte, sondern mit böser Absicht im zutiefst bürgerlichen Normalmilieu. Zum anderen, weil Flaubert ganz offenkundig an Versöhnung keinerlei Interesse hatte, sondern, im Gegenteil, die fallende Ordnung mit größtem Vergnügen auch noch stieß. Zum dritten aber musste es den Schriftsteller Fontane zutiefst verstören, dass dieses antibürgerliche Zersetzungswerk ausgerechnet von einem bürgerlichen Künstler betrieben wurde, der seine höchsten ästhetischen Fähigkeiten als Erzähler genau dazu benutzte, sogar den Ehebruch zur Kunst zu erheben. Als Fontane 1885 Eduard Engels *Geschichte der französischen Literatur* rezensierte, da stimmte er ausdrücklich dessen sehr hoher Wertung zu, Flaubert sei »der genialste von Balzacs Schülern; an Reichtum der Erfindung steht er hinter diesem zurück, übertrifft ihn aber an Stilvollendung und Gleichmäßigkeit der Darstellung.« Und besonders in Engels Charakterisierung von Flauberts Ziel, *»jedes nach Romansprache klingende Wort zu vermeiden«*, fand Fontane den »echten Dichter, der nichts entsetzlicheres kennt als die hohle Phrase«.

Einen Autor, den er auf ästhetischer Ebene so bewunderte, den konnte Fontane nicht ignorieren, wenn er in seinen eigenen Romanen das gleiche Sujet umkreiste. Seine verschiedenen Versuche näherten sich Schritt für Schritt der Flaubertschen Konstellation: *L'Adultera* hatte noch ein *happy end*; schon

Unwiederbringlich brachte der Ehefrau den Tod – die hier allerdings noch die Betrogene war. Mit *Effi Briest* war er dann bei Flauberts Figuren angekommen: Heirat des ungleichen Paares, Ehebruch der Frau im langweilig-provinziellen Ehealltag, Tod. Doch bei Flaubert angekommen ist Fontane nicht etwa, um seiner unausweichlichen Geschichte zu folgen, sondern, ganz im Gegenteil, um sie zu widerlegen. Die betonte Aufnahme von Flauberts Motiven – die Initialen, der Apotheker, die Liebes-Lektüren, die aufbewahrten Briefe, das vom Ehemann ermunterte Ausreiten, die Kutsch- und Schlittenfahrten, die Zentralbegriffe Lächerlichkeit, Schuld und Schicksal und vieles mehr – zeigt nicht etwa die Identität der Geschichten, sie verweist zeichenhaft auf die Parallelgeschichte als Vergleich, und das heißt: auf deren entschiedene Differenz. *Effi Briest* ist gewollt als Korrektur der *Madame Bovary*.

Die Erzählweise der *Effi Briest* lässt beständig die Möglichkeit von prinzipiell unterschiedlichen Lektüren; ganz anders als bei *Madame Bovary* oder *Anna Karenina* hat jede der Hauptfiguren ihre Doppelgänger: Effi ist das unschuldige Opfer, aber auch die oberflächliche, emotional gestörte Spielerin; Innstetten gefühlloser Karrierist, aber auch liebevoll-ernster Verantwortungsethiker; Crampas frauenverschleißender Bonvivant, oder doch vielleicht die eigentliche tragisch-existentielle Figur des Scheiterns? Dieses Unschärfemoment gehört elementar zu Fontanes Roman, und es müsste eigentlich jener leichtfertigen Eindeutigkeit im Beurteilen menschlicher Handlungen widersprechen, die der populären Interpretation von *Effi Briest* zugrundeliegt. Jede Figur hat ihren weiteren Doppelgänger bei Flaubert. Flaubert nämlich ist der dezidierte Festleger von Charakteren; Charles' dumme Lächerlichkeit, Emmas romantische Verdrehtheit, Léons blasse Dürftigkeit, Rodolphes geübte Vulgarität, all das liegt ein für allemal fest, und alle Handlung folgt daraus. Emma ist so verdreht, dass sie nacheinander einem Trottel, einem Bürodiener und einem Dorfschönling verfällt, Charles so blöde, dass er seine Gattin demselben ausdrücklich »zur Verfügung« stellt. Nein, sagte sich Fontane, das kann nicht sein. Das *darf* uns, bei aller Kunst, ein Autor nicht einreden wollen. Und überhaupt, woher weiß er das alles so genau? Kann es nicht auch ganz anders gewesen sein? Anders, als es der selbstherrliche Autor uns mit seiner suggestiven Kunst glauben macht? Wie kann ein Autor vorgeben, für ein so kompliziertes, vielschichtiges Ding wie das menschliche Herz, seine »Gebrechlichkeit und seine wetterwendische Schwäche«, ein für allemal solch felsenfeste Diagnosen zu liefern?

Effi Briest könnte die Korrektur der *Madame Bovary* sein: Vielleicht war alles ja ganz anders. Der Leser lacht, wenn Charles seine Frau beim Ausritt dem Kavalier geradezu aufdrängt; vielleicht aber war es ganz anders: Natürlich wollte Innstetten mitreiten, natürlich war ihm unwohl bei der Sache, aber es war nichts zu machen, ein großes Feuer verlangte nach der Anwesenheit des Landrats. Den Leser schüttelt's schadenfroh, wenn die liebestolle Emma sich verzehrt nach irgendeinem Galan; vielleicht aber war es ganz anders: Natürlich hat Effi sich nicht gewehrt, aber letztlich war es eine Kette von Zufällen, eine Gelegenheit hier, ein koketter Blick dort. Der Leser imaginiert mit Lust, was Emma und der brünstige Léon im Fiaker treiben, hinter dessen Vorhängen sie sich mit dieser und keiner anderen Absicht einschließen; vielleicht aber war es ganz anders: Effi bleibt mit Crampas allein im Schlitten, weil es nun einmal, des Wetters und der Wege wegen, nicht anders ging, nicht erotische Gier hat sie dorthin gebracht, sondern nur der Straßenzustand. Der Leser lässt sie gerne ziehen, die schäbigen Liebhaber, die von ihrer hinreißenden Emma nichts mehr wissen wollen, als sie Hilfe sucht; aber vielleicht war alles ganz anders: Crampas weiß, wo seine Schuld liegt, und er nimmt sie auf sich. Und ganz zum Schluss kichert der Leser noch ein letztes selbstzufriedenes Mal über den grotesken Charles, der sich von seinem Nebenbuhler, mit großen Worten über Schuld und Schicksal, ein Bier ausgeben lässt; aber vielleicht war auch hier alles ganz anders: Innstetten weiß, was er verloren hat, er kann es nicht ändern, er resigniert, vielleicht bleibt ihm noch eine kleine Hülfskonstruktion, eine einsame Flasche im Weinhaus Huth. Und summa summarum heißt das: Vielleicht sind die Menschen gar nicht so dumm und schlecht, wie Flaubert uns weismachen will.

Fontane benutzt nicht einfach Motive, damit der Kenner etwas zum Erkennen hat; kein Autor schreibt Romane zu Zwecken der Motivverarbeitung und deren anschließender Dechiffrierung durch die Wissenschaft. Fontane versucht etwas viel Tiefergehendes, das eingreift in die ganze Struktur seines Buches: Er baut ein Zeichensystem, das auf ein anderes Buch verweist, und er baut es auf der wesentlichen inhaltlichen und ästhetischen Ebene. Fontane nämlich widerspricht nicht nur einfach Flaubert im Sinne der Figuren und Handlungen; er will diesen Widerspruch genau auf die Ebene transportieren, die er an Flaubert so bewundert: auf die ästhetische, die sprachliche, die literarische. Die Perfektion des Flaubertschen Romans lag ja in der unerhörten Art, wie er seine stilistische Technik bis ins kleinste Detail konsequent zu inhaltlichen Zwecken nutzte, wie die inhaltlichen Nuancen aus sprachlichen hervorgehen. Genau dies will nun auch Fontane, und er scheitert. Er scheitert, weil hinter dem Vexierbild der Zeichen keine Wirklichkeit entsteht, weil die vage Ambivalenz der Darstellung oft keine wirkliche Ambivalenz im Leben der Figuren ist, sondern eben bloß die Unentschiedenheit des Autors, dem Flauberts Kraft und Schärfe nicht zu Gebote stehen. Wer sich einlässt auf das literarische Zeichensystem der *Effi Briest*, hin und her geht zwischen Täuschung und Dechiffrierung, wer erkennt, dass jede Situation einen Schatten hat und jede Figur einen Doppelgänger, der versteht zwar deutlich besser die Absichten Fontanes, die Risse des Romans und seiner Figuren kann er trotzdem nicht kitten.

Unübersehbar sind die inneren Widersprüche, die Unschärfen in den Figuren; sichtbar jene Leerstellen, die wie vielsagende Andeutungen wirken, aber keine Erklärung finden. Einiges davon ist gewollt, anderes unterlaufen, das Verhältnis ist nicht immer klar zu entscheiden. So zählt es zu den größten Schwächen der *Effi Briest*, dass gerade die Hauptfigur weit mehr als nachvollziehbar ins Vage, Unentschiedene abgleitet, eine wirkliche »Tochter der Luft«, aber ganz sicher in einem anderen Sinne, als Fontane selber es dachte. Und zugleich spricht die größte Kraft dieses Frauenromans sich in einer Szene aus, die von zwei Männern getragen wird, vom Ehemann und – gegen alle Regel – von einer Randfigur, die gar nicht dazuzählt zu Effis Männern. Im letzten Gespräch zwischen Innstetten und Wüllersdorf wird nun tatsächlich »alles« in Frage gestellt, Beruf, Karriere, Ehre, und Innstetten sieht sich als der, der er ist: eine gemischte Figur, wie jede andere; einer, der sein Leben »verpfuscht« hat, doch selbst daraus nichts zu machen versteht und von dem großen Ausbruch nur redet; einer, der nur noch »aus dieser ganzen Geschichte heraus« will; einer, der zwar nach dem Ehrenkodex der Zeit exkulpiert ist, aber dennoch erdrückt wird von seiner Schuld. Hier liegt das wirkliche Ende von *Effi Briest*, oder: hier hätte es liegen müssen, im harten Augenblick der Wahrheit, da zwei Männer sich ihr vollkommenes Scheitern eingestehen. Am Tisch des Weinhauses Huth.

Fontane hat es nicht gewagt, so zu enden, und gegenüber dieser Szene ist der tatsächliche Schluss des Romans unmöglich, ja mehr noch: skandalös. Hier hätte der fiktive Lektor noch einmal dringend eingreifen müssen, denn die Idylle der kaffeetrinkenden Eltern am frischen Grab, wo »seit gestern« der Grabstein ihrer jungen Tochter liegt, die hätte der Autor auflösen *müssen*, so oder so. Die Melancholie seines grausigen Paares ist in Wahrheit monströs, aber ebenso monströs ist der versöhnende Gestus, mit dem Fontane sein Publikum in das allzu weite Feld entlässt. Wie kann er diese nachsommerliche Resignation über eine Szene breiten, die ein Tribunal hätte sein müssen? Verlangt werden hier keine plakativen Schuldzuweisungen, aber ein solcher Roman kann es nicht *vollständig* offenlassen, wie er eine so krasse Szene versteht, wie er umgeht mit der Frage der Schuld und der Haltung der Menschen gegenüber ihrer eigenen Lebenskatastrophe; das Klischee der Herbstblätter in der Septembersonne illustriert gerade einmal oberflächlich das ohnehin Offensichtliche, nämlich dass hier etwas »auf die Neige« geht, ist aber von dürftigster Symbolik für diese finale Konfrontation mit dem Tod. Der ganz missglückte Schluss wirft ein bedenkliches Licht auf viele der so ambivalenten Szenen, besonders auch auf den Anfang mit der fatalen Verlobung. Am Ende hat Fontane tatsächlich nichts anzubieten als die Tatsache, dass Effi eben zu jung war, und darüber hinaus die resignative Weisheit, dass die Dinge eben so kommen, wie sie kommen. Das aber ist die Kapitulation eines Romanciers, und letztlich liegt hier die unaufhebbare Schwäche der *Effi Briest* gegenüber *Madame Bovary* und auch *Anna Karenina*. Der radikalen Konsequenz jener modernen Literatur, die Fontane in Flaubert, Zola, Ibsen und Tolstoi fand und die er für die größte aller Revolutionen verantwortlich machte, wollte er unbedingt widerstehen, doch er begriff nicht, dass die resignative Versöhnung zu der gewiss extrem parteiischen, aber eben doch radikalen Wahrheitssuche eines Flaubert kein ernsthaftes Gegengewicht bilden konnte.

Und Fontanes Widerspruch kam auch deutlich zu spät. Es ist bekannt, dass die Entwicklung des deutschen Romans im neunzehnten Jahrhundert hinter dem europäischen Gesellschaftsroman weit zurücklag und sich eben erst mit Fontane in einen Bereich vorwagte, der in Frankreich spätestens seit Balzac der dominierende war. Als Fontane das klassische Bovary-Motiv aufnahm, war dort bereits Zolas *Rougon-Macquart*-Zyklus abgeschlossen, die großen Romane und Novellen von Maupassant waren erschienen, und die Dreyfus-Affäre, die 1894 begann, hatte zu einer weiteren starken Politisierung der Literatur beigetragen. Das aber ist nicht einfach eine chronologische Feststellung, ganz im Gegenteil, die literarischen Mittel, mit denen die modernen Romanciers ihre Gegenwart aggressiv durchleuchteten, waren längst über das hinweggegangen, was Fontane jetzt versuchen wollte. Der eigentliche Grund seines Scheiterns liegt hier, und auch der Grund, warum Fontane und *Effi Briest* eine europäische Wirkung versagt geblieben ist. Gewiss ist Flaubert keine *Norm*, seine Wirkung auf die Weltliteratur jedoch größer als die jedes anderen Romanciers im neunzehnten Jahrhundert. Fontanes Kraft reichte nicht hin, den Rückstand des deutschen Gesellschaftsromans gegenüber Europa aufzuholen, und das hatte Auswirkungen bis weit hinein ins zwanzigste. Sein Versuch, die Gesellschaft zu analysieren und zu kritisieren, ohne sich den radikaleren Konsequenzen der europäischen Zeitgenossen zu öffnen, musste scheitern. Und dieses Scheitern bildet sich ab in einem Roman, der letztlich selber nicht weiß, wie er sich verhalten will zu seinen Figuren und ihren Schicksalen. Die *menschliche* Sympathie gegenüber Effi ersetzt nicht eine wirkliche Analyse dieses Frauenlebens und der Gründe seines tödlichen Endes.

DRITTER TEIL

Die letzten Mohikaner

Frauen, Männer, Frauen

ERSTES KAPITEL

Rosenkrieg, Papierkrieg

Endspiel mit schreibendem Ehepaar

Wer spricht von Siegen? Überstehn ist alles.
Rilke

1.

Emmas, Annas, Effis Weg war zu Ende, und damit auch der Kreis der möglichen Varianten für Ehedesaster ausgeschritten. Flaubert, Tolstoi, Fontane hatten ihre Arbeit getan. Tolstoi aber tat noch mehr, denn er, der einen der unsterblichen Klassiker des Genres geschrieben hatte, wurde nun auch der, der dem Ehebruchroman an der Wende zum zwanzigsten Jahrhundert radikal den Boden entzog. Und radikal tat er es im doppelten Sinne, in der Literatur und im eigenen Leben. Was dies eigene Leben und die eigene Ehe betrifft, die nicht nur Züge des Romans tragen, sondern auch von Drama und Komödie, so hätte Tolstoi kaum Grund zur Klage: Kein Ehepaar und seine jahrzehntelange Bemühung um Trennung ist so oft beschrieben worden; zu Erinnerungen und Biographien, Abhandlungen, Analysen, Pamphleten und zuletzt sogar zu Romanen und Filmen haben Lew Tolstoi und Sofja Tolstaja es gebracht. Und da die beiden sich bis ins letzte, bittere Jahr 1910 eben *nicht* getrennt haben, sondern nur davon geredet, geschrien, geschrieben, geklagt und geträumt, vermehrte sich der romaneske Stoff von Tag zu Tag, vom Hochzeitstag am 23. September 1862 bis zu des Ehemannes Tod am 7. November 1910 auf der kleinen Bahnstation Astapowo. Am 28. Oktober hatte Tolstoi nach achtundvierzig gemeinsamen Jahren den Beschluss gefasst, seinen Eheroman zu beenden, und bei Nacht und Nebel Haus und Räuber verlassen. Doch dieser Eheroman sollte sein

Lebensroman bleiben, und mehr als ein kurzer Epilog auf der Eisenbahn war ihm nicht gegönnt. Die Trennung wurde nicht mehr zur Befreiung, nur zur Befreiung vom Leben selbst, und der Endpunkt der Ehe zu ihrem fatalen, unendlich oft wiedererzählten Höhepunkt. Tolstois Ehe war sein Schicksal. Sofja Tolstaja überlebte ihren Mann um genau neun Jahre, und eine Befreiung war es auch für sie nicht. Sie edierte sein Werk, schrieb ihre Erinnerungen, kämpfte für die Erhaltung des Gutes Jasnaja Poljana. Und sie war unaufhörlich beschäftigt mit der unendlichen und unabschließbaren Selbstrechtfertigung, vor der Welt, vor der Familie, besonders aber vor sich selber. Hatte sie den größten Schriftsteller der Epoche in den Tod getrieben? War sie die schreckliche Ehefrau, die so viele aus ihr machen werden? Wie wird die Nachwelt sie sehen? Die Nachwelt hat es eilig, die Zukunft bricht an. Der Bürgerkrieg kommt immer näher, im September 1919 werden Truppen der Roten Armee in Jasnaja Poljana stationiert. Tolstaja kann die Zukunft nicht mehr erleben, sie stirbt am 4. November und wird neben ihrem Mann beigesetzt. Tolstajas Ehe war ihr Schicksal.

Nur wenige Ehepaare sind so oft beschrieben worden wie Lew Tolstoi und Sofja Tolstaja, in der Tat, doch etwas unterscheidet sie von *allen* anderen: Kein Ehepaar hat auch *selber* je so viel geschrieben über die eigene Geschichte, die eigenen Konflikte und Kämpfe. Fast von Anfang an haben die Tolstois ihre Ehe zu einer halböffentlichen, dann öffentlichen Angelegenheit gemacht. Den Auftakt bildet jene berühmte, später von beiden in Literatur verwandelte Szene, da dieser vierunddreißigjährige Graf der achtzehnjährigen Braut kurz vor der Trauung seine Jugendtagebücher zu lesen gibt. Die ersten Aufzeichnungen stammten aus dem März 1847, als der Achtzehnjährige sich im Spital von einer Geschlechtskrankheit kurieren ließ; den Schock, den ihr der plötzliche Blick in dieses seinerzeit normale, von ihr aber als lasterhaft empfundene Vorleben versetzte, hat Tolstaja später immer wieder beschrieben. Ihr Ehemann auch. Offenheit war eine Spielregel dieser Ehe, eingeführt wohl eher vom Mann als von seiner konventionell erzogenen Gefährtin; Offenheit, die sich aber vor allem aufs Schriftliche bezog, auf die Tagebücher, die sie nun über

Jahrzehnte führten und die sie, der Spielregel zufolge, nicht voreinander verbargen. Eines späten Tages sollten diese Tagebücher ein wesentliches Schlachtfeld des Ehekriegs werden, der Kampf um die Hefte, um die Verfügung, aber schon um die Lektüre selber, denn Tolstoi hatte begonnen, nunmehr gegen die großzügige Regel, von Zeit zu Zeit auch *geheime* Tagebücher zu führen, solche also, die vor Sofjas Blick verborgen blieben. Natürlich wusste sie auch das, obwohl sie es nicht wissen sollte. Blieben sie aber allen verborgen? Durfte nicht vielleicht eine Lieblingstochter sie lesen, gar der verhasste Adlatus Tschertkow? Wie viele gab es überhaupt? Und waren sie nicht ganz sicher voll von Invektiven gegen die Gattin? Die geheimen, ja imaginären Schriftstücke entwickelten sich zur noch gefährlicheren Waffe, mysteriöse, unbekannte Quelle einer rasenden Eifersucht.

Was ist das eigentlich, ein öffentliches Tagebuch? Also nicht eines, wie jene frühen des jungen Mannes und wie so viele der Literaturgeschichte, die erst nachträglich zur Lektüre veröffentlicht werden, sondern solche, die einer führt bereits im Wissen, dass mitgelesen wird? Macht er sich zum eigenen Zensor, oder schlimmer noch: Redet er dem eigenen Gewissen ein, trotz der neugierigen Blicke über die Schulter vollkommen ehrlich mit sich zu sein? In den Jahren des Weltruhms kam bei Tolstoi naturgemäß noch das Wissen hinzu, dass kein einziges Wort, welches Zeugnis ablegte von diesem Leben, dem Zugriff der gierigen Nachwelt entgehen würde, kein Brief, kein Tagebuch, kein noch so kleiner Zettel, zu schweigen von Erinnerungen der lieben Verwandtschaft. Sofja Tolstaja wusste das so gut wie ihr Mann, doch sie wusste auch, dass in diesem Fall *sie* die schlechtere Karte gezogen hatte. Wie immer man Lew Tolstoi als Individuum beurteilen würde, seine ausschweifende Jugend, sein Verhalten als Ehemann, immer bliebe er der größte Schriftsteller seiner Zeit, der Autor von *Krieg und Frieden* und *Anna Karenina*, und das würde alles rechtfertigen. Aber sie? In Sofja Tolstajas Tagebüchern kann man nachlesen, wie die Frage der Nachwelt sie geradezu obsessiv quälte; sie wollte, musste Zeugnis ablegen, und je verzweifelter sich die Ehe gestaltete und damit ihre schriftliche Dokumentation in den Tagebüchern, desto verzweifelter auch wurde ihr Verlangen, ein anderes Bild zu hinterlassen von sich und dieser Ehe.

Es war nicht leicht, mit Lew Nikolajewitsch Tolstoi verheiratet zu sein; er war überlegen und anspruchsvoll, egozentrisch und rücksichtslos, jähzornig und despotisch, er war ein Genie und er lebte die Ansprüche, die ein Genie für sein Schaffen braucht. Es war auch nicht leicht, mit Sofja Andrejewna Tolstaja verheiratet zu sein; sie war anspruchsvoll und egozentrisch, sentimental und hysterisch, energisch und durchsetzungsstark, versuchte das Unmögliche, nämlich zugleich für ein Genie zu leben und sich ihm gegenüber zu behaupten, und in einem von Kunst durchtränkten Haushalt lebend, neigte sie dazu, die Kunst zu überschätzen und deshalb zu glauben, ohne eigenes Schaffen lasse sich kein gelungenes Leben führen. Tolstois intellektuelle Rigorosität nahm keine Rücksicht auf die Notwendigkeiten des tagtäglichen Lebens; Tolstaja vermochte dieser Rigorosität nicht zu folgen, denn das tagtägliche Leben musste gelebt werden: die Familie ernährt, die Mädchen gekleidet, das Geld vermehrt, die Oper besucht, die Feste gefeiert und des Mannes Manuskripte abgeschrieben, Tausende von Seiten, unendliche Mengen Papier, Tag um Tag, bis der Kopf sich ihr drehte. Und weil das gelebte Leben immer eines ist: nämlich eine inkonsequente, gemischte, gebrechliche Angelegenheit, war es das bei den Tolstois auch. Tolstoi zerrieb sich zwischen seinen moralischen Totalanforderungen und seinem Alltag als Gutsbesitzer und Gatte; Tolstaja quälte sich in ihrer Existenz als Gutsbesitzerin und Mutter mit dem Verlangen, auch sonst Zeugnis abzulegen von sich selbst.

Wie öffentlich auch immer, eines Tages genügten die Tagebücher nicht mehr. In einer Ehe, die zutiefst durchtränkt war von Literatur, sollte jetzt die Literatur für Gerechtigkeit sorgen, und so wurden es Romane und Erzählungen, mit denen sich Lew Tolstoi und Sofja Tolstaja gegenseitig das Bild ihrer Ehe und der Ehe im allgemeinen vorhielten. Sofja Tolstaja bewies Mut, als sie ihrem Mann auf dem Feld der Literatur entgegentrat, wo sie nur verlieren konnte. Auf dem Feld der Literatur hat sie denn auch verloren; auf dem des Lebens aber war dieser Mut bereits eine Art Sieg.

2.

In Tolstois Werk ist die Ehe zeitlebens ein zentrales Thema, und das heißt, wie es in der Konsequenz seines Jahrhunderts lag, der Ehebruch. Als 1857 der Klassiker des Genres erschien, Flauberts *Madame Bovary*, und sein Prozess über Monate Stadtgespräch war, gerade da weilte Tolstoi für einige Wochen in Paris. 1878 erblickte seine eigene Ehebrecherin das Licht der Welt. Mit der *Kreutzersonate* beginnt 1889 dann jene Reihe der späten Meistererzählungen, in denen – im *Teufel* (1889) wie in *Vater Sergius* (1898) – das moralische Problem der Ehe einziger Mittelpunkt ist. Tolstoi hat einen weiten Weg zurückgelegt, künstlerisch wie intellektuell, und erst, wenn man die späten Erzählungen vor dem Hintergrund der epischen Großwerke sieht, vermag man die ungeheure Provokation zu ermessen, die in der *Kreutzersonate* lag und die denn auch aus den Scharmützeln mit der Ehefrau endgültig Krieg machte.

Krieg und Frieden und *Anna Karenina*, beide Werke haben bei allen Unterschieden eines gemeinsam: die große Offenheit des Blicks, die Fülle des erfahrenen Lebens, die Vielfalt an Details, vor allem aber das Verständnis für die inkonsequente, gemischte, gebrechliche Angelegenheit, die ein tagtäglich gelebtes Leben nun einmal ist. Liebe und Ehe sind Teil dieses viel größeren, komplexeren Lebens, ohne das sie nicht existieren. Im Epos *Krieg und Frieden* ist es der beständige Wechsel vom privaten Dasein in die historische Chronik, was den Absolutheitsanspruch der Liebe immer von neuem relativiert. Doch auch der Ehebruchroman *Anna Karenina* ist nicht einfach die Geschichte eines »Falls«: Als einzige der großen, kanonischen Ehebruchgeschichten enthält *Anna Karenina* mit gleichem Gewicht die Gegengeschichte einer gelungenen Ehe und damit eines gelungenen Lebens, die stets bedrohte, doch letztlich beständige Liebe von Kitty und Lewin, und auch dieser hat Tolstoi – nicht nur mit der Szene der Brautwerbung – einiges von der Wirklichkeit zwischen Lew und Sofja eingeschrieben. *Anna Karenina* enthält nicht moralische Urteile, sondern eine ungeheuer vielfältige, genaue, mitfühlende Darstellung dessen, was eine Ehe gelingen oder scheitern lässt. In *Anna Karenina* gibt es kein Entweder-Oder, gibt es die literarische Erforschung jener Lebensform, die für gesellschaftliche Wesen im Europa des neunzehnten Jahrhunderts die Grundlage aller Existenz ist.

1878 liegt *Anna Karenina* in den Buchhandlungen; 1889 ist die *Kreutzersonate* abgeschlossen, doch in die Buchhandlungen kommt sie nicht. So brutal und provozierend ist ihr Inhalt, dass an eine reguläre Veröffentlichung nicht gedacht werden kann, und die Verbreitung in Abschriften hat den Skandal ganz sicher noch verstärkt: Ein Text des großen Lew Tolstoi über die Ehe, der nur heimlich weitergegeben werden konnte, das musste eine Angelegenheit sein von äußerster Gefährlichkeit! Erst Sofja Tolstajas Reise zum Zaren selber machte dann den Druck in der Gesamtausgabe 1891 möglich; diese Mühe hatte sie auf sich genommen, obwohl die Erzählung auch für sie vor allem eines war: ein ungeheurer Skandal. Und welch krasser Unterschied auch zur welthaltigen Fülle der beiden großen Romane! Man könnte meinen, ein anderer hätte sie geschrieben. Dort ein lebenskluger Mann, der unendlich viel gesehen und verstanden hat von der Welt und den Menschen, von ihren Gefühlen und Konflikten, ihren Qualitäten und Mängeln, und den dieses Verständnis bei aller Strenge vor jedem Richterspruch bewahrt. Hier ein Dogmatiker, ein Moralist, ein Fundamentalist, der zu Abstraktionen neigt, zur unwiderlegbaren Konsequenz, und der die gebrechlichen Verhältnisse noch einmal auf Biegen und Brechen anspannt, koste es, was es wolle. Und aus der anpassungsfähigen, so wandelbaren, biegsamen, differenzierten Prosa der Romane ist nun eine spartanische, didaktische, karge, aufs Wesentliche reduzierte Sprache geworden, die Sprache eines Autors, der offenbar nicht mehr bilden will, sondern reden, reden, reden, bis alle Gegenargumente, die er im voraus auf Punkt und Komma kennt, verstummen. Kein episches Erzählen mehr, sondern eine schneidende Rationalität, die genau weiß, dass sie mit allem unwiderlegbar recht hat. Und der Künstler Tolstoi schien seinem eigenen künstlerischen Werk selbst so wenig künstlerische Bedeutung beizumessen, es schien ihm auf das Erzählerische seiner Erzählung so wenig nur noch anzukommen, dass er der *Kreutzersonate* ein umfangreiches Nachwort hinterhersandte, das alles, was er mit ihr gesagt hatte, Punkt für Punkt in harten Thesen ein zweites Mal sagte. Sollte irgendein Leser der Geschichte das, was ohnehin nicht misszuverstehen war, doch miss- oder gar nicht verstanden haben, hier gab der Autor ihm den Rest.

Tolstois intellektuelle, religiöse Wendung der achtziger Jahre ist oft beschrieben worden, doch nicht sie kann den Skandal der *Kreutzersonate* erklären. Auch die explizite Moral oder Lehre der Erzählung vermag das nicht, ist doch die bedingungslose Verurteilung des Ehebruchs etwas, das vollkommen der zeitgenössischen Norm entsprach. Die *Kreutzersonate* ist die nächtliche Beichte eines durchschnittlichen Bürgers seiner Zeit; erzählt Heranwachsen und Jugend, die Entdeckung der Sexualität, Heirat, Ehe, Eifersucht und den fürchterlichen Mord an der Frau, die Strafe und die Reue – die ganze *éducation sentimentale* eines russischen Bürgers im langsam zu Ende gehenden Jahrhundert. Nichts an alledem widerspricht den allgemeinen bürgerlichen Regeln für Moral, Schuld und Sühne, nur eines: dass Tolstoi ausdrücklich diese bürgerliche Norm für das Verbrechen verantwortlich macht. Die moralischen Apologeten der bürgerlichen Ehe sind ihm die eigentlich Schuldigen für das, was er zu erzählen hat. Gegenüber *Anna Karenina* gibt es in der *Kreutzersonate* einen massiven, entscheidenden Unterschied. Anna und Graf Wronski haben die Ehe gebrochen, das steht fest. Aber was ist im Hause Posdnyschew eigentlich geschehen zwischen der Ehefrau und ihrem musikalischen Galan, mit dem sie so innig Beethoven spielt? Nichts, wahrscheinlich, aber gerade das spielt für Tolstoi gar keine Rolle, ja mehr noch: Ganz bewusst folgt die Beweisführung einem Ehebruch, der im bürgerlichen, juristischen Sinne offenbar nie geschehen ist. Gerade an diesem Fall kann er seine viel radikalere Konsequenz demonstrieren, seine Auffassung von der Unmöglichkeit der bürgerlichen Ehe. Auch die nicht mit Ehebruch oder Mord endende Ehe ist ihm ein moralisches Grauen.

Hier und sonst nirgendwo lag der eigentliche Skandal. Seit Jahrhunderten war die europäische Ehe dreierlei: christliches Sakrament, Pakt zur Fortpflanzung und wirtschaftliche Interessengemeinschaft. Sie beruft sich also unter dem religiösen Segen zugleich auf eine soziale und eine natürliche Ordnung, und gegenüber dieser war der erotische Affekt lange kaum von Bedeutung. Diese dreifache Ordnung sieht Tolstoi zerstört, und zwar vor allem bei den wohlhabenden bürgerlichen Schichten in den großen Städten, die nicht mehr angewiesen sind auf die Arbeitsteilung der Ehegatten. An ihre Stelle ist das Bild der romantischen Liebe getreten. Die ganze *Kreutzersonate* ist eine Bloßstellung dieser romantischen Liebe, und sie ist vor allem noch eines: Bloßstellung der sexuellen Grundlage der Ehe. Diese nämlich ist die unausgesprochene Mitte, der blinde Fleck aller Ehen und aller Erzählungen von der Ehe. Wie viele Hochzeiten gibt es nicht am Schluss der großen Romane – aber wie viele Hochzeitsnächte? Wie viele Familien – aber wo würde gesagt, dass deren Grundlage ein sexuelles Verhältnis ist? Wer hat ein sexuelles Leben in den großen Romanen – die Ehebrecher haben es, aber die verheirateten Paare Bovary, Karenin, Innstetten? Sie müssen es haben, denn sie haben Kinder; doch sind die Kinder da, dann ist der Rest ein mehr oder weniger tiefes Schweigen.

Die *Kreutzersonate* ist also keine Geschichte über die Liebe, sondern eine über Sexualität, über Sexualität in einer entwickelten, komplexen bürgerlichen Gesellschaft. Schritt für Schritt dekliniert Posdnyschew seinen Casus durch, erzählt präzise all das, was jeder weiß, aber keiner sagt: »Bis zu meiner Heirat lebte ich, wie alle leben, das heißt liederlich, und wie alle Männer unserer Kreise war ich bei meinem liederlichen Leben davon überzeugt, daß ich lebe, wie sich's gehört.« Er erzählt vom Erwachen des Sexus beim Heranwachsenden, von der Einführung ins Bordell, vom ausgesprochenen oder stillen Einverständnis der Älteren, dass solches aus gesundheitlichen Gründen notwendig sei für einen jungen Mann, er erzählt von der Syphilis und den Ärzten. Er erzählt vom Leben des Gutsbesitzers, der regelmäßig Verhältnisse mit Bauersfrauen hat, und von der Entscheidung, ordnungsgemäß zu heiraten und eine Familie zu gründen, von Hochzeit und Hochzeitsnacht mit einem jungen Mädchen, das nie irgendetwas von alledem erfahren hatte. Die Entscheidung für eine bestimmte Frau führt er zurück auf körperlichen Reiz, auf das Ausstaffieren von sexueller Attraktivität der heiratsfähigen Frauen zum Zwecke einer wirtschaftlich soliden Eheschließung. Die Ungleichheit der moralischen Regeln gegenüber Frauen und Männern ist für Tolstoi der eigentliche Stein des Anstoßes: hier das Recht auf ein zwar möglichst unöffentliches, aber stillschweigend akzeptiertes sexuelles Vorleben, dort die durch schärfste Strafandrohung geschützte Verklärung von Jungfräulichkeit und idealer Reinheit: »Die Entrechtung der Frau besteht nicht darin, dass sie nicht wählen und nicht Richter sein kann – sich mit diesen Dingen beschäftigen macht noch gar kein Recht aus –, sondern darin, dass sie im Geschlechtsverkehr dem Manne nicht gleichgestellt ist, dass sie nicht das Recht hat, nach Belieben mit dem Mann zu verkehren oder sich von ihm fernzuhalten, den Mann nach ihrem Wunsche zu wählen, statt von ihm gewählt zu werden. Sie finden das scheußlich – gut! Dann soll auch der Mann diese Rechte nicht haben.« Das ist in Analyse und Forderung klarer und extremer als der extremste Feminismus, und extrem ist es, weil Tolstoi aus dieser Ungleichheit das *gesamte* Desaster der modernen Moral ableitet. Diese kennt zwei Formen akzeptierter Sexualität: die heimliche Hurerei der Männer und die Ehe. Sie kennt eine, die strikt verboten ist: die außereheliche der verheirateten Frau.

Im Lichte dieser Wahrheit scheint Tolstoi die individuelle Liebe als Erklärung der Ehe nur romantische Lüge, oder schlimmer: gesellschaftlich institutionalisierte, öffentliche Hurerei: »Heutzutage ist die Ehe nichts anderes als Betrug.« Mit Hohn übergießt er jene wohlmeinenden Redner, die in der Ehe immer nur das Gute sehen wollen, »wahre Liebe«, »seelische Verwandtschaft«, »gemeinsame Ideale«: »Wozu braucht man dann aber zusammen zu schlafen (verzeihen Sie den derben Ausdruck)? Um der gemeinsamen Ideale willen müssen die Leute in einem Bett schlafen!« Und von der Hochzeitsreise bis zum Glück der Kinder – nichts, was an Ehe und Familie zu loben wäre, entgeht dem intellektuellen Zerstörungswerk. Die Diskussion im Eisenbahncoupé zwischen Posdnyschew und den Mitreisenden entwickelt sich zu einer schneidenden Ideologiekritik, in der dieser verurteilte Mörder alle Register einer moralischen Dialektik der Aufklärung zieht. Tatsächlich stellt sich der späte Tolstoi in eine Tradition, die jedem von Rousseau herkommenden Grundvertrauen in die gute Natur des menschlichen Trieblebens schroff widerspricht, und seine Auslegung des Christentums steht dieser Tradition zwischen dem Marquis de Sade, dem späten Freud und dem Georges Bataille der *Tränen des Eros* näher als dem weitherzigen Missbrauch des biblischen Liebesgebots. Für Tolstoi ist die körperliche Liebe nichts Gutes, sie ist eine zerstörerische, quälende Macht, die in archaischen Lebensformen vielleicht integrierbar war, nicht aber in der entwickelten bürgerlichen Gesellschaft. Das Motto der *Kreutzersonate* ist in aller Konsequenz Matthäus 5:28, und derselbe Vers wird dann auch über *Der Teufel* stehen: »Ich aber sage euch: Wer eine Frau ansieht, ihrer zu begehren, der hat schon mit ihr die Ehe gebrochen in seinem Herzen.« Weggelassen hat Tolstoi den ersten Satz: »Ihr habt gehört, daß gesagt ist: ›Du sollst nicht ehebrechen.‹« Ihm geht es nicht mehr um den Ehebruch, ihm geht es um die Ehe selber, und sein Gebot lautet jetzt: Du sollst nicht heiraten. Denn gibt es wirklich nur zwei Formen akzeptierter Sexualität: die heimliche Hurerei der Männer und die Ehe, dann auch nur zwei Lösungen: de Sades Aufforderung zur grenzenlosen sexuellen Freiheit und Paulinische Keuschheit.

Posdnyschews und das heißt Tolstois Argumente sind radikal, monomanisch und unwiderlegbar. Die Diskussion im nächtlichen Eisenbahncoupé stirbt langsam ab, die Gesprächspartner schweigen, und dann gehen sie still davon. Mit diesem Mann ist nicht zu reden. Übrig bleiben der teetrinkende Posdnyschew und der Zuhörer seines einsamen Monologs. Es wird nicht mehr diskutiert, es wird nur noch berichtet. Berichtet, wie eine Ehe Schritt für Schritt versinken musste in doppelter Einsamkeit, Eifersucht und Hass, in Wechsel zwischen Lust und Mordlust. Tolstoi erzählt diese Geschichte als die Geschichte eines gewöhnlichen Mannes, eines Mannes, der so lebt, wie alle leben, und das einzige, was ihn von diesen allen unterscheidet, ist der unglückselige Zufall, der ihn dort enden lässt, wo die meisten anderen aus ebensolchem Zufall nicht enden, beim Mord. Tolstois Logik ist bezwingend und unwiderleglich, und er weiß das. Jeder Einwand ist vorweggenommen. Und gerade deshalb ist in der perfekten Rechnung ein Fehler. Das Leben ist keine Mathematik, im Leben bleibt immer ein Rest, und die perfekte ethische Beweisführung ist gerade deshalb falsch, weil sie perfekt ist. Tolstois Logik ist vollkommen, doch nach ihr zu leben unmöglich, und er weiß auch das.

3.

Sofja Tolstaja war über das Werk ihres Gatten so schockiert wie alle, bei ihr aber kamen dazu noch persönliche Motive. Eine fromme Legende ist es, der Skandal der *Kreutzersonate* beruhe auf einem irgendwie negativen, mysogynen Bild der Frau, ist doch das Bild des Mannes, das Tolstoi entwirft, viel schockierender: Er ist ein »Schwein«. Sieht Tolstoi die Frau als Verführerin, so analysiert er die Verführung als Rache der entrechteten Frau an dem, der sie entrechtet und sich sexuell verfügbar gemacht hat, und mit dem einzigen Mittel, das man der Entrechteten gelassen hat. Nein, der Skandal der *Kreutzersonate* lag am offenen Aussprechen der verschwiegenen sexuellen Mitte der Ehe und an der Behauptung, dass die Verbindung eines religiösen Sakraments, einer wirtschaftlichen Interessengemeinschaft und der Sexualität in der modernen Welt eine Lüge sei. Doch während die Diskussion um die *Kreutzersonate* auch im Ausland immer weiterging, setzte Tolstaja ihre loyale Arbeit am Werk ihres Mannes fort, und zwar ausgerechnet mit dem Abschreiben seiner früheren Tagebücher, welche wie alles andere für die Nachwelt bewahrt werden mussten. In ihrem eigenen vermerkte sie am 14. Dezember 1890: »Kam heute beim Abschreiben von Ljowotschkas Tagebuch an die Stelle, an der er notiert hat: ›Es gibt keine Liebe. *Es gibt das Bedürfnis des Fleisches nach Verkehr und das Bedürfnis nach einer Freundin fürs Leben.*‹ Ja, hätte ich seine Überzeugung vor neunundzwanzig Jahren gekannt, dann hätte ich ihn um nichts in der Welt geheiratet.« Sofja Tolstaja zieht nahezu Posdnyschews Konsequenz, und das ist mehr als begreiflich. Ebenso begreiflich ist ihre Reaktion auf die *Kreutzersonate* – obwohl sie eine Mischung ist von Verständnis und völligem Verfehlen. Begreiflich nicht nur, weil sie hier offen autobiographische Elemente wiederfand – wenn auch weitaus weniger als in *Anna Karenina* –, sondern vor allem, weil sie das Fundament ihrer eigenen Ehe angegriffen sah. Und das war es durchaus. Immerhin lebte der, der im Nachwort zur *Kreutzersonate* geschrieben hatte, es gebe keine christliche Ehe, seit 1862 in einer solchen, und wenn Posdnyschew dies in den weiß Gott starken Satz fasst: »So lebte auch ich wie ein Schwein«, musste nicht nur Tolstaja den Schluss ziehen, dass auch hier der Autor sprach.

Für die Ehefrau war das schwer zu ertragen. Nicht zu begreifen vermochte sie jedoch, dass Tolstoi eben keinesfalls unmittelbar über sich und Sofja geschrieben hatte, also keinen autobiographischen Text. Offenkundig hatte sie die Logik umgedreht: Sie schloss nicht aus Tolstois Haltung zur Ehe schlechthin auf die zu seiner eigenen; sie glaubte, seine grundsätzliche Haltung sei ausschließlich die Folge seiner persönlichen Haltung zu ihr, seiner Frau. Bei aller Problematik in der Tolstoischen Ehe spricht jedoch nichts für diesen Schluss, kein Brief, keine Tagebuchstelle. Gewiss, der Roman – laut Walter Benjamins berühmtem Wort ein »zusammengestoppeltes Unding aus Erlebtem und Ausgedachtem« – kann ohne den Erfahrungs- und Erlebnisvorrat seines Autors nicht existieren; zu Literatur, zu Kunst aber wird er allein durch jenen Verwandlungsprozess, der das Erlebte aus dem individuellen Erleben und den privaten Interessen herauslöst und zu unabhängigem Material für das Schreiben macht. Das hat Tolstaja nicht verstanden. Am 19. Januar 1891 notiert sie sich: »Wie auffällig ist die innere Verbindung zwischen Ljowotschkas frühen Tagebüchern und seiner Kreutzersonate!« Aus dieser vollkommen richtigen Beobachtung aber schließt sie bereits einen Monat später, am 12. Februar: »Ich fühle doch selbst ganz genau, dass diese Novelle gegen mich gerichtet ist«, und dies war nun gewiss nicht der Fall. Und sie setzt ihren Eintrag mit der wortreichen Erklärung fort, sie habe eben nie und nirgends Ehebruch begangen – als habe die *Kreutzersonate* von ihr, Sofja Tolstaja, behaupten wollen, was sie ja nicht einmal von Posdnyschews Frau behauptet.

Die Jahre um 1890, also im Umkreis von Entstehung, klandestiner Verbreitung und endlicher Publikation der *Kreutzersonate*, tragen das Tolstoische Ehedrama endgültig hinüber aufs Papier. Lew Tolstoi geht mit der Konsequenz des seiner Wahrheit gewissen Predigers gerade seinen Weg. Für Sofja Tolstaja aber verschlingen sich die Dinge und die Zeiten fast unentwirrbar. Sie verwirft die *Kreutzersonate* und alles, was in ihr von Tolstois Denken steht, und trotzdem setzt sie getreu ihre Arbeit fort, kopiert das Manuskript, erwirkt die Publikationserlaubnis und bemüht sich um die einträgliche Vermarktung im Interesse des familiären Wohlstands. Zugleich ist sie beschäftigt mit dem Abschreiben von Tolstois Tagebüchern, womit sie wiederum eintritt in die Öffentlichkeit seiner intimsten Gedanken und Erinnerungen. Und wenn bei alledem das alltägliche Eheleben weiterging, dann in dem ständigen, von beider Tagebüchern dokumentierten Bewusstsein, dass hier Tag für Tag ein Leben gelebt wurde, das jetzt schon Literatur war und Stoff für die Nachwelt. Zwangsläufig entzündete der Streit sich immer mehr über das Schriftliche, und umgekehrt wurde jeder Streit sofort schriftlich festgehalten. Aus dem Teufelskreis gab es keinen Ausweg: »Ich schrieb weiter Ljowotschkas Tagebücher ab«, heißt es am 12. Februar 1891, »gestern griff er nach ihnen, begann darin zu lesen und sagte wiederholt, ihm sei dieses Abschreiben unangenehm, doch ich dachte für mich: ›Das mußt du nun schon aushalten, wenn es dir unangenehm ist, warum hast du denn so unsittlich gelebt!‹ Heute aber machte er einen richtigen Aufstand, sagte, ich täte ihm weh, nähme überhaupt keine Rücksicht, er habe ja diese Tagebücher sogar vernichten wollen, und vorwurfsvoll fragte er mich, ob es mir wohl angenehm wäre, an Früheres erinnert zu werden, das mich wie ein übles Vergehen quälte.« Natürlich wurde die Arbeit trotzdem fortgesetzt, und ebenso das Paradox: Tolstoi, der in der *Kreutzersonate* alles offenbart hat, aber eben *nicht* mit dem wirklichen Ich des Autors, Tolstoi quält sich mit der von ihm selbst gewollten Öffentlichkeit jener

Texte, in denen er dasselbe unmittelbar von sich selber ausspricht. Tolstaja macht ihrem Mann im Rückblick Vorwürfe für sein voreheliches Leben, und erkennt doch nicht das vollkommen Offensichtliche, dass nämlich er selbst in der *Kreutzersonate* mit dem fiktiven Ich Posdnyschews die gleichen Vorwürfe als Selbstvorwürfe bereits unsterblich gemacht hat, nur noch um vieles härter. Und keiner von beiden vermag sich durchzuringen zu der Tat, die sie doch erklärtermaßen ersehnen: die Tagebücher zu verbrennen.

An diesem Punkt tat Sofja Tolstaja etwas, was einzigartig dasteht in der Weltliteratur, sie begann zu schreiben. Das allein wäre nichts besonderes, doch was sie schrieb, war nicht weniger als die Kontrafaktur zum Meisterwerk ihres Mannes. *Wessen Fehl? Die Erzählung einer Frau. (Anläßlich der Kreutzersonate Lew Tolstois). Niedergeschrieben von der Gattin Lew Tolstois in den Jahren 1892/1893* lautet der vollständige Titel des Manuskripts, das sie nie veröffentlichte und das erst ein Jahrhundert später als *Eine Frage der Schuld* ans Licht kam. *Eine Frage der Schuld* folgt in der erzählten Geschichte konsequent der *Kreutzersonate*: Ehe, Eifersucht und Mord. Selbst der Auslöser der Eifersuchtskrise ist analog: die Begegnung der Ehefrau mit einem Künstler, der Kontrast des alltäglichen Ehelebens mit den Erregungen durch ästhetische Reize. Wollte man den kleinen Roman als eigenständiges Kunstwerk lesen, ohne den biographischen Bezug auf Tolstoi, so würde man Tolstaja nicht gerecht; zu offensichtlich sind die Mängel: die Blassheit der Figuren, der Hang zum Klischee bei Handlung und Charakteren, das nicht nur konventionelle, sondern tatsächlich triviale Bild der Frau. Das Entscheidende von Tolstajas Roman liegt denn auch an ganz anderer Stelle: an dem mutigen und riskanten Versuch, die Auseinandersetzung mit ihrem Mann noch auf andere Bereiche der papiernen Welt auszudehnen, vom Tagebuch auf die Literatur. Sie verstand die *Kreutzersonate* als einen Text aus der Perspektive des Mannes; mit *Eine Frage der Schuld* wollte sie *Die Erzählung einer Frau* dagegensetzen.

Eine Frage der Schuld ist ein äußerst ambivalentes Werk. Es ist nicht denkbar ohne die *Kreutzersonate*, doch streckenweise scheint es geschrieben, als habe die Autorin diese gar nicht zur Kenntnis genommen. Jedes ihrer Argumente ist in der *Kreutzersonate* bereits vorweggenommen, und zuweilen glaubt man in Tolstaja jene redselige Dame im nächtlichen Eisenbahncoupé wiederzuerkennen, die Posdnyschew immer wieder mit dem versöhnlichen, doch pauschalen und sentimentalen Appell an die »wahre Liebe« entgegentritt. Ambivalent ist auch der Anspruch, aus der Perspektive der Frau zu erzählen, denn Tolstaja verallgemeinert ihre so persönlichen wie extremen Erfahrungen nicht weniger als ihr Mann die seinen, aber ihre Konsequenzen daraus verraten keineswegs ein selbstbewusstes, zeitkritisches Frauenbild, wie etwa das der *Anna Karenina* eines war. Am stärksten ist ihr Roman am Anfang, dort, wo sie den Schock beschreibt, den Anna, ein junges, im Ideal von jungfräulicher Reinheit erzogenes Mädchen, erleidet, als sie einen älteren Mann heiratet und erfahren muss, dass dieser durchaus nicht mit der gleichen jungfräulichen Reinheit in die Ehe geht. Die Irrealität dieser Erziehung, das Verschweigen der Wahrheit, die jeder kennt, das groteske Vertrauen, die Dinge würden sich schon irgendwie richten, kulminiert in Hochzeitsnacht und Flitterwochen. *So* hatte sich Anna die Ehe nicht vorgestellt, so wie in diesem Augenblick, »als sie sein unangenehm erregtes Gesicht aus nächster Nähe sah«. Doch auch für diese Situation hielt die Erziehung junger Fräulein ihre Lehre bereit: »›Ja, das muß wohl alles so sein‹, dachte sie, ›Mama hat mir gesagt, daß man fügsam zu sein hat und sich über nichts wundern darf … Mag es geschehen … Aber … Mein Gott, wie schrecklich und … wie beschämend, wie beschämend …‹« In der *Kreutzersonate* sprach Posdnyschew dasselbe ungleich brutaler aus: »Meine Schwester heiratete als ganz junges Ding einen Mann, der doppelt so alt war wie sie und ein ganz übler Lüstling. Und ich erinnere mich, wie erstaunt wir waren, als sie in der Hochzeitsnacht bleich und in Tränen nach Hause gelaufen kam und, am ganzen Leibe zitternd, erklärte, sie könne um nichts, um nichts in der Welt sagen, was er von ihr verlangt habe.«

Diese Härte bringt Tolstaja nicht auf. Ihr Roman wirkt im Gegenteil so, als habe sie die Lehren der bürgerlichen Moral ihrer Zeit ein Leben lang geglaubt. Ja, Anna ist ein junges, in jungfräulicher Reinheit erzogenes Mädchen, ersonnen von einer Autorin, die einen ganzen Roman lang die Überzeugung vertritt, jungfräuliche Reinheit sei *tatsächlich* die naturgegebene Eigenschaft des weiblichen Charakters. Für Tolstaja gab es keine weibliche Sexualität. Tolstoi hatte geschrieben, Sexualität sei das tierische Begehren des Mannes, mit dem er die Frau unheilbar verletzt. Doch im Gegensatz zu ihm kam es Tolstaja nie in den Sinn, dass dieses Verhältnis eben nicht naturgegeben ist, sondern die Konsequenz jener Moral, von der beide so unterschiedlich erzählen: »Anna nahm den direkten Weg zu ihrer geliebten neuen Baumpflanzung; links war die Sonne bereits tief hinter die jungen Bäume gesunken, während rechts, über dem alten Eichenwald, schon der Mond aufging. Die ganze Winterlandschaft mit den weißen Baumwipfeln wurde von zwei ineinanderfließenden Lichtströmen angestrahlt: dem zartweißen des Mondes und dem hellrosafarbenen des Sonnenuntergangs; der Himmel selbst war dunkelblau, und weiter entfernt auf einer Waldlichtung glänzte reinweißer Pulverschnee. ›Ja, das ist Reinheit! Wie schön überall, dieses Weiß in der Natur, in der Seele, im Leben, in den Sitten, im Gewissen – immer ist es wunderbar! Wie ich diese Reinheit liebe und wie ich getrachtet habe, sie stets und allenthalben zu bewahren!‹« Jedoch ist die Naivität, mit der hier ein entwickelter Begriff von »Reinheit« im geistigen, moralischen Sinne mit dem einer ursprünglichen »Reinheit« der Natur kurzgeschlossen wird, nicht einfach Figurenrede, es ist die Überzeugung der Autorin selbst, und sollten zahlreiche Stellen in *Eine Frage der Schuld* als Beleg nicht genügen, so doch ein Blick in Tolstajas Tagebuch, wo unter dem 9. Dezember 1890 die gleiche Passage als eigenes Erleben aufgezeichnet ist. Tolstois brutaler Darstellung einer heillosen Verstrickung von Sexualität und Kultur stellt sie das biedermeierliche Frauenbild entgegen, in der die reine, fleckenlos weiße Liebe sich auch auf Baumpflanzungen erstrecken kann.

Unübersehbar berührt sich Tolstajas Schreiben mit der trivialen Liebesroman-Idyllik ihrer Zeit; wie sehr, das zeigt sich besonders auch an ihrer Variation des Motivs von Künstler und Kunst aus der *Kreutzersonate*. Bei Tolstoi ist die Kunst – in Gestalt des Presto aus Beethovens berühmter Violinsonate – eine brennende Wunde, ist das Schöne »nichts als des Schrecklichen Anfang«, wie es bei Rilke heißen wird. Die Kunst ist nicht neutral, kein angenehmes oder nützliches Spielwerk, sie ist eine Qual, ist quälende Möglichkeit zum Ausdruck des Schönen, und da alles Schöne nur *sinnlich* Schönes sein kann, ist es natürlich zutiefst verknüpft mit Eros und Sexualität. Deshalb greift das leidenschaftliche Musizieren so brutal ein in das Leben des Ehepaars Posdnyschew, und deshalb ist es gerade dieses Musizieren mit dem Fremden, was die Eifersucht des Ehemanns aufputscht bis zum Mord. Des späten Tolstoi pauschale Ablehnung der Kunst verdankt sich, wie schon diejenige Platos, dem Begriff einer *ernsten* Kunst im striktesten Sinne. In *Eine Frage der Schuld* spielt die Rolle des störenden Dritten der Maler Bechmetew. So häufig er auch zu Gast ist im Hause, Tolstaja vermag doch über ihr Alter ego zu schreiben: »Sie freute sich sehr über den Besuch, errötete und wunderte sich selbst darüber, daß Bechmetews Anwesenheit ihr so angenehm war.« Und unmittelbar nach dieser Verwunderung, die der Leser nicht teilt, heißt es: »Anna schlug ein Album auf, in das mit größter Sorgfalt getrocknete Blumen eingeklebt waren: ganze Sträuße, Kränze, Figuren in ungewöhnlichen Formen und Blumenkompositionen. ›Wunderbar! Man sieht, daß Sie eine Künstlerin sind, Fürstin!‹« Die kleine Szene konzentriert alle Elemente von Tolstajas konventionellem Frauenbild: Anna ist ihren eigenen Gefühlen gegenüber so naiv, dass sie sich wundert über ihre Erregung beim Besuch des künstlerischen Charmeurs, und dieser lobt ihre eingeklebten Blumen bereits als Kunst. Der erotische Reiz des Mannes ist der reinen Frau unbegreiflich und wird hinüberprojiziert auf eine Kunst, die ihrerseits ganz und gar herabgestimmt ist zur empfindsamen und damit höchst salonfähigen Beschäftigung für wohlerzogene Töchter und Mütter. Eifersucht kann da nur der Ehemann empfinden, denn der wittert sogar hinter diesen aufs höchste sublimierten Nichtigkeiten immer nur das Eine. Die Kunst, von der hier die Rede ist, ist nicht »etwas Furchtbares« wie in Tolstois *Kreutzersonate*, es ist die häusliche

Kunst des neunzehnten Jahrhunderts, die den Alltag einer bürgerlichen Familie dekoriert und erhöht.

Das böse Ende, es ist bekannt. Posdnyschew, von paranoider Eifersucht gehetzt, glaubt, hofft und fürchtet Frau und Liebhaber nach dem Musizieren in flagranti zu ertappen, der entsetzte Pianist entflieht erst unter den Flügel, dann auf Nimmerwiedersehen durch die Tür; der Ehemann ersticht seine Frau; diese vermag ihn vor ihrem Tod noch zu verfluchen. Der Rest ist Schuld, Sühne und Reue: »›Ja,‹ sagte er endlich, ›hätte ich gewußt, was ich jetzt weiß, so wäre alles ganz anders gekommen. Ich hätte um nichts in der Welt geheiratet ... hätte überhaupt nicht geheiratet.« Annas und Bechmetews Abschied vollzieht sich vollkommen anders; vor seiner Abreise ergehen sich der Todkranke und seine reine Gefährtin in langen Girlanden über jene »reine Atmosphäre der Liebe, in der jede Minute von unserer geistigen Kommunikation erfüllt war«, über Annas »Aureole der Reinheit, Klarheit und Liebe zu allem Erhabenen«, über die Möglichkeit, »glücklich zu sein und zu lieben, aber so, wie man den klaren Himmel lieben und sich an ihm und an der herrlichen sommerlichen Natur erfreuen kann, an dem Glück zusammenzusein«, über das »ideale Verhältnis zu einem Mann, der in ihrer Seele all das erweckt hat, was in höchstem Maße erhaben und schön ist«. Was ist Kitsch? Kitsch besteht niemals in ganz bestimmten, gleichsam indizierten Worten, Gefühlen oder Handlungen. Kitsch ist vielmehr der Versuch, Gefühlen oder Handlungen durch bloße Worte zu entkommen. Tolstaja sagt explizit, was Tolstoi nahezu gleichgültig ist, dass nämlich der sexuelle Ehebruch nie stattgefunden hat; doch nicht diese deutliche Erklärung von Annas wirklicher und juristischer Unschuld ist Kitsch, Kitsch ist Tolstajas Versuch, die ganze dunkle Kraft von Begehren und Leidenschaft, Versuchung und Widerstehen, Liebe, Eifersucht und Gewalt, unter einem Emma Bovaryschen Schaumgebirge schöner Worte unsichtbar zu machen, unter einer trivialen Rhetorik von gefühliger, ursprünglicher und nie gefährdeter Unschuld der Seele; Kitsch ist die Parteinahme, mit der Tolstaja Annas Selbsttäuschung als die eigentliche Wahrheit suggeriert. Und Kitsch ist dann auch der Schluss. Wo bei Tolstoi die Sterbende ihrem Mann und Mörder in so leidenschaftlicher wie begreiflicher Verzweiflung noch einmal entgegenschleudert: »›Ich hasse dich …‹«, da spricht Anna leise: »›So mußte es kommen … Verzeih! Dich trifft keine Schuld …‹« Nichts ist ihr wichtiger in ihrem letzten Augenblick als die Bekräftigung: »›Daß ich dir niemals untreu gewesen bin, daß ich dich geliebt habe, so sehr ich konnte, und rein vor dir und den Kindern sterbe. Aber so ist es besser!…‹« Natürlich erliegt auch der unschuldige Liebhaber Bechmetew in der Ferne seiner Krankheit. Posdnyschew hatte seine eigentliche Sühne erst *nach* der Strafe begonnen: die erbarmungslose, zerstörende Selbstbefragung. Annas Mann und Mörder wird »ein überspannter Spiritist«. Wie seine Autorin flüchtet er sich in den Nebel der Worte.

4.

Tolstaja ließ ihr Manuskript kursieren, es wurde Freunden, Literaten und Familienangehörigen zur Lektüre überlassen. Zu einer Veröffentlichung aber konnte sich die Autorin doch nicht entschließen, wohl schon allein, weil der eigentliche und einzige Adressat des Textes ihr Ehemann war. Was Tolstoi von der Sache hielt, ist nicht bekannt; gelesen hat er sie sicher. Anstatt ihren Roman zum Druck zu befördern und ihm damit eine wirkliche Existenz als Werk zu geben, tat Sofja Tolstaja ein weiteres Mal etwas, was einzigartig dasteht in der Weltliteratur: Sie trug die Auseinandersetzung vom Papier zurück in die Realität, sie begann eine Liebesgeschichte, die ganz genau dem Muster gehorchte, wie es in *Kreutzersonate* und *Eine Frage der Schuld* vorgezeichnet war. Der Komponist Sergej Iwanowitsch Tanejew war seit einigen Jahren regelmäßiger Gast im Hause der Tolstois, nun, im Sommer 1895, zwei Jahre nach Abschluss von *Eine Frage der Schuld*, wurde er mehr. Im Februar war Wanetschka, der jüngste Sohn der Tolstois, im Alter von sechs Jahren gestorben, und die folgende Krise ist in den Tagebüchern der Eltern wie immer dokumentiert, und wie immer lasen sie diese Tagebücher gegenseitig, was weiteren

Streit hervorrief. In ihrer Verstörung, die den dauernden Zweifel am Sinn ihrer Ehe noch einmal verschärfte, wandte Tolstaja sich nun leidenschaftlich zu dem langjährigen Bekannten. Sie begann den arglosen Tanejew zu vergöttern und zu idealisieren, sie musizierten miteinander, zwar Mendelssohn-Bartholdy und nicht Beethoven, doch diese häufige Gemeinsamkeit weckte dennoch Tolstois Eifersucht, der plötzlich die Rolle des außer Rand und Band geratenen Ehemanns spielte, als hätte er nie die *Kreutzersonate* gelesen, geschweige denn selber geschrieben: eine Liebe, wie sie im Buche stand. Ob wirklich keiner bemerkte, dass die Wirklichkeit zum Pastiche der Literatur geworden war? Das Ende allerdings folgte nicht dem Vorbild. Als Tanejew, der zwölf Jahre jünger war als seine Verehrerin und überdies homosexuell, endlich doch erkannte, welch undankbare Rolle ihm von den Tolstois in ihrem Eheroman zugedacht war, spielte er, anders als ihre literarischen Figuren, nicht länger mit; er dankte für die Ehre und verschwand aus Tolstajas Leben.

Als sich die Wirklichkeit auf diese Weise der Literarisierung verweigerte, wählte Tolstaja, so unglaubhaft es klingt, noch ein weiteres Mal den Notausgang zur Literatur: Sie begann einen zweiten Roman, dessen Manuskript dann spätestens um 1900 abgeschlossen war. *Lied ohne Worte* ist ein höchst sonderbares Experiment, nämlich – nach *Kreutzersonate*, *Eine Frage der Schuld* und der realen Tanejew-Affäre – die vierte Variation auf ein und dieselbe Melodie: Verfehlte Ehe, Versuchung durch einen Künstler, Finale. Der neue Roman verschlingt unentwirrbarer denn je die autobiographischen Fäden; als literarisches Werk ist er dadurch definitiv gescheitert, doch zugleich wird er zum Musterbeispiel für das klassische Missverständnis, was reales Lebensmaterial für Literatur leisten kann. *Lied ohne Worte* scheiterte, weil Tolstaja ihren Roman *unmittelbar* zur Therapie für sich selber schrieb und dabei jene Transformation übersprang, die aus Lebensstoffen erst ein Kunstwerk macht, und weil sie andererseits an falscher Stelle Veränderungen vornahm, die das Autobiographische unkenntlich machen sollten, dabei aber die Konsistenz und damit die innere Glaubwürdigkeit der zugrundeliegenden Geschichte und ihrer Figuren vollkommen zerstörten.

Die Differenzen gegenüber den drei vorausgegangenen Varianten sind klein, aber entscheidend. Sascha, die Heldin des Romans, verheiratet und Mutter, wird durch den Tod ihrer eigenen Mutter in eine tiefe Lebenskrise gestürzt, in der sie nur durch die Begegnung mit dem Musiker Iwan Iljitsch – welch großer Tolstoi-Name! – Trost findet. Doch bereits diese Abweichung von der eigenen Wirklichkeit bringt ihren Roman auf die schiefe Bahn; offenbar wollte Tolstaja nicht vom traumatischen Verlust ihres kleinen Kindes erzählen, doch anders als dieser ist der eines alten Menschen bei aller Trauer etwas, was seinen Ort hat in jener ewigen Bewegung von Geburt und Tod, der alle Menschen unterworfen sind. Dass eine erwachsene, selbstbewusste Frau mit eigenem Leben beim Tod der Mutter sich in diesem exzessiven Maße fallen lässt in schrankenlose Depression und Lebensmüdigkeit, bis sie gar die eigene Existenz gefährdet, vermag Tolstaja erzählerisch nicht glaubhaft zu machen, und Sascha bekommt dadurch von Anfang an einen Zug ins Pathologische und ist eben ganz und gar nicht repräsentativ für ein allgemeineres Frauenschicksal. Ganz anders als in *Kreutzersonate* und *Eine Frage der Schuld* gibt auch der Ehemann Pjotr keinen Anlass zu dem, was dann folgt; denn waren dort die Ehemänner gleichgültige, erotomanische und jähzornige Despoten, so ist Pjotr ein zwar schwacher, aber eben doch liebevoller, freundlicher und gar nicht dominierender Gatte. Was Sascha ihm vorzuwerfen hat, ist nur, dass er sich eher für seinen Garten interessiert als für Mendelssohn-Bartholdys Klavierstücke – eine lässliche Sünde, sollte man meinen.

Um so verblüffender drängt sich ein anderes Schema auf, und man fragt sich, wann Tolstaja zum letzten Mal Flaubert gelesen hatte. Tatsächlich wirkt *Lied ohne Worte* wie eine *Kreutzersonate*, der die Konstellation von *Madame Bovary* übergestülpt worden ist. Pjotr Afanassjewitsch ist alles andere als ein Posdnyschew, aber er ist fast eine Kopie von Charles Bovary; Sascha in ihrem Verhältnis zu Iwan Iljitsch gleicht aufs Haar Emma in Anbetung des künstlerisch dilettierenden Kanzlisten Léon Dupuis. Sind diese Ähnlichkeiten Zufall? Aber auch diesseits der Frage, ob Tolstaja den französischen

Meisterroman kannte – was sehr wahrscheinlich ist –, sind die Parallelen imstande, Licht auf den Kern des Romans zu werfen. Sascha ist – anders als ihre Vorgängerinnen in *Kreutzersonate* und *Eine Frage der Schuld* – keinesfalls eine Frau, deren Ehe an einem wahnhaft eifersüchtigen Mann und, allgemeiner, an den von Männern dominierten Moralvorstellungen der Epoche scheitert; nein, ähnlich wie Charles bringt Pjotr für seine geliebte Sascha sogar noch dann Verständnis auf, als er einfühlsam ihre Liebe zu Iwan Iljitsch errät. Sascha trägt vielmehr von Anfang an hysterische Züge und steigert sich gleich Emma stärker und stärker hinein in jene trivial-romantischen Bilder, die sie sich zusammenreimt von Leben und Liebe. Für sie dürfen jeder Tag und jede Nacht nur aus Idealität, Schönheit, Reinheit, Kunst und Seelenverwandtschaft bestehen, und natürlich aus Mendelssohn-Bartholdys *Liedern ohne Worte*. In ihrer idealen Raserei macht Sascha dem Ehemann sogar ein unschuldiges Radieschenbeet zum Vorwurf: »›Ja, wer soll denn das alles essen, solche Mengen?‹, fragte Sascha, die im weißen Kleid auf dem Balkon saß und zwischen die Seiten eines großen roten Buches Frühlingsblumen zum Trocknen legte. Einfältig lachend gab Pjotr Afanassjewitsch eine alte Volksweisheit zum Besten: ›Gibt es einen Garten, so findet sich auch ein Mund.‹ Sascha war unangenehm berührt und lächelte abschätzig. ›Lieber solltest du Blumen pflanzen, das alles kann man doch für einen Groschen kaufen.‹«

Die winzige, unfreiwillig hochkomische Szene wäre Wort für Wort in *Madame Bovary* vorzustellen – mit einem ebenso winzigen Unterschied, der nur im Kontext läge und dennoch ein Unterschied ums Ganze ist: Bei Flaubert wäre sie die bösartige, ironische Karikatur einer Frau, die sich aus der pragmatischen Wirklichkeit in ein wohlriechendes Wolkenkuckucksheim verabschiedet hat, wo es kein Gemüse mehr gibt, sondern nur noch weiße Kleider und Rosen. Bei Tolstaja wird die Karikatur süßester Ernst. Sollte sie *Madame Bovary* gelesen haben, dann hat sie das Unmögliche getan, nämlich die Liebesgeschichten Emmas als wirklich tragische Liebesgeschichten verstanden. Ihre Sascha schmachtet beim Klavierspiel nicht anders als Emma mit dem Gitarristen Léon; sie seufzt und klagt beim Anblick des musizierenden Iwan Iljitsch, dass sich die Balken biegen, doch Tolstaja ist gemeinsam mit ihr überzeugt, hier gehe es tatsächlich immer nur um das Eine: »›Ja, auch ich bin auf meine Weise glücklich über meine neue Liebe für … die Musik‹, sprach Sascha bei sich«, und höchstens diese drei Pünktchen könnten hauchzart andeuten, was der restliche Roman wortreich bestreitet, dass nämlich Sascha oder wenigstens die Autorin auf die naheliegende Idee gekommen wäre, das quälende Verlangen könne sich womöglich weniger auf die Musik richten denn auf den Musiker. Das gesamte Vokabular, mit dem Tolstaja die Liebe zur Musik instrumentiert, ist ein erotisches Vokabular. *Lied ohne Worte* ist, in einem Begriff der Zeit, nicht ein Roman über Hysterie, sondern ein hysterischer Roman, ein Roman, der Frauen jede Sexualität konsequent abspricht und sie in körperlose Phantasien und Erregungen verkleidet. Saschas Ehe scheitert weder an ihrem Mann noch an irgendwelchen gesellschaftlichen Forderungen gegenüber der Ehefrau. Sie scheitert, weil Sascha sich in die empfindsamen Gemeinplätze von idealer Liebe und idealer Kunst so rettungslos verliert, dass nichts und niemand dem mehr entsprechen kann, keine reale Ehe und keine reale Liebe und kein realer Mann. Sie schluckt kein Arsen, aber ihr Weg führt sie zwangsläufig dahin, wo man im neunzehnten Jahrhundert weibliche Hysterie kurierte, zwar nicht zum berühmten Doktor Charcot persönlich, wo die *Kreutzersonate* die Opfer der männlichen »Schweinerei« sah, doch in die Nervenklinik gleichwohl. Dort hungert Sascha sich endgültig hinaus aus dieser Welt von Lüstlingen und Radieschen.

5.

Betrachtet man *Lied ohne Worte* außerhalb des Tolstoischen Eheromans, so wäre es ein Stück Trivialliteratur, das in flacher, nun ausschließlich im Kitsch verbleibender Prosa das Lob der sterbenden Schwäne singt. Innerhalb dieses Eheromans indessen bezeichnet es den äußersten Gegenpol zur *Kreutzersonate*, versucht es doch, gegen die ausweglose schwarze Dialektik

Tolstois, wenn auch hilflos, festzuhalten an einem harmonischen, guten Bild der menschlichen Natur. Weder literarisch noch biographisch war hier etwas zu versöhnen, das leuchtet ein. Doch nun? Die Romane waren fertig; das gelebte Leben der Tolstois, eine inkonsequente, gemischte, gebrechliche Angelegenheit, ein Leben in den Händen der Räuber, ging zehn Jahre weiter, mit Streit, Terror, Nervenzusammenbrüchen und schließlichem Tod, die Ehe als kleinstmögliche kriminelle Vereinigung. Das Ganze wäre Sache der Biographie, hätten die Tolstois diese nicht selber aufs Papier getragen; doch am Ende, was hatte ihnen die Literatur bei alldem genützt? Gar nichts. In diesem Krieg gab es keinen Sieger. Vielleicht musste in einem Haushalt, der zutiefst durchtränkt war von Literatur, die Literatur fast zwangsläufig überschätzt werden, und diese Überschätzung brachte Sofja Tolstaja dazu, Gerechtigkeit für ihr Leben ausgerechnet an der unpassendsten Stelle zu suchen, in Romanen und Erzählungen. Ein Irrtum, der für die Gattin des großen Tolstoi sehr begreiflich ist, doch ein Irrtum gleichwohl. Sie vermochte das Autobiographische nicht vom Literarischen zu unterscheiden, oder anders gesagt: wusste nicht, wie Literatur aus dem Leben entsteht. So hat sie zwei Romane geschrieben, die zwar als existentieller Akt gegenüber dem Ehemann von großem Mut sind, nicht jedoch sich selbst gegenüber: Als Selbstrechtfertigungen gehen sie der Wahrheit aus dem Weg. Und auch für eine »weibliche Perspektive« in der Literatur ist hier nichts zu gewinnen, bleiben doch die zarten Seelen der Anna und Sascha mit ihrer Sentimentalität und Blumigkeit ganz innerhalb des trivialsten Frauenklischees, das nicht zuletzt Lew Tolstoi längst aufgelöst hatte mit der großen Figur der selbstbewussten, rebellischen, klugen und sich ihrer Attraktivität bewussten Anna Karenina.

Der große Sittenroman des neunzehnten Jahrhunderts – von Balzacs *Glanz und Elend der Kurtisanen* bis Fontanes *Effi Briest* – richtete an die bürgerliche Gesellschaft die Frage nach der Moralität ihres Bildes von sich selbst, aber er stellte die Gesellschaft und ihr Recht auf ein moralisches Regelwerk nicht in Frage. Mit dieser Gesellschaft und ihrer Moral hat der späte Tolstoi gebrochen, hat das Ehebruchmotiv aufs äußerste zugespitzt und damit ans Ende gebracht. In seinen letzten Erzählungen steigerte er die Gesellschaftskritik zur moralischen Totalkritik. Nach *Kreutzersonate*, *Der Teufel* und *Vater Sergius* war für ihn deshalb nichts weiter zu sagen, das Thema erledigt. Im wirklichen Leben dagegen gibt es die Tabula rasa erst mit dem Tod, und dieser löst kein einziges Problem, sondern löscht es aus, und nur mit dem Leben selber. Aus dem wirklichen Leben kommt man nicht hinaus durch Literatur. Der Widerspruch zwischen *Kreutzersonate* und *Eine Frage der Schuld* verdankt sich den ausgesprochenen Ideen ebenso sehr wie der Biographie; anders als Lews verbleibt Sofjas Werk jedoch vollständig innerhalb des privaten Konflikts und ist ohne den Blick auf diesen unverständlich. Der Hinweis, Lew Tolstoi habe persönlich durchaus nicht nach seinen Maximen gelebt, mag vielleicht zu individualpsychologischen Überlegungen Anlass geben, sonst ist er belanglos, denn was sollte dieser Lew Tolstoi anderes gewesen sein als ein unvollkommener Mensch wie jeder andere auch, und die ausgesprochenen Lehren der *Kreutzersonate* halfen ihm in seinem eigenen Leben keinen Schritt weiter. Mochte er so radikal sein, wie er wollte: Weil er eben *nicht* Posdnyschew war und seine Frau *nicht* ermordet hatte, blieb ihm nichts anderes übrig, als sein widersprüchliches Leben weiterzuleben, schlecht und recht, solange es eben ging. Dasselbe gilt für diese Frau, Sofja Tolstaja, denn auch sie war ganz und gar nicht so wie ihre sich nach ätherischer Liebe verzehrenden Heldinnen Anna und Sascha, und man muss sie in Schutz nehmen vor der platten Lesart, die ihre Figuren als Selbstporträts versteht. Ihr literarisches Scheitern zeigt sich gerade daran, dass sie die komplexe Problematik ihrer Ehe, ihr eigenes individuelles Unabhängigkeitsstreben und den Wunsch, an einer lebbaren Form von Familie und Ehe festzuhalten, eben *nicht* autobiographisch beschrieb, sondern nur in den weltfremden Kitsch von Rosenbeeten und Klavierspiel zu kleiden vermochte. So sehr sie schmachtete für ihren Tanejew, sie überließ sich diesem Schmachten nie wie die Hungerkünstlerin Sascha und blieb immer die lebenspraktische Herrin des Hauses Jasnaja Poljana. Gerade deshalb vermochte Tolstaja jenem düsteren Bild des Eros, der Sinnlichkeit und der Kunst, das ihr Mann entwarf, nicht zu glauben. Sie wusste besser als jeder andere von Tolstois Leiden an diesem unaufhebbaren Widerspruch, und darum lehnte sie instinktiv ein Denken ab, von dem sie wusste, dass es nicht lebbar war.

Und Tolstoi? In dem, was er *wollte*, ist auch er gescheitert, ganz gewiss. Hinterlassen hat er, der die Kunst aus ethischen Gründen verwarf, gerade das, was er *nicht* wollte: drei der eindrucksvollsten, gewaltigsten Erzählungen vom Ende seines Jahrhunderts, Literatur. Die Fundamentalkritik, die er mit ihnen so laut hinausgeschrien hatte, dass sie seinen Mitmenschen qualvoll in den Ohren klang, ist dem *common sense* hundert Jahre später unverständlich geworden. Natürlich, die Liebe ist immer noch eines der großen Themen für alle Varianten der ernsthaften und trivialen Kultur, und die Sexualität ist es erst recht, seit sie auch außerhalb der Ehe mit freundlichem Wohlwollen bedacht wird, in endloser Schleife besprochen und abgebildet. Nur in einem ist das zwanzigste Jahrhundert Tolstoi gefolgt. Wo der Ehebruch immer banaler wurde, da verschwand er aus dem Roman.

Schöne neue Welt
Ausweitungen der Kampfzone

Politik ist die Fortsetzung des Krieges mit anderen Mitteln.
Clausewitz

1.

Wir kommen von weit her. Zwei Pferde stehen sich im Sand gegenüber, auf ihren Rücken zwei Männer in voller Rüstung, jeder bewaffnet mit Lanze, Streitaxt, Schwert und Dolch. Man schreibt den 29. Dezember 1386, die Ausrüstung pro Mann wiegt mehr als dreißig Kilogramm. Die Pferde haben es nicht leicht und nichts gegeneinander, trotzdem werden sie die Helden nicht überleben. Die Männer, das ist die Spielregel, werden mit allen Mitteln so lange aufeinander einschlagen, bis mindestens einer von ihnen tot ist, zur Not wird morgen weitergemacht. Ist das Zeichen gegeben, rennen die Pferde aufeinander los, die Männer auf ihren Rücken versuchen einander aus den Sätteln zu hauen, vergeblich. Die Pferde machen kehrt, nehmen noch einmal Anlauf, jetzt zerbrechen die Lanzen unter dem gewaltigen Stoß, die Männer greifen zur Axt. Diesmal wird ein Pferd getroffen, das erste Blut fließt, es ist Pferdeblut, nun steht ein Pferd mit Mann einem Mann ohne Pferd gegenüber, doch nachdem auch dieser das gegnerische Pferd trifft, sind es nur noch zwei Männer. Die Pferde verlassen den Schauplatz. Die Männer greifen zu den Schwertern, und als der eine von dem anderen tief ins Bein getroffen wird und deshalb auch das erste Menschenblut fließt, weiß der Blutende, wenn er jetzt nicht sehr schnell den anderen umbringt, wird er selber umgebracht, denn lange kann er bei dauerndem Blutverlust nicht durchhalten. Nach einigem Hin und Her gelingt es ihm, den anderen Mann auf den Rücken zu werfen, und er kann jetzt wenigstens schon einmal mit dem Schwert so kräftig wie möglich auf den Helm schlagen, doch er braucht noch ein wenig, bis er eine Öffnung findet in der schweren eisernen Rüstung. Nach den Prinzipien eines Mechanikers geht der Weg von den schweren zu immer feineren Werkzeugen. Der Mann arbeitet jetzt mit dem Dolch. Als er endlich eine Lücke unter dem Helm aufgebogen hat, bohrt er diesen Dolch so lange dort hinein, bis der Hals des Mannes unter ihm so zerstochen ist, dass der Mann stirbt.

Man schreibt, wie gesagt, den 29. Dezember 1386; der Ort ist der Hof des Klosters Saint-Martin, nördlich von Paris; der lebende, stark aus dem Bein blutende und vollkommen erschöpfte Mann ist der Ritter Jean de Carrouges; der tote und jetzt auch stark blutende Mann im Sand ist der Knappe Jacques Le Gris; die beiden Pferde bleiben anonym. Als fast auf den Tag fünfhundert Jahre später, am 27. November 1886 – das Datum des realen Duells in der Ardenne-Affäre muss grosso modo auch das des Romans sein, an dem Fontane seit 1888 arbeitete –, der preußische Ministerialrat Geert von Innstetten und der Landwehrbezirkskommandeur Major von Crampas einander bewaffnet gegenüberstehen, ist die Sache längst ein Anachronismus. Zwar wird es in der Realität wie in der Literatur noch ein Weilchen solche Zweikämpfe geben, doch der eigentliche Reiz ist dahin. Der Kampfplatz der Liebe ist nun anderswo. Um Männer und Frauen drehte es sich auch zwischen Jean de Carrouges und Jacques Le Gris – »Liebe« im modernen, romantischen Sinne kann man den Fall aber kaum nennen, um den es hier ging. Denn die Unklarheit, was diesen Fall eigentlich ausmachte, sollte ja durch den Kampf tatsächlich erst beseitigt werden. Marguerite, die Frau des Ritters, beschuldigte den Knappen der Vergewaltigung; der Knappe leugnete jede Untat. Weil Aussage gegen Aussage stand, befahl das Gericht schließlich den Zweikampf: Der Sieger war im Recht. Sollte Le Gris sterben, war seine Schuld erwiesen; sollte Carrouges sterben, musste seine Frau wegen Falschaussage auf den Scheiterhaufen. Das Duell zwischen Jean de Carrouges und Jacques Le Gris ist so berühmt geworden, weil hier zum letzten Mal in der Geschichte Frankreichs ein Zweikampf als Gottesurteil angeordnet wurde, angeordnet gerade wegen des Zweifels, ob der gewaltsame, brutale Ehebruch tatsächlich stattgefunden hatte. Aber trifft dieses Wort überhaupt zu? Zwischen Carrouges und Le Gris ging es offenkundig um ganz anderes als zwischen Innstetten und Crampas, es ging um eine Frau als Besitz, als Gegenstand von Macht, als Objekt von Kämpfen. Denn der Kampf begann nicht erst auf dem Sandplatz des Klosters Saint-Martin, er hatte schon viel früher begonnen: auch nicht erst bei der Vergewaltigung oder bei der entsprechenden Anklage, sondern in der Konkurrenz der beiden Männer um die Gunst ihres Herrn. Marguerite war also nicht nur Objekt, sie war auch Waffe in einem Konkurrenzkampf, der viel umfassender war. Vielleicht galt die Vergewaltigung gar nicht ihr, sondern ihrem Mann; vielleicht war die Beschuldigung, sollte sie falsch gewesen sein, der Vorwand für legalen Mord. Marguerite jedenfalls, schwarz gewandet, wohnte neben dem König auf der Tribüne dem Kampf der beiden Männer bei und verließ danach mit ihrem blutigen Gatten die Arena. Später soll ein anderer die Vergewaltigung gestanden haben, aber im modernen Sinne überprüfbarer Fakten bleibt das wahre Geschehen für alle Zeit im Dunkel.

Als der Ministerialrat und der Landwehrbezirkskommandeur ihre Pistolen aufeinander abfeuern, geht es zwar auch um eine Frau, aber die beiden *kämpfen* nicht um eine Frau. Sie kämpfen nicht einmal *um* die Ehre, sondern nur *wegen* ihr, was etwas ganz anderes ist. Als Innstetten den Major Crampas fordert, bildet er sich nicht im Traume ein, der Zweikampf könne irgendetwas ändern an den Problemen seines Ehelebens, denn dass dieses unwiderruflich vorbei ist, weiß er genau. Der einzige Zweck des Duells besteht darin, dass es stattfindet; es ist ein gesellschaftliches Ritual, mit dem nicht eine Frage der Schuld, sondern die Frage der Ehre beantwortet werden soll. Fontanes Duell ist ein Anachronismus, und der offene Punkt, über den der Roman bezeichnenderweise wortlos hinweggeht, ist die Tatsache, dass dieses Duell auch gesellschaftlich gar nicht mehr unvermeidbar gewesen wäre. Selbst wenn man Innstettens ganzer Logik strikt folgen wollte, wäre immer noch nicht ausgeschlossen, dass er sich einfach nur hart von Effi getrennt hätte. Dass dem armen Charles Bovary der Gedanke an Zweikämpfe nicht kommt, liegt nahe; aber Alexej Alexandrowitsch Karenin denkt sehr wohl nach über die Alternative Duell oder Scheidung: »›Zweifellos ist unsere Gesellschaft noch so unzivilisiert (anders als in England), dass sehr viele‹ – und unter diesen vielen waren auch diejenigen, deren Meinung Alexej Alexandrowitsch besonders werthielt – ›ein Duell günstig beurteilen würden; aber was für ein Ergebnis wäre damit erreicht?‹« Karenins Überlegungen gehen ganz und gar in eine sachliche Richtung: »›Welchen Sinn hätte die Tötung eines Menschen zu dem Zweck, mein Verhältnis zur frevlerischen Ehefrau und zum Sohn zu klären? Ich müsste noch genauso entscheiden, was ich mit ihr machen muss. Was allerdings wahrscheinlicher wäre und wozu es zweifellos käme – dass ich getötet oder verwundet würde. Ich, der Unschuldige, das Opfer, würde getötet oder verwundet. Was noch sinnloser wäre. Aber nicht nur das; eine Forderung zum Duell wäre von meiner Seite ein unehrenhafter Schritt. Weiß ich denn nicht im vorhinein, dass meine Freunde mich niemals zu einem Duell ließen – es nicht zuließen, dass das Leben eines Staatsmannes, den Russland braucht, in Gefahr geriete? Und was dann?‹«

Ja, was dann? Auch wenn sie für Karenin zunächst vollkommen undenkbar ist, die Möglichkeit der Ehescheidung ändert alles im Konfliktfeld zwischen Mann und Frau. Der Kampfplatz verlagert sich vom Duell zur Scheidung, vom Alles-oder-nichts zum Sowohl-als-auch. Damit aber ist die ganze Gefechtsordnung verwandelt. Die Frau ist nicht länger nur Objekt des Kampfes, auch nicht mehr Waffe, sie ist Teilnehmerin im Kampf. Innstetten weiß so gut wie Karenin, dass ein Duell von seinen Problemen kein einziges löst, und das ist neu. Denn für wie greulich auch immer man das blutige Schauspiel zwischen Jean de Carrouges und Jacques Le Gris von heute aus halten mag, eines muss man zugestehen: Die Probleme, die an seinem Ursprung standen, waren gelöst. Die Schuldfrage war geklärt, der Schuldige bestraft, die Ehre wiederhergestellt, das Ehepaar konnte von diesem Augenblick an weiterleben wie zuvor. Das Gottesurteil hatte den Fall restlos beseitigt. In der bürgerlichen Ehe ist eine solche Lösung unmöglich. Karenin tritt erst gar nicht an, aber auch Innstetten, der ja wie Jean de Carrouges seinen Nebenbuhler vom Leben zum Tod befördert, findet durch dieses Ende der Affäre keinesfalls seine Ruhe wieder oder auch nur seine Ehe, im Gegenteil: Innstetten vermag es nicht, die anderen Personen ausschließlich als Gegner oder Gegenstände im Kampf zu sehen, und der Blick des sterbenden Crampas hinterlässt eine Wunde ganz ebenso wie die Erinnerung an die verlorene und immer noch geliebte Effi.

Die Zeit der einfachen Lösungen ist vorbei, und nur weil das so ist, konnte der bürgerliche Ehe- und Ehebruchroman entstehen. Natürlich, gerne würde man Marguerites Gedanken kennen, während sie den beiden Männern unten in der Arena dabei zusah, wie sie sich gegenseitig umzubringen trachteten, aber ihr Zusehen konnte in diesem Augenblick – trotz der drastischen Folgen auch für ihre eigene Zukunft – nur ein passives sein. Der bürgerliche Ehebruchroman entsteht erst in dem Augenblick, als die Frau aus der Position der vollständigen Passivität herausgetreten ist. In der bürgerlichen Ehe ist die Frau, bei aller Abhängigkeit, eben nicht mehr einfach der *Besitz* ihres Mannes, und auch wenn der Mann den Nebenbuhler totschlägt, kann er die Frau danach nicht wieder mit nach Hause nehmen, als sei nichts geschehen. Die Geschichte von Marguerite, Jean de Carrouges und Jacques Le Gris gehört tatsächlich noch ganz in den Umkreis der großen mythologischen Erzählungen wie der von Tristan, Marke und Isolde, in denen es um völlig anderes geht als um die Lösung von Ehe- und Familienproblemen. Wie viele Parallelen aus jenen alten Geschichten auch in den modernen erhalten blieben – ein bürgerlicher Eheroman ist etwas anderes als der archaische Kampf ums Weib. Und der Grund dafür liegt im Verhältnis der Eheleute selber. Aus einem Besitzverhältnis ist ein Machtverhältnis geworden, und Macht ist ein deutlich komplexeres Verhältnis als das Entweder-Oder des Besitzens, es lässt sich nicht mehr einfügen in das Schema von Verrat – Kampf – Sieg – Tod.

Für die Liebe und den Verrat hat sich die Literatur schon immer interessiert, aber das Interesse richtete sich auf extreme

Einzelfälle wie Tristan und Don Juan, so faszinierend gerade wegen ihrer individuellen Einzigartigkeit. Welcher zeitgenössische Verehrer von Mozarts Oper hätte sich schon selbst in der Gestalt des Radikalerotikers Don Giovanni wiedererkennen mögen? Don Giovanni ist alles andere als ein Sittenbild des achtzehnten Jahrhunderts. *Madame Bovary* hat nicht zuletzt deshalb Skandal gemacht, weil hier nicht mehr von Figuren aus Adel oder Mythologie die Rede war, sondern von der Arztfrau nebenan. Die bürgerliche Ehe ist ein Konstrukt, in dem die verschiedensten Faktoren sozialer Natur unter jenes eine Dach gebracht wurden, unter dem auch die Psychologie des Eros haust. Dieses Zusammenleben hat über eine recht lange Zeit funktioniert, und so lange dies der Fall war, konnte die Sache kaum besonders interessant werden für Literaten. Das wurde sie erst durch den Zerfall. Romanautoren sind – in dieser Hinsicht – keine sympathischen Menschen, sie interessieren sich erst dann für etwas, wenn es beschädigt wird, und für Ehepaare, wenn die Ehe leider ins Rutschen kommt. Und *dass* sie ins Rutschen kommt, wird von Anfang an gelesen als ein Symptom dafür, dass irgendetwas nicht stimmt mit der Gesellschaft, in der das alles vor sich geht. Deshalb ist die Entdeckung des neunzehnten Jahrhunderts der Liebes-, Sitten-, Ehe- und Ehebruchroman als Gesellschaftsroman, und deshalb wird er immer wieder in Verbindung gebracht mit dem sogenannten Realismus als literarischer Epoche. Die Geschichten von Emma, Anna, Effi sind nur möglich in einer Gesellschaft, die auf Brüche des Regelwerks nicht mehr mit den drakonischsten Strafen reagiert, und deshalb sind sie ein Gradmesser für das, was geschieht in diesen Gesellschaften.

Fontane hatte geschrieben, »die freie Herzensbestimmung« als Fundament der Ehe wäre die »größte aller Revolutionen« und schlimmer noch »der Anfang vom Ende«. In dem Kampf, den Jean de Carrouges und Jacques Le Gris um Marguerite geführt haben, dürfte die freie Herzensbestimmung nicht die geringste Rolle gespielt haben, und auch die umkämpfte Frau hatte nur eine bestimmte Funktion in einem viel umfassenderen Kampf. Zwischen Effi, Innstetten und Crampas ist diese Herzensbestimmung das eigentliche Problem, aber die Kampfrituale von Duell und Scheidung reichen schon nicht mehr heran an das Herz und seine Probleme. Der bürgerlichen Ehe ist es für einen sehr überschaubaren Zeitraum gelungen, die Kohabitation von lebenspragmatischen und liebesbedürftigen Notwendigkeiten unter einem Dach mehr recht als schlecht zu bewerkstelligen. Der Auflösungsprozess ging deutlich schneller. Bis dahin war die Ehe keine Kampfzone, sondern sollte gerade Schutz vor einer solchen bieten. Mit den Liebesunordnungen des neunzehnten Jahrhunderts – vom *Werther* zu den *Wahlverwandtschaften*, von der *Frau von dreißig Jahren* zu *Rot und Schwarz* – ist das dahin. Mit Emma Bovary ist der hemmungslose Wunsch nach freier Herzensbestimmung Teil der bürgerlichen Ehe geworden, und schaut man sich die Geschichte an, dann hatte Fontane recht und es war tatsächlich der Anfang vom Ende.

2.

Die *Leiden des jungen Werthers* sind kein Ehebruchroman, der Roman des Liebesverrats und der Roman des Ehebruchs durchaus nicht dasselbe. Dies lässt sich schon allein daran ablesen, dass die Epoche des Ehebruchromans sehr kurz ist, ja eigentlich identisch mit genau den Jahrzehnten zwischen dem 1857 der *Madame Bovary* und dem 1895 der *Effi Briest*. Und dass Effi, Innstetten und Crampas überhaupt noch in diesen späten Jahren ihre Geschichte durchleben können bis hin zum Duell, liegt präzise an der historischen Verspätung Deutschlands, wo sowohl die Sitten als auch der Sittenroman weit zurück sind hinter den französischen und anderen Zeitgenossen: In einem Augenblick, da der französische Gesellschaftsroman die Grenze des Bürgerlichen bereits drastisch überschreitet, tritt mit Fontane derjenige Schriftsteller auf, der die deutsche Literatur für den realistischen Roman überhaupt erst öffnet. Tatsächlich ist die »schreckliche« *Nana* bereits 1880 erschienen, also fünfzehn Jahre vor jener *Effi Briest*, in der Zolas berüchtigter Roman selber schon Gegenstand von Lektüre und Diskussion ist. Die Geheimrätin Stricker rät ihrer Freundin

Effi durchaus ab von dieser Lektüre, und sie folgt damit der Protagonistin selbst, denn auch Zolas Halbweltdame Nana pflegt eine strikte Abneigung gegen diese »schmutzige Literatur, die beanspruchte, die Natur wiederzugeben; als ob man alles zeigen könne! als ob ein Roman nicht geschrieben sein müsse, um einem eine angenehme Stunde zu bereiten! In Hinblick auf Bücher und Theaterstücke hatte Nana sehr feste Meinungen: sie wünschte zarte und edle Werke, Dinge, die sie träumen ließen und die Seele weiteten.« Es gehört zu den beißenden und witzigen Ironien Zolas, dass Nana das Buch, in dem sie vorkommt, mit den gleichen empörten Argumenten ablehnt wie die Bürger, zu denen sie nicht zählt, und wie die verspäteten preußischen Damen, die sich die Welt dieses Romans mit wonnigem Grusel ausmalen.

Im französischen Gesellschaftsroman bezeichnet tatsächlich schon *Nana* die Grenze, jenseits derer der Ehebruch im klassischen Sinne keine Kunst mehr ist. Natürlich ist Paris hier auch gegenüber dem restlichen Frankreich ein besonderer Fall, und glaubt man der einschlägigen Literatur, dann hatte der schlaue Léon Dupuis wohl schon ein paar Jahrzehnte früher nicht ganz unrecht, die schon längst nicht mehr ehrbare Arztgattin Emma Bovary mit dem Argument in den fatalen Fiaker zu bugsieren, in Paris sei das nun mal so üblich. Im Paris des Second Empire beschrieb eine umfangreiche, wenn auch leichtgewichtige Literatur das Leben zwischen Bürgertum und Halbwelt, zwischen ehrbaren Männern und leichten Mädchen: *Les Amazones de Paris, Les Joueuses, Les Belles pécheresses, Les Dames de Risquenville, Les Cocottes, Les Comédiennes adorées, Les Petites dames de théâtre, Les Mangeuses d'hommes* et cetera hießen die einschlägigen Romane, aufgelistet in einem Katalog für die Weltausstellung 1867. Auch wenn diese Romane durchaus nicht zur Literatur zählen, sondern eher zum Genre der sensationellen und massenhaften Produktion von trivialem Lesefutter, kann kaum angezweifelt werden, dass der gesellschaftliche Hintergrund, vor dem diese »Männerfresserinnen« aller Art ihr Wesen trieben, durchaus der Wirklichkeit entsprach. Aus diesem Grunde hatte Zola bereits früh den Plan gefasst, in seine *Rougon-Macquart*, die zwanzigbändige *Na-*

tur- und Gesellschaftsgeschichte einer Familie im Second Empire, auch einen Roman über das Pariser Halbwelt- und Nachtleben aufzunehmen, deren Heldin eine »putain« sein sollte, eine »Nutte«.

Nach dem Vorbild seines Freundes Flaubert musste aber die literarische Qualität über das Buch entscheiden; in einem Artikel zu den gerade erschienenen anonymen *Mémoires d'une biche russe* polemisierte er 1866 gegen die »Gefahr dieser mittelmäßigen und dummen Bücher, die nur Schüler in Ferien und ausgehungerte Grisetten in Versuchung bringen könnten«, und er fügte etwas hinzu, was nur als Ankündigung für das eigene Werk verstanden werden kann: »Dieser Roman zeigt nicht die Sitten meiner Zeit in ihrer eigenen Wirklichkeit. Ich warte auf die wahre Geschichte der Halbwelt, falls es jemals einer wagen sollte, sie zu schreiben.« Zola wagte es, und das Wagnis bestand darin, die Sitten der Zeit als das zu beschreiben, was sie waren: die fortschreitende Auflösung der bürgerlichen Moral. *Nana* ist der exemplarische Roman der Pariser Sitten unter dem Second Empire. Die Heldin ist Tochter von Arbeitern und früh schon angetrieben von dem Verlangen, die ärmlichen Verhältnisse zu verlassen. Die Belle Époque bot armen, aber hübschen Mädchen eine Möglichkeit dazu, die Prostitution in allen Formen. Auch Nanas Mutter hatte zu diesem Mittel gegriffen, aber erst in äußerster Not und irgendwo an einer Ecke bei der Porte de Clignancourt. Jetzt aber haben die Zeiten sich geändert, und Nana findet Eingang in eine Halbwelt, wo niemand mehr auf der Straße stehen muss. Halbwelt, der Name spricht aus, wie dieses Leben funktioniert: in einer Mischung von Bürgerwelt und höherer Prostitution. Nana gehört zu jenen Kreisen, die bei Balzac noch »bohème« genannt wurden und die das längst nicht mehr sind. Die Welt der kleinen Theater, der Cafés, Bars und Restaurants wird bevölkert von Schauspielerinnen, Sängerinnen, von allen möglichen künstlerischen Berufen, denen man meistens ein »sogenannt« voranstellen müsste. Das Publikum dieser Theater und die Kundschaft seiner Damen sind jedoch ehrbare Männer aus Bürgertum und Adel, die hier ihr tagtägliches Vergnügen suchen und finden.

Nanas Geschichte ist die von gesellschaftlichem Auf- und Abstieg durch die »force de son sexe«, die Macht ihres Geschlechts. Nachdem sie einmal begriffen hat, was diese »Obsession« ist, »welche die Mädchen auf die ehrbarsten Bürger ausüben«, lebt sie ihr ganzes Leben durch Verführung und die folgende Bezahlung. Die Männer, mit denen sie es zu tun hat, sind selbstverständlich zumeist verheiratet. Zola beschrieb also in seinem Roman eine Gesellschaft, die den ständigen Ehebruch zwar nicht legalisiert, jedoch vollkommen normalisiert und akzeptiert hat, durch Männer, die bei Schauspielerinnen gleichsam Nebenhaushalte führen mit festen – wenn auch nicht immer verlässlichen – Geliebten, und auch Nana bringt es in ihren besten Zeiten bis zum Besitz eines Landhauses. Dies schöne Leben ist natürlich keine friedliche Koexistenz. In jedem Augenblick von Nanas Geschichte ist die Zerstörung und Selbstzerstörung schon angelegt. »Als sie sich umdrehte, stand Nana, fröstelnd, mit feuchtem Haar, für einen Augenblick staunend vor ihrem Salon, als hätte sie ihn vergessen und sei an einen unbekannten Ort getreten. Sie fand dort so milde, so wohlriechende Luft, dass es ihr eine glückliche Überraschung bereitete. Die angehäuften Reichtümer, die alten Möbel, die goldenen Seidenstoffe, das Elfenbein, die Bronzen schlummerten im rosigen Schein der Lampen; während aus dem ganzen stillen Haus der Eindruck eines großen Luxus heraufstieg, die Feierlichkeit der Empfangsräume, die komfortable Weite des Esszimmers, die Ruhe der breiten Treppe, mit der Weichheit von Teppichen und Sesseln. Es war eine plötzliche Ausdehnung ihrer selbst, ihrer Bedürfnisse nach Herrschaft und Lust, ihres Verlangens, alles zu besitzen, um alles zu zerstören. Nie zuvor hatte sie so stark die Macht ihres Geschlechts verspürt.« Und an keiner anderen Stelle ist die Verwandtschaft von Emma und Nana stärker, in der Destruktivität, die im Inneren dieser Beziehungen arbeitet. Wie Flaubert lässt Zola mit drastischen Mitteln spüren, dass der Status quo auch nach außen nicht zu halten sein wird; ein Bürgertum, dass seine eigene Moral zerstört, ist keines mehr, und sichtbar machen das die erotischen Freibeuterinnen, an denen sich – wie auch immer ihr eigenes Verhalten zu werten sein mag – die

Unmoral der Bürgermoral erweist. Der Anfang vom Ende liegt bereits hinter ihnen.

Obwohl in *Nana* eine Gesellschaft beschrieben wird, in der die Basis durch die ordnungsgemäße Ehe längst zersetzt ist, gibt es eine Binnengeschichte, welche diese traditionellen ehelichen Verhältnisse noch einmal reflektiert, aber mit all der Ironie, zu der Zola fähig war. Es ist die Ehe- und Ehebruchgeschichte des Comte Muffat, der mit seiner Frau und Nana ein seltsames Dreieck bildet. Seltsam, weil es nur so lange funktioniert, als Muffat nicht weiß, was er in Wahrheit ist: der in jeder Hinsicht betrogene Betrüger. In der klassischen Konstellation blieb *einer* immer unschuldig, und waren Emma, Anna, Effi die Betrügerinnen, so Charles, Alexej, Geert die Opfer. Muffat betrügt seine Frau mit Nana, und dass Nana, die ja schließlich auch nur ihr Brot verdient, neben ihm noch andere haben muss und hat, ist ihm nicht unbekannt. So weit, so gut, und so auch im Rahmen einer wie auch immer akzeptierten erotischen Ordnung. Doch als Nana eines Tages im Rahmen der üblichen üblen Nachrede erfährt, dass auch Muffat seinerseits von seiner Frau betrogen wird, ist sie nicht nur rechtschaffen empört – »Was für eine reizende Welt! das ist zu dreckig!« –, sondern sie erzählt den Casus stehenden Fußes dem Betroffenen. Muffat, der Liebhaber, ein »cocu«, ein Hahnrei! »›Ich fand das immer widerlich, einen *cocu*!‹« Was Nana abstößt, ist für Muffat Anlass zu hemmungsloser Verzweiflung und Wut; zunächst will er seine Frau umbringen, dann, als Nana ihren *cocu* mit sadistischer Bosheit aufzieht – »›Wenn die ehrbaren Frauen sich schon einmischen und uns unsere Liebhaber wegnehmen ... Ja, denen geht's gut, den ehrbaren Frauen!‹« –, diese selbst. Eine Art Trost findet Muffat schließlich in der Logik: »Am Ende fand er sie [die Geschichte] natürlich und notwendig. Während er in Hemdsärmeln bei einer *catin* war, zog sich seine Frau im Zimmer eines Liebhabers aus; nichts war einfacher und nichts logischer.«

Damit hat Muffat nun tatsächlich nach allen Regeln des gesunden Menschenverstands recht, doch wo gelten diese Regeln schon in Sachen Ehe? Gerade innerhalb einer Gemengelage, wo zwischen Ehemännern und leichten Mädchen alles seinen längst gewohnten Gang geht, entwickeln die Beteiligten plötzlich ein sonderbares System von Ehrpusseligkeit. Zwar tröstet Nana ihren verzweifelten Muffat, der an *seinen* Abenteuern nichts, an denen der *Gattin* aber alles auszusetzen findet, mit der Weisheit: »›Man ist durch sowas nicht entehrt!‹«, aber sie glaubt es selber nicht. So wie sie in Sachen Literatur keineswegs wünscht, von Frauen wie sich selbst in Romanen zu lesen, so versucht sie mit allen guten und schlechten Argumenten, Muffat auch von einem Scheidungsprozess abzuhalten: »›Schau, du willst doch wohl nicht überall hören, ich hätte dich von deiner Familie abgebracht? Das würde mir einen schrecklichen Ruf verschaffen, was denkt man dann von mir?‹« Und diese Spießerangst ausgerechnet bei Nana, einer der berühmtesten Kokotten des von Emma so heißersehnten Sündenbabel Paris! Man glaubt, Innstetten zu hören im Gespräch mit Wüllersdorf – so weit ist es gekommen mit den Begriffen der Ehre! Am Ende schlägt Nana ein quasi-bürgerliches Eheleben zu dritt vor: Muffat versöhnt sich mit seiner Frau, liebt Nana, und in den Nächten, die er nicht bei ihr ist, kümmert er sich um die verschiedenen Bedürfnisse seiner Gattin: »›Alles in allem, sie ist deine Frau. Es ist nicht so, als ob du mich mit der Erstbesten betrügst.‹« O Dialektik! Am Ende stünde ein Arrangement, das aus Ehepaar und Mätresse ein kleinbürgerlich-ruhiges Familienleben zaubert, eine Idylle der Idioten, »so etwas wie ein glücklicher Schlaf im unvermeidlichen Dreck der Existenz«.

Dass es dazu nicht kommt, liegt auf der Hand. Was Zola beschreibt, ist eine bürgerliche Gesellschaft, in der sämtliche moralischen Ordnungen auf den Hund gekommen sind und in der trotzdem noch immer Trümmer von dem herumliegen, was diese Ordnung einmal war. Wer auch immer, die Bürger oder die leichten Mädchen, alle bedienen sich dieser Trümmer, wo es ihnen gerade passt oder wo sie sie brauchen als Hilfskonstruktionen vor dem allerletzten moralischen Bankrott. Mag sein, dass Muffat jammert über die unglaubliche Untreue seiner reinen Gattin, nirgendwo wird er jemanden finden, der sich mit ihm empört; nirgendwo eine Regel, die es ihm erlaubte, seine Frau zu be- geschweige zu verurteilen. Das entscheidende Wort spricht Nana: »›Wenn die ehrbaren Frauen sich schon einmischen und uns unsere Liebhaber wegnehmen ...‹« Konkurrenz belebt das Geschäft, mag sein, aber in diesem Falle tut sie etwas anderes: Wenn die ehrbaren Frauen und die ehrbaren Männer und die leichten Mädchen allesamt in der gleichen Arena agieren, dann ist das erreicht, was Fontane befürchtete. Zwar geht es durchaus nicht mehr um »freie Herzensbestimmung« im romantischen oder auch nur sentimentalen Sinne, doch der freie Kommerz in Sachen Liebe, Erotik und Sexualität unterwirft auch die Ehe dem brutalen Prinzip des Tauschwerts. Schon immer haben Männer und Frauen sich umworben, nach den Regeln ihrer Zeit und ihrer sozialen Stellung, doch wenn sie sich gefunden hatten, waren Mann und Frau dem erotischen Handel und Wandel entzogen. Ehemann und Ehefrau hatten den Wettbewerb um Anziehung, Verlockung, Verführung und endlicher Überzeugung verlassen; die Ehe war auch ein Versprechen auf Schutz. Das ist vorbei. Wo niemand mehr die Grenzen der Ehe respektiert, ist der Ehebruch nur ein Fall unter vielen. Die Ehe ist jetzt mittendrin in den verschiedenen Kampfzonen von Sexualität und Liebe.

3.

Am Anfang des Romans *Elementarteilchen* ist der Held Michel Djerzinski etwa vierzig Jahre alt, steht an der Hälfte des Lebens. Der erfolgreiche Molekularbiologe verabschiedet sich mit einer kleinen Feier von seinem Institut, um seine Arbeit in anderem Rahmen fortzusetzen. Spät kehrt er zurück in seine schäbige, einsame Wohnung und bereitet sich ein Fertigmenü aus dem Supermarkt. »Am selben Abend fand er ein Foto wieder, das in der Grundschule in Charny aufgenommen worden war; und er begann zu weinen. Das Kind saß an seinem Pult und hielt ein geöffnetes Schulbuch in der Hand. Es lächelte und blickte den Betrachter voller Freude und Zuversicht an; und dieses Kind, das war das Unverständliche, war er. Das Kind machte seine Hausaufgaben, lernte seine Lektionen fleißig und ernst. Es betrat die Welt, entdeckte die Welt, und die Welt flößte ihm keine Angst ein; es war bereit, seinen Platz in der Gesellschaft der Menschen einzunehmen. All das konnte man im Blick des Kindes lesen. Es trug einen Kittel mit einem schmalen Kragen.« Zweihundertvierzig Seiten später geht die Erzählung, ihrem Ende schon nah, noch einmal zurück zu einem Augenblick, der chronologisch kurz vor jenem Abschiedsabend liegt. Michel und seine Jugendliebe Annabelle sind sich nach langen Jahren wiederbegegnet, unglücklich und enttäuscht. Annabelle wünscht sich ein Kind. »Als intelligente Säugetiere, die sich hätten lieben können, betrachteten sie sich in der großen Helligkeit dieses Herbstmorgens. ›Ich weiß, daß es ziemlich spät ist‹, sagte sie. ›Aber ich habe trotzdem Lust, es zu versuchen. Ich habe noch meine Schülerkarte für die Bahn aus dem Schuljahr 74/75, dem letzten Jahr, in dem wir gemeinsam aufs Gymnasium gegangen sind. Jedesmal, wenn ich sie ansehe, würde ich am liebsten weinen. Ich verstehe nicht, warum die Dinge so beschissen verlaufen sind. Ich kann es einfach nicht glauben.‹« Das Pathos des vertanen Lebens liegt erschütternd auf diesen Bildern einer leuchtenden Erwartung in den Augen des Kindes und der gramvollen Enttäuschung der Erwachsenen. Abgrundtiefe Traurigkeit erfüllt die Figuren, die um so unerträglicher ist, als sie allein dem Hier und Jetzt des erzählten Augenblicks entspringt, nichts demonstriert, nichts bedeutet und nichts beweist. In dieser Szene ist keine These, keine Theorie, nur das kahle, unheilbare Unglück zweier Menschen, für das sie keine Erklärung wissen.

Michel Houellebecq, der Romancier, kennt solche Erklärungen natürlich, und er hat sie so oft und so ausdrücklich in seinen Roman hineingeschrieben, dass man sie dort wieder herausgelöst und gelesen hat wie Thesen eines soziologischen Traktats, die ohne Rücksicht auf literarische Form besprochen werden könnten. *Ausweitung der Kampfzone* und *Elementarteilchen* sind jedoch zunächst zwei Werke, die mit aller Konsequenz versuchen, noch einmal den großen Anspruch des Zeitromans einzulösen in einer Zeit, in der die Literatur ihr Privileg auf Welterklärung längst eingebüßt hat. Lange hatte es kein Beispiel mehr gegeben für einen Roman, der noch einmal den Blick aufs Ganze der Gegenwart erzwingen, der alles zugleich sein will: Entwicklungsroman, Gesellschaftsroman,

Liebesroman. Dieser Anspruch aber wirkte noch verstörender als all die *Stellen*, deren deutlich gewollte Provokation nur die Oberfläche der beiden Bücher betrifft. Und mit dem Blick auf schockierende, abstoßende Details übersieht der oberflächliche Leser, dass Houellebecqs Romane sehr viel mehr mit der Tradition zu schaffen haben als mit dem Provokationsgestus einer längst verblichenen Avantgarde.

Elementarteilchen ist ein Bildungsroman am Ende des zwanzigsten Jahrhunderts. Houellebecq bedient sich damit einer Gattung, die nach dem literaturtheoretischen Urteil diesem Jahrhundert und seiner »Zerstörung des Subjekts« strikt untersagt sein sollte. Die formale Wahl folgt damit konsequent dem gleichen Prinzip der antimodernen Polemik gegen die Allgemeinplätze des modernen Lebens, wie es der Roman auch mit der erzählten Fabel tut. Houellebecqs Bücher sind alles andere als formlos aufs Papier geschleuderte Wut, sie sind kein spontaner Ausbruch der Verzweiflung und erst recht keine Befindlichkeitsprosa einer verlorenen Generation; sie sind bewusst geplante, hochartifizielle Romane, in denen das Verhältnis von Erzählung und Theorie, von Gestaltung und Formlosigkeit, von Provokation und Sentimentalität, von Tradition und Traditionsbruch genau kalkuliert ist und eingesetzt zu größtmöglicher Wirkung. Ein Bildungsroman ist ein exemplarischer Lebenslauf, und seine Form wird bestimmt durch das spannungsvolle Wechselverhältnis zwischen der Entwicklung eines Individuums und den Ansprüchen der Gesellschaft, in dem es lebt. In der Vorrede zu den *Elementarteilchen* wird ausdrücklich erklärt, in welchem Sinne der Lebenslauf des Michel Djerzinski als exemplarisch anzusehen ist, nämlich für die »dritte, in vieler Hinsicht radikalste metaphysische Wandlung, die eine neue Epoche in der Weltgeschichte einleiten sollte«, für die Abschaffung des Menschen am Anfang des dritten Jahrtausends. Die Zeichen dafür werden oft genug wiederholt: das Eindringen des kapitalistischen Marktes in die letzten Winkel der menschlichen Existenz und die Unterordnung des gesamten Lebens unter seine Gesetze; die Manipulation des Lebens selbst durch Biotechnologien, durch Eingriffe in das Erbgut des Menschen. Der Schöpfungsmythos des

Christentums, dem die vorletzte metaphysische Wandlung im Sinne Houellebecqs zu verdanken war, wird abgelöst durch den einer zweiten, vom Menschen selbst ins Werk gesetzten Schöpfung. Doch bis hierhin bleibt man noch immer im Bereich der Thesen, wie sie Houellebecq auch in seinem Aufsatzband *Die Welt als Supermarkt* zusammenfasst. Der Romancier tut etwas anderes; er erzählt die Geschichte von Menschen, die in ihrem Denken und Fühlen den Übergang zur »dritten metaphysischen Wandlung«, welche ihre Wirklichkeit bereits bestimmt, noch nicht vollzogen haben. Der Mensch am Umbruch vom zweiten zum dritten Jahrtausend ist anthropologisch weit zurück hinter seiner selbsterschaffenen Welt – ein antiquiertes Wesen.

Die bestimmende künstlerische Entscheidung Houellebecqs besteht darin, dass er diese metaphysische Wandlung auf das projiziert, was für das Selbstbild des abendländischen Menschen seit Jahrhunderten entscheidend gewesen ist: die Liebe. Er ergreift eine Tradition, die im Titel von Flauberts *Éducation sentimentale* ihren kanonischen Ausdruck fand: Jede Erziehung eines Einzelnen ist *Erziehung der Gefühle*. Für das neuzeitliche Individuum ist die Vorstellung von der Liebe jener Punkt, wo Eros und Ehe, Privatheit und Öffentlichkeit, Verlangen und Versagung, Leidenschaft und Askese aufeinandertreffen, und die Energie, die hier entsteht, ist eine der Triebkräfte für die Kulturleistungen dieser Neuzeit. Das Ideal der allseits ausgebildeten Individualität schließt die Liebe selbstverständlich ein und ist, bis hin zur Vorstellung von der bürgerlichen Ehe, von den Extremen der Libertinage und der Askese gleich weit entfernt.

Seit dem achtzehnten Jahrhundert definiert sich das moderne Individuum ganz besonders über seine Gefühle, und die Liebe ist der dominierende Gegenstand der Literatur. Gerade in Frankreich besteht eine lange und bedeutende Tradition, die den Sittenroman als Gesellschaftsroman versteht, die im Erotischen das Denken und Handeln der Epoche deutlich macht; von *Manon Lescaut* und den *Gefährlichen Liebschaften* bis zu *Madame Bovary*, *Bel-ami* oder *Nana*. Und wie Michel Houellebecq haben auch Flaubert, Zola, Maupassant und unzählige andere den Vorwurf auf sich gezogen, sie hätten einem kruden und vulgären Realismus zuliebe die literarische Gestaltung ihres Stoffes ganz und gar verraten, hätten gar unmoralische Stoffe einzig der Tagesaktualität wegen gewählt und um auf diesem zynischen Wege zu unverdientem Ruhm zu kommen. Nichts ist falscher. Denn nur ein einziges Tabu haben diese Romanciers tatsächlich durchbrochen: Die Behauptung, dass bestimmte Wirklichkeitsbereiche der hohen Literatur nicht angemessen seien. Niemand hat zu Zolas Zeiten bestritten, dass es die in *Nana* beschriebene Formen der höheren oder niederen bürgerlichen Prostitution tatsächlich gab, sowenig wie heute die Existenz von Houellebecqs sextouristischen Ferienclubs in Frage steht; bestritten wird der Literatur nur das Recht, sich derart niedrigen Themen zuzuwenden. Im Abstand einiger Jahrzehnte allerdings ist die dem vermeintlichen Zynismus innewohnende Moralität dann regelmäßig entdeckt worden – was inzwischen auch bei Houellebecq begonnen hat.

Das Interesse an der erotischen Abweichung verdankt sich keinem frivolen Spiel, es gehört zum innersten Kern des europäischen Verständnisses von der Liebe. Dieses Verständnis ist undenkbar ohne die beständige Spannung von Wirklichkeit und Ideal. Denis de Rougemont wagte in seiner großen Studie *Die Liebe und das Abendland* die These, der abendländische Begriff der Liebe entspringe einem »Haß auf die Ehe«, und es ist geradezu Existenzbedingung des Ehebruchromans, dass die dichterische Phantasie sich tatsächlich immer erst dort entzündet, wo die Norm einer gelungenen Verwandlung von leidenschaftlicher Liebe in gesellschaftlich verankerte Ehe missachtet wird. Dass die gebrochene Ehe unendlich interessanter ist als die glückliche, steht außer Zweifel, zu fragen blieb nur nach den Gründen. Die alltägliche Lebenswirklichkeit des europäischen Menschen wird vom Ideal einer Ehe bestimmt, die Leidenschaft und Treue, Gefühl und Vernunft in sich vereinigt; das geistige, das künstlerische, literarische und philosophische Bild der Liebe dagegen von dem Bewusstsein, dass diese Gegensätze ewig unauflösbar sind: Treue und Verrat, Trennung und Wiederfinden, Wissen und Verschweigen, Leidenschaft und Zwang, und hinter allem die unaufhebbare Dualität von Körper und Geist, von Sexualität und Askese, in seine sublimste Form gebracht zum großen Traditionspaar der irdischen und himmlischen Liebe. Das Interesse an der erotischen Abweichung, an Tabubruch und Normverletzung folgt zwangsläufig aus diesem dialektischen Begriff der Liebe, beweist zugleich aber auch, dass ein Verhältnis von Norm und individueller Freiheit in der Liebe als Ausdruck für die Veränderungen in der Gesellschaft überhaupt beschrieben werden kann. In der Mitte jedes Gesellschafts- und jedes Bildungsromans findet sich der Liebesroman.

Mit seinen beiden frühen Romanen lässt Houellebecq also in später Stunde noch einmal eine Tradition aufleben, die von Liebe und Sexualität erzählt, um zu beschreiben, was Georg Lukács einst den »Subjektstand der Epoche« genannt hat, also das Verhältnis der Individualität zum gesellschaftlichen Ganzen einer bestimmten Zeit; dass es für diesen Autor – auch das kein unbekanntes Motiv im bürgerlichen Roman der Moderne – tatsächlich das *letzte* Mal gewesen sein soll, ergibt sich zwingend aus der Diagnose seiner Bücher selbst. Wer nicht nur zwei zeitgenössische Romane liest, sondern weiß, dass auch das Allerneueste nur im großen Strom der Literaturgeschichte Wirklichkeit hat, der erkennt, worin der epochale Anspruch von Michel Houellebecq und auch seine tatsächliche Bedeutung liegen. Er ist der »Überbringer schlechter Botschaften«, wie er selbst es im Gespräch mit der *Nouvelle Revue française* nannte, »ich verkünde das Ende einer Welt; ich verkünde in gewissem Sinne das Ende der westlichen Zivilisation. Verschärfender Umstand: ich betrachte die Apokalypse mit einer gewissen Gelassenheit, und ich gehe noch weiter und betrachte sogar Möglichkeiten des Wiederaufbaus.« Die schlechte Botschaft ist um so verstörender, als sie erzählt wird im Medium der traditionellen Gefühlskultur. Houellebecq erzählt von der Verwandlung der Liebe in eine Kampfzone, und seine Romane sind Trümmerstätten, auf denen die Ruinen der europäischen Liebesdichtung in einer fremden Gegenwart kahl herumstehen. Neben ihnen Bruchstücke von Essays, von philosophischen oder naturwissenschaftlichen

Thesen, die ein Ganzes nicht ergeben können. Sind gerade die *Elementarteilchen* – wie viele der historischen Vorläufer – in formaler Hinsicht kein geschlossener Roman, so ist klar, dass sie nach dem, was Houellebecq in ihnen zu sagen hat, ein solcher auch gar nicht sein könnten. Das programmatische »Ende des Menschen« bedeutete zwangsläufig auch das Ende des Romans.

4.

Die Geschichte der Annabelle in den *Elementarteilchen* ist von der Kritik nur gestreift worden, und doch ist Michels Freundin und Jugendliebe eine der interessantesten Figuren Houellebecqs. Bereits als Mädchen ist Annabelle von so außergewöhnlicher Schönheit, dass sie bei ihrem Gegenüber einen »schmerzhaften Schock« auslöst. »Ohne Schönheit ist ein junges Mädchen unglücklich, denn es hat keine Chance, geliebt zu werden. Niemand macht sich zwar über ein solches Mädchen lustig oder schikaniert es; aber es ist gleichsam durchsichtig, kein Blick folgt ihr. Jeder fühlt sich in ihrer Gegenwart unwohl und ignoriert sie lieber. Eine extreme Schönheit dagegen, eine Schönheit, die in ungewöhnlichem Maße die übliche, bezaubernde Frische der jungen Mädchen übertrifft, ruft eine übernatürliche Wirkung hervor und scheint unweigerlich ein tragisches Schicksal anzukündigen.« Annabelles Schicksal wird es sein, dass nichts davon eintritt, weder das Glück noch die Tragödie. In vielen Jahrhunderten europäischer Liebesdichtung bedeutete die weibliche Schönheit weit mehr als bloße Attraktivität, war Auszeichnung und Verpflichtung, war Zeichen. Sie war Vorschein, war Stendhals »promesse de bonheur«, ein Versprechen von dem Glück, das der Ausgezeichneten bestimmt schien; konnte aber auch zum Mal werden, das die Gezeichnete einsam macht zwischen den Menschen.

Mit alledem stellte die Schönheit die von ihr Geschlagene in den Mittelpunkt eines Wechselspiels von Verlangen und Versagung, von forcierter Anziehung und erzwungenem Verzicht.

Auch das am stärksten vergeistigte Bild der Schönheit trägt in sich jenen Reiz des körperlichen, sexuellen Begehrens, dessen Erfüllung unerbittlich verweigert wird. Erfüllt werden könnte es nur in der Legitimierung der Ehe oder eben in jener Überschreitung aller sittlichen Normen, die aus der Erfüllung zugleich ein Vergehen macht. Sind die Geschichten des Liebesverrats im neunzehnten Jahrhundert, von den *Wahlverwandtschaften* bis zur *Kreutzersonate*, unendlich oft erzählt worden, so ist der körperliche, sexuelle Kern auch der glücklichen, legitimen Liebe lange Zeit ein heikler Fall geblieben. Das ganze Pathos etwa der großen Bekenntnisszene in Adalbert Stifters *Nachsommer* lebt daraus, dass das Eigentliche, das gegenseitige Begehren, nie ausgesprochen wird und nicht ausgesprochen werden kann. An diesem Augenblick der Grenzüberschreitung entzündet sich die Liebesdichtung: wenn das Verbotene oder Verschwiegene zu Wirklichkeit wird.

Annabelles Geschichte zeigt exemplarisch, dass dieses traditionelle Wechselspiel keine Gültigkeit mehr besitzt. Sie, durch ihre Schönheit zu Besonderem ausersehen, lebt ein Leben von bedrückender Trivialität. Die Bindung mit Michel löst sich auf, als dieser nicht oder noch nicht bereit ist, seine Rolle in dem zu spielen, was von einem Liebespaar der siebziger Jahre erwartet wird; eine neue kann sie nicht knüpfen. Ihre Schönheit, die nun nichts mehr ist als sexuelle Attraktivität in der erweiterten Kampfzone, macht ihr die körperliche Erfüllung leicht – die menschliche aber unmöglich. Genau hier bezeichnet Houellebecq den größten anzunehmenden Unfall seiner Sittengeschichte. Die westliche Kultur hat die Sexualität allgegenwärtig gemacht, sie wird besprochen, beschrieben, gezeigt und nochmal besprochen, sie wird in Formen praktiziert, die zuvor die Polizei auf den Plan gerufen hätte. Die Erfüllung erotischer Wünsche ist ein nur noch individuelles Problem, das Sprechverbot ist aufgehoben. In der *Ausweitung der Kampfzone* steht eine kleine Nebenszene, die das wie unter dem Brennglas zusammenführt: »Letzten Montag hat mir Patricia gesagt, sie habe einen anderen Typen getroffen. In einer Diskothek, dem ›Metropolis‹. Sie hat mir gesagt, daß wir uns nicht mehr sehen, sie sei aber froh, mich kennengelernt zu haben; sie wechsle gern die Typen, sie sei erst zwanzig.« In dieser winzigen Szene gehen Jahrhunderte europäischer Liebesdichtung zugrunde. Auch einer der größten exemplarischen Liebesromane der Literaturgeschichte, die *Histoire du Chevalier des Grieux et de Manon Lescaut* des Abbé Prévost, erzählt von einer Frau, die »gern die Typen wechselt«, von Liebe und ihrem immer neuen Bruch. Aber er erzählt sie – und das ist der Unterschied ums Ganze – als eine Geschichte von Überschreitung, Verrat und Fanatismus, als einen äußersten Ausnahmefall, und seine Konsequenzen führen unausweichlich ins Verbrechen. Houellebecqs Patricia aber ist keine gnadenlose *femme fatale* und keine auch moralisch privilegierte Adlige, sie ist der unauffällige, fade Durchschnitt ihrer erregten, faden Zeit. Die traditionelle Dialektik des Liebesverrats ist einem Tauschprinzip gewichen, in dem nichts zählt als die Münzen von Attraktivität und Erfolg. Warum sollte Patricia sich festlegen, wenn ihr die körperliche Attraktivität einer Zwanzigjährigen erlaubt, ihre sexuelle Profitrate immer weiter zu steigern?

Selbstverständlich setzt sich Michel Houellebecq damit der Kritik aus, kulturkonservative Ideologien zu pflegen – ein Vorwurf, der vollkommen ins Leere geht, gehört dieser Schriftsteller doch zu einer Generation, für die solche ideologischen *passepartouts* das sind, was sie sind: nichts. Das Pathos seiner Klage verweigert sich dem genauso wie jedem postmodernen Ironiezwang, es zeigt aber den Moralisten, der sich noch in jedem großen Unmoralischen des französischen Sittenromans verbarg: »Als seltenes, künstliches und spätes Phänomen entfaltet sich die Liebe nur unter besonderen geistigen Bedingungen, die nur selten zusammenkommen und in allem der Sittenfreiheit widersprechen, die das moderne Zeitalter charakterisiert. [...] Die Liebe als Unschuld und als Fähigkeit zur Illusion, als Begabung, das ganze andere Geschlecht auf einen einzigen geliebten Menschen zu beziehen, überlebt selten ein Jahr sexueller Herumtreiberei, niemals aber zwei. In Wirklichkeit untergraben und zerstören die während des Heranwachsens addierten sexuellen Erfahrungen schnell jede Möglichkeit gefühlsmäßiger, romantischer Projektion; nach und nach, und zwar sehr rasch, wird man so liebesfähig wie ein alter Scheuerlappen.«

5.

Wie nur Gustave Flaubert oder Émile Zola verfügt Michel Houellebecq nicht einfach über eine Theorie, er verfügt als Romancier über ein *Bild* der Liebe in einer Zeit, die ihre Unschuld verloren hat. Die Theorie ist hart und klar: »Klar, sagte ich mir, in unseren Gesellschaften bildet der Sex nicht weniger als ein zweites Differenzierungssystem, vollkommen unabhängig vom Geld; und es funktioniert als ein Differenzierungssystem, das mindestens genauso erbarmungslos ist. Die Wirkungen dieser beiden Systeme entsprechen sich genau. Wie der ungebremste Wirtschaftsliberalismus, und aus analogen Gründen, erzeugt der Sexualliberalismus Phänomene der *absoluten Pauperisierung*. Manche haben täglich Sex; andere fünf- oder sechsmal im Leben, oder nie. Manche haben Sex mit Dutzenden Frauen, andere mit keiner. Das nennt man ›Marktgesetz‹.« Das *Bild* von der Liebe in dürftiger Zeit, das der *Romancier* entwirft, ist weit komplexer; wer Houellebecq in die Falle geht, und nur mit dem Theoretiker nach dem Schema richtig/falsch abrechnet, hat dieses Bild bereits verfehlt. Es zeichnet sich ab in jenen, oft mit so erstaunlicher Zartheit erzählten Hintergrundgeschichten, in den Frauengestalten am Rande, denen des Erzählers ganze Sympathie gehört, wie der Großmutter als Verkörperung der Kindheitssehnsucht nach Geborgenheit. Und daran, wie sich plötzlich hinter der sexuellen Kampfzone ein ganz anderes, Schopenhauerisches Gegenbild auftut: die Askese, die Kontemplation des Lesenden und Schreibenden als einzige Möglichkeit, der Allgegenwart des Marktes zu entkommen.

Houellebecqs Souveränität als Erzähler erweist sich vor allem an jenem großen Motiv, das die zwei *éducations sentimentales* in den *Elementarteilchen* abschließt. Gewiss sind die beiden Halbbrüder auf der theoretischen Ebene Repräsentanten: Der Biologe Michel, der den Weg zum künstlichen Menschen bereitet, steht für die Fortpflanzung ohne Sexualität; Bruno, der verzweifelte Maniac des Geschlechtsverkehrs, für Sexualität ohne Fortpflanzung. Ihre Geschichte zeigt aber, dass sie als Romanfiguren in solchen Stereotypen eben *nicht* aufgehen.

Beiden hat Houellebecq zum Ende hin eine halb gelungene, halb erfüllte Liebesgeschichte gegeben, und darin gewinnen sie das Eigenleben, jene Zweideutigkeit des Wirklichen, die nur der wirkliche Romancier zu schaffen vermag. Bei Bruno wird aus einer anonymen Paarung im Swimmingpool langsam eine Bindung, in der Sexualität und Zuneigung gleichzeitig bestehen können – nicht zuletzt, weil für beide auch Sexclubs und eine Art Familienleben zugleich lebbar sind. Michel dagegen begegnet noch einmal Annabelle und mit ihr jener Ahnung von Glück, die noch aus der gemeinsamen, lang schon verlorenen Kinderzeit stammt. Aber für alle ist es zu spät: zerstörte Individuen, die in der klassischen Mythologie von irdischer und himmlischer Liebe nicht mehr, in der neuen Welt der sexuellen Kampfzone noch nicht leben können. Was sie zerstört, ist die unerträgliche Traurigkeit über das, was hätte sein können und was ihnen ein letztes Mal aus einer Schülerkarte für die Eisenbahn herüberscheint oder aus einem verblichenen Kinderfoto.

Der große Liebesroman, der Sittenroman, war immer mehr als er selbst, war Vision der *condition humaine* in einer bestimmten Epoche. Hinter Houellebecqs Mutation des Eros zur sexuellen Kampfzone steht die Vision vom Ende des Menschen der Neuzeit, wie er sich ganz besonders in seiner Liebesmetaphysik ausdrückte. Die Ideologie der sexuellen Revolution wollte mit dem Wechselspiel von Treue und Verrat auch das von Glück und Schmerz abschaffen. In der erotischen Freiheit sollte nur noch das Glück ein Recht haben. »Hör den Schrei der Gebärenden in der Stunde der Geburt – schau den Kampf des Sterbenden auf seinem Höhepunkt: und sage dann, ob das, was so beginnt und endet, darauf angelegt sein könne, Genuß sein zu wollen.« In seinem Pathos, seiner Härte und seiner kruden Fleischlichkeit benennt dieser Satz jenen anderen, alten Kern der abendländischen Welterfahrung, den die Utopien vom neuen Menschen schon immer überwinden wollten. Er könnte von Houellebecq stammen, steht aber in den Tagebüchern Sören Kierkegaards. »Wir wollen keine Tragödien sehen, wir wollen sie verhindern«, lautete die Gegenparole des 68er Mai, und auch die allerletzten Zukunftspropheten sind nichts anderes als modernisierte Saint-Simonisten. Die biotechnologische Revolution, mit der die *Elementarteilchen* ausklingen, ist die Verwirklichung der humanistischen Utopie nach dem Gesetz des technisch und wirtschaftlich Machbaren. Krankheit, Alter, Tod werden abgeschafft – für die, die es sich leisten können. Die Tragödien der Liebe werden verwandelt zur Produktion angenehmer körperlicher Reize – für die, die es sich leisten können. Kierkegaards Leiden existiert nicht mehr, ist antiquiertes Pathos einer vergangenen Zeit. So wäre sie perfekt, die schöne neue Welt einer Menschheit, die sich ihr Menschsein amputieren will – gäbe es da nicht den Phantomschmerz, und gäbe es da nicht eine Literatur – von der *Kreutzersonate* zu den *Elementarteilchen* –, die ihn nicht mildern will, sondern, im Gegenteil, dem Leser noch die letzte Schmerztablette aus der Hand schlägt.

DRITTES KAPITEL

Die Erfindung des Privatlebens

Über Sally nicht weniger als Alles

Mein Joch ist sanft.
Händel

1.

»Die Philosophen haben die Welt nur verschieden *interpretiert*, es kömmt drauf an, sie zu *verändern*«, in einer Welt, die sich schon von alleine mehr als genug verändert, steht der Ratschlag von Karl Marx unter Verdacht. Als Groucho Marx zum neuen Hoteldirektor in Casablanca wird, begründet er seine Anordnung, alle Zimmernummern auszutauschen, mit dem Vergnügen durch Verwirrung durch Veränderung. Die Zeiten sind vorbei! Im Jahre 2010 findet sich auf der ersten Seite eines Romans die Zusammenfassung von Tagesnachrichten, in der die Ereignisse der großen und der kleinen Welt ganz ungewohnt nebeneinanderstehen:

Hart geführter Wahlkampf um die
Präsidentschaft der Vereinigten Staaten.
WANDERURLAUB EINES GEWISSEN ALFRED
UND EINER GEWISSEN SALLY.
BLUTIGE SCHLACHT IN AFGHANISTAN.

Wir kommen von weit her; eineinhalb Jahrhunderte zuvor, im Jahre 1851, gab es schon einmal einen Roman, der es mit der gleichen Konstellation versuchte:

Hart geführter Wahlkampf um die
Präsidentschaft der Vereinigten Staaten.
WALFANGREISE EINES GEWISSEN ISMAEL.
BLUTIGE SCHLACHT IN AFGHANISTAN.

Wenn Arno Geiger auf diese Weise ein diskret verändertes Zitat aus *Moby-Dick* in *Alles über Sally* hineinschmuggelt, dann könnte man das interpretieren als einen kleinen Scherz, der *en passant* auf eine zufällige historische Parallele hinweist und weiter nichts zu bedeuten hat. Es ist aber mehr, nämlich ein erster ironischer Hinweis auf die Interpretation des Begriffes Veränderung, die dieser Roman versucht. Es kommt nicht mehr unbedingt drauf an, die Welt zu verändern, sondern mit den tagtäglichen Veränderungen irgendwie klarzukommen. Und dazu muss man sie verstehen, interpretieren, zumindest es versuchen.

Der Anfang der *Sally* ist eine extreme Überblendung von Gleichzeitigem und Ungleichzeitigem, gesehen aus dem Fenster eines englischen Hotelzimmers, wo das Wiener Ehepaar Sally und Alfred Fink seinen Urlaub verbringt. Die Koinzidenz von amerikanischem Wahlkampf und Krieg in Afghanistan suggeriert das, was dann auch ausgesprochen wird, »seit unzähligen Jahren dieselben Ereignisse, mit Varianten nur bei den Zwischennummern«, doch diese vermeintliche Gleichförmigkeit der großen Welt ist vor allem der Perspektive der »Zwischennummern« geschuldet, hier Alfred und Sally, dort Ismael. Für das Individuum sind ein gebrochenes Bein oder Herz bekanntlich viel schmerzhafter als alle Massaker weit hinter der Türkei, und so setzt die Schlagzeile am Anfang gleich den entscheidenden Akzent: Hier, in diesem Roman, wird nicht von den Stars erzählt, sondern von den Zwischennummern, von dem, was sich unter dem Wind der Geschichte abspielt, eher von Krampfadern als von blutiger Schlacht. Und doch, sofort erfolgt eine Wendung, welche die allzu saubere Trennung wieder in Zweifel zieht. Die Fernsehnachrichten bieten ihrem Publikum den farbigen Bericht über eine Steinigung. »Die dumpf klingende Stimme des Nachrichtensprechers teilt mit, dass vor allem Frauen betroffen seien, wegen Ehebruchs, was an den meisten Orten der Welt kein Vergehen sei.« Ein Schlag, und schon ist er sichtbar, der bittere Ernst hinter dem kleinen Scherz zuvor, denn das, was hier geschieht, geschieht tatsächlich *jetzt*, im gleichen Augenblick, da Sally Finks eheliche Unzufriedenheit schon gärt und bald zu Konsequenzen führen wird, die sie anderswo, nur einen Steinwurf entfernt, *sehr* teuer bezahlen müsste. Sally Finks Geschichte, ihre erotischen Eskapaden werden stets unter dem Anschein des Selbstverständlichen erzählt, doch nach diesem Beginn, nach dieser Szene, mit der das Ehebruch-Thema krassen Einzug gehalten hat, ist ein für allemal klar, dass gar nichts selbstverständlich ist in diesen Dingen und dass die erotische Freiheit, von der nicht nur Sally profitiert, ein reichlich dünnes Eis ist, und sogar dies nicht einmal seit allzu langer Zeit.

Steine an den Kopf, das mag extrem sein, aber es geht nicht um Kopfschütteln über exotische Völker, denn auch Sally, 1957 geboren, hat ihre Erinnerung an Kindheit und Jugend abrufbar aufbewahrt: »Strikteste Moralvorstellungen, nur ein einziger Mann im Leben, Treue, kein Wortbruch, keine *Negermusik*, nur klassische, und auch beim Lesen nur Klassiker in den Ausgaben des Großvaters.« In diesem Fall ist die Vergangenheit, von der die Rede ist, noch nicht sehr lange vergangen, und die Veränderungen, von denen erzählt wird, vollziehen sich innerhalb des Lebens von ein und denselben Personen; die Zone, in der sie sich vollziehen, ist eng genug; es ist das gut halbe Jahrhundert von der Mitte des zwanzigsten bis zum Anfang des einundzwanzigsten. Dass der Abschied von der grauen Moral der Fünfziger und Sechziger die langersehnte Befreiung war, ist offensichtlich; die, die Sally ist, hätte sie sonst nicht werden können. Dass die Rechnung indes nicht in jeder Hinsicht aufgeht, wird ihr erst Jahre später bewusst und peinlicherweise an einem Ort, den die kleine Perfidie des Autors bedachtsam für jene Familienszene ausgewählt hat. Ehemann und Kinder nämlich gehen in der Gleichberechtigung zu weit. »Doch Sally, die lange genug zähneknirschend die tolerante Ehefrau und Mutter gespielt hatte, legte ihr Veto ein mit einem legendären Satz, der alles verhöhnte, was ihr heilig war. | ›Die Küche gehört mir!‹ | Spätestens damals hatte sie begriffen, dass Wohnen etwas Emotionales ist und dass sie mit ihren Gefühlen weit weniger links stand als ideologisch. Von da an hatte sie gewusst, Gefühle sind konservativ, sie verändern nicht die Welt.« Sie verändern nicht die Welt, doch sie sind der sich verändernden Welt unterworfen. Genau darum geht es in diesem Roman: Um eine sich rabiat verändernde Welt und um die Gegenwehr der Gefühle, die nicht mithalten mit dem Tempo der Veränderung.

Gefühle sind konservativ, ein starker Satz, ein Satz vor allem, der in Widerspruch steht zu einem Jahrhundert liberaler Gefühlskultur. Spätestens seit Ibsen – durch Fontane als Revolutionär dingfest gemacht – ist auch die Moral dem literarischen Fortschrittsgeist unterworfen, und der Gedanke an die Befreiung der *éducation sentimentale* aus den Fesseln der Konvention dominiert seither fast alle Stücke und Romane. Und dass von dieser Befreiung natürlich vor allem die Frau im Bunde profitieren musste, das reflektiert die Ironie von Geigers Küchenszene. Der Roman spielt nun aber genau in der Epoche, als jene Freiheiten, die bis dato eher nur in Ausnahmemilieus galten, auswandern bis in die breiten Schichten des Durchschnittsbürgertums, also in den siebziger und folgenden Jahren des zwanzigsten Jahrhunderts, und diese Tatsache hat das Seelenleben all der Alfreds und Sallys, Eriks und Nadjas bis in die Tiefen ihres moralischen Gewissens durchdrungen: »Die Möglichkeit, sich einen Partner frei zu wählen, war historisch jung, und es wurde mit großer Unbekümmertheit davon Gebrauch gemacht. Als Sally und Alfred ans Heiraten dachten, befand sich das Experiment in einem Versuchsstadium, in dem sogar ein Gefühl für Dilettantismus noch fehlte. Partnerwahl galt als etwas, das im Geist der Freiheit erfolgen musste, wie Kunst, spontan und impulsiv. Eine sorgfältige Partnerwahl wäre für jeden, der einen Funken Fortschrittsgeist besaß, beschämend gewesen, denn alles Kalkulierte gehörte in die Welt der Spießer und somit in die Welt der Vergangenheit.« Die Vergangenheit, ihre Regeln, Liebesordnungen und -unordnungen, all das steht den sich lange jung fühlenden und trotzdem älterwerdenden Paaren irgendwie im eigenen Lebensweg herum, und gleichsam im Slalom um das, was sie nicht mehr wollen, führen sie ihr Leben, dieses große Experiment der neuen Liebesordnung. Ein Experiment am eigenen Leibe, und der Ausgang ist mehr als ungewiss.

Zum Experiment jedoch gehört kurioserweise dazu, dass diese Versuchskaninchen sich ihrer Lage bewusst sind, in jedem Moment. Emma und Charles, Anna und Alexej, Effi und Geert, keines dieser Paare hätte sich je die Frage gestellt nach Grund und Legitimität von Ehe überhaupt, nach einer möglichen Lebensplanung ohne sie, und keine der sechs beteiligten Individuen war je auf der Suche nach einem sogenannten *Selbstverständnis* innerhalb des Selbstverständlichen – sowohl zu Nutz wie auch zu Schaden des eigenen Schicksals. Alfred und Sally aber tragen ein Jahrhundert Zweifel an dem mit sich herum, was mancher aufgeklärte Bürger »traditionelle Lebensentwürfe« nennt, und da sie in Wien zuhause sind, darf man befürchten, dass die Psychoanalyse in reduzierter Alltagsform ihr Gepäck noch zusätzlich beschwert. Die junge Sally hat – wenn auch pädagogisch überwacht, und deshalb nur unter der Bettdecke – Simone de Beauvoir verschlungen, das ist fast schon selbstverständlich. Und natürlich hat nicht nur der Autor Arno Geiger, sondern haben auch seine Figuren die berühmten Romane gelesen, in denen ihre Sache verhandelt wird, denn Sally weiß, als dann sie an der Reihe ist: »›Das heißt, ich muss nicht Arsen nehmen oder mich vor den Zug werfen?‹« Flaubert hatte mit *Madame Bovary* Neuland betreten; Tolstoi hatte Flaubert gelesen, aber es konnte ihn für *Anna Karenina* nicht besonders interessieren; Fontane kannte beide Vorgänger, aber nur Flaubert hatte auf *Effi Briest* den entscheidenden Einfluss. Gut einhundert Jahre später schreibt Geiger im Bewusstsein *aller* dieser großen Vorbilder und auch all dessen, was danach kam, »reif für die Bernhards und Houellebecqs dieser Welt, um sich eintragen zu lassen in deren Zuhörerschaft«.

Und trotzdem, Gefühle sind konservativ. Ob Monsieur Michel Houellebecq als empirisches Individuum es ernst meint mit seiner Vision einer durch Genetik befriedeten Menschheit aus leidenschaftslos glücklichen Klonschafen, ist vollkommen gleichgültig; als literarisches Bild zeigt sie *ex negativo*, wo die Schmerzquelle der noch ungeklonten Menschen liegt: genau in den konservativen Gefühlen, die entweder abgeschafft gehören oder weiterschmerzen bis zum Jüngsten Gericht. Houellebecqs Vision – ob ironisch oder ernst – wäre tatsächlich progressiv, denn sie will die Grenze des alten Menschen überschreiten, zu seinem Glück, obwohl er es noch nicht weiß; Geigers Erzählung kennt keine Vision, sie bleibt ganz und gar im Hier und nimmt – so wie eines Tages auch Sally in ihrer Küche – die Menschen zunächst einmal an als das, was sie sind, selbst dort, wo es ihnen selber nicht passen sollte. Houellebecq erzählt, als werfe einer aus fernster Zukunft, liebevoll doch kopfschüttelnd, einen Blick zurück auf unsere wirre Gegenwart, auf diese seltsamen kleinen Menschentiere, die sich besinnungslos ihren Hormonen überließen und das Liebe nannten, die sich quälten bis aufs Blut und von Leidenschaft sprachen, die sich fanden und trennten und daraus im besseren Fall hinreißende Dramen, Opern und Romane über Mord und Totschlag machten, im schlechtesten Mord und Totschlag ohne Bühne und mit echtem Blut. Die fiktive Zukunftsperspektive bringt brennende Klarheit, aber auch Distanz, Abstraktheit. Geigers Roman weiß nichts von jener schönen neuen Welt, er hat keinen kontrastierenden Hintergrund ein Jahrhundert weiter; was seine Erzählhaltung ausmacht, ist der Versuch größtmöglicher Nähe zu seinen Menschen und Situationen. Von jeder Thesenhaftigkeit, jeder psychoanalytischen Theorie sind sie so fern wie möglich, außer wenn die Thesen zu ihrer eigenen Lebenswelt gehören.

Wahlkampf in Amerika, Krieg in Afghanistan und der Wanderurlaub eines unbekannten Paares in England, die Entgegensetzung ist ein Kunstgriff, der direkt auf die Perspektive der Figuren verweist. »Dieselben Ereignisse, mit Varianten nur bei den Zwischennummern« sind das nur für die Figuren selbst, denn die historischen Bewegungen der Gesellschaft, hier so großzügig beiseitegeschoben, kommen durch die Hintertür wieder herein. Die Unmittelbarkeit der Gefühle, auf die ein jeder Romantiker so große Stücke hielt, seit Flaubert ist sie dahin; nun aber sind die äußeren Formen, die den Gefühlsvorrat wenigstens leidlich regelten und beisammenhielten, auch schon lange zerbröckelt. Die frische Luft, die in den späten sechziger Jahren die Gesellschaft von dicken Staubschichten befreit und runderneuert hat, ist mit kräftigem Wind auch durch das Liebesleben gerauscht, und von dieser großen Befreiung wusste auch die Literatur ihr Lied zu singen. Doch eines Tages stand Sally in der Küche und fragte sich, ob ihr Leben eigentlich Schritt gehalten hatte mit dem, was sie alle von sich verlangt hatten, ratlose Artisten in einer Zirkuskuppel, die sie mit eigenen Händen errichtet hatten. Ratlosigkeit – für den Erzähler von Romanen gibt es keinen besseren Ausgangspunkt.

2.

Der junge Ludwig Wittgenstein, so wird berichtet, läutete einst an der Haustür des Mathematikers Georg Cantor. Von dem öffnenden Mann nach seinem Begehr befragt, antwortete Wittgenstein, er wünsche Cantor zu sprechen. »Ich bin Cantor«, sagte Cantor. »Unmöglich!« sagte Wittgenstein. Nicht nur der logische Positivismus, auch die philosophische Ästhetik der jüngsten Vergangenheit neigte zu apodiktischen Verboten. Was sollte nicht alles vollkommen unmöglich sein, wie viele Ereignisse xy nicht diese oder jene ästhetische Gestalt verbieten! Unmöglich, gegenständlich zu malen, unmöglich, in Gedichten zu reimen, unmöglich, mit tonalen Harmonien zu komponieren, unmöglich aber vor allem, nach dem »Ende des Subjekts« auktorial über lebendige Menschen zu erzählen! Bis dann eben doch immer wieder jemand kommt und es tut, denn so wie einen der Augenschein von der Tatsache überzeugen kann, dass sogar in Wien jeder Unmöglichkeit zum Trotz der Hausherr selber öffnet, so haben produktive Künstler sich stets hinweggesetzt über regelsetzende Dekrete. Was aber regelt dann wirklich das Auftauchen und Verschwinden von Formen, Genres und Sujets?

Alles über Sally ist ein erstaunlicher Fall. Die Kunst des Romans, lange eine triviale Angelegenheit dritter Ordnung, findet zu sich selbst im Laufe des neunzehnten Jahrhunderts, und der französische Roman spielt dabei eine erhebliche, ganz Europa befruchtende Rolle. Innerhalb seiner unerschöpflichen Vielfalt – allein Balzacs *Comédie humaine* stellt unter anderem eine komplette Enzyklopädie der französischen Gesellschaft dar, der Zolas *Rougon-Macquart* im Anspruch folgen – bildet sich als sehr konkretes und begrenztes Sujet der Ehebruchroman heraus, doch in dieser strengen Form lebt er nur einige Jahrzehnte. Ihm folgt wiederum das, was ihm vorausgegangen ist, ein Sittenroman, der seine Gegenwart nicht mehr an der Überschreitung der bürgerlichen Eheordnung misst, sondern an den exzentrischen und offenkundig viel interessanteren Gestalten, welche die erotische und sexuelle Befreiung jenseits aller Grenzen lustvoll ausleben. Ehepaare – unmöglich! Und doch ist dieses Sujet am Ende des Jahrhunderts wieder da, wobei *Alles über Sally* – siehe Michel Houellebecq – naturgemäß in einem breiten Kontext steht, aber doch darin allein bleibt, dass hier ganz konsequent das traditionelle, von Emma, Anna, Effi vertraute Schema übernommen wird: Ehemann, Ehefrau, Liebhaber. Gewiss, Geiger ist natürlich nur einer von den unendlich vielen, die zu unserer Zeit vom Thema des Liebesverrats erzählen, sein Roman aber versucht gerade aus seiner ganz bewusst gesetzten historischen Parallelität ein besonderes Instrument zu machen, ein Messinstrument, das sowohl die Verschiebungen durch den Fortschritt anzeigt als auch die Schwerkraft der beharrenden, konservativen Gefühle. Die Wette, auf die Geiger setzt, lautet so, dass in Zeiten, wo freie Wahl den erotischen Handel und Wandel bestimmt, etwas dabei herausspringen kann, ein Paar zu beobachten, das sich mit dem altmodischen Regelwerk der Ehe die freie Wahl zumindest einschränkt; lautet, dass der Blick auf die Gesetze auch etwas über die Freiheit lehrt.

Die offensichtlichste Anknüpfung ist bereits der Titel: Zum ersten Mal stellt er wieder die Heldin der Geschichte als Namenspatronin noch vor allen Anfang, sogar mit der kleinen Nuance der traditionellen Zweisilbigkeit von Emma, Anna, Effi und nun eben auch Sally. Und zugleich markiert er definitiv die Differenz, hinter deren Grenze es keine Rückkehr mehr gibt: *Alles über Sally*, ja: *Alles*, welcher der früheren Autoren hätte das von seiner Heldin sagen können oder auch nur wollen? *Alles sagen*, das ist die unverkennbare Sigle des zwanzigsten Jahrhunderts, von dem hier erzählt wird. Wenn am Ende dann der Strich unter die Rechnung dieses *Alles* gemacht wird, dann muss auch zu sehen sein, was alles eben nicht gesagt worden ist, seinerzeit, in den drei Romanen über das klassische Trio. Zunächst aber die Versuchsanordnung. Sally und Alfred sind seit dreißig Jahren verheiratet, sie leben in Wien, haben sich aber vor Jahr und Tag in Kairo kennengelernt, wohin es sie beruflicherseits verschlagen hatte. Sally bekam den ungewöhnlichen Namen von ihrer englischen Mutter, und auch sonst, das stellt sich schnell heraus, ist sie eine ungewöhnliche Frau, lebenslustig und mit einem kräftigen Spieltrieb in Liebesdingen, dem sie offenbar halbwegs regelmäßig nachgibt, falls *regelmäßig* in Fragen solcher Regellosigkeit das rechte Wort ist. Der Status quo wird, am Anfang des Romans, wieder einmal erschüttert, als das schon einigermaßen altgediente Ehepaar in den Englandferien von der Nachricht heimgesucht wird, zuhause in Wien hätten Räuber das eheliche Heim aufgebrochen und, so wird sich erweisen, mehr als für einen Einbruch nötig verwüstet. Alfred zieht sich zurück in eine stille, Zukunft wie Außenwelt grämlich zurückweisende Verzweiflung, was in Sally wiederum die Unzufriedenheit mit der alltäglichen Routine zwischen Mann und drei halbwüchsigen Kindern so weit verschärft, dass sie die nächstbeste Gelegenheit packt, sich anderswo schadlos zu halten. Diese Gelegenheit bietet der männliche Teil des befreundeten Paares Erik und Nadja Aulich, und mit ihm lässt sich nun für eine Weile ein prekäres Gleichgewicht herstellen, das allerdings, so viel ist auch Sally klar, kaum von Dauer sein kann. Der Anstoß zu neuerlicher Veränderung kommt von unerwarteter Seite: Erik holt sich eine dritte Frau ins Boot, eine Polin, mit der er nun tatsächlich, nach Scheidung von Nadja und Trennung von Sally – betrogene Betrügerin –, das beginnen will, was man gern ein neues Leben nennt und was nur allzu oft so aussieht wie das alte. Auch Sally und Alfred gehen zurück ins alte Leben, aber wie man weiß, ist das nicht möglich. Die Koordinaten haben sich ein weiteres Mal verschoben, die Affäre von Sally und Erik bleibt unentdeckt, weil verdeckt von Eriks zweiter Untreue. In den letzten Augenblicken des alten Jahres nehmen Sally und Alfred ein neues ihres dreißigjährigen Ehelebens in Angriff.

So weit, so gut und so gewohnt. Und doch, schaut man genauer hin, zeigen sich bereits in der grobschlächtigsten Zusammenfassung all die zahlreichen Details, die schon den Unterschied ums Ganze machen. Das fängt an beim Alter: »*Man merkt, wir sind beide über fünfzig, aber Sally eindeutig auf der guten Seite des Jahrzehnts, ich schon eher auf der schlechten*«, so schreibt es sich Alfred in sein auch schon seit Ewigkeiten geführtes Tagebuch. Balzac hatte 1832 *Die Frau von dreißig Jahren* veröffentlicht, einen zwar gründlich misslungenen Roman, der aber, sein Titel legt es programmatisch fest, von einer Frau erzählte, die bis dato nicht mehr als erotisch und literarisch satisfaktionsfähig gegolten hatte. Dreißig Jahre, das ist seit Balzac grosso modo das neue Grenzalter, an das sich auch Flaubert, Tolstoi und Fontane halten; *keiner* von ihnen – und auch nach ihnen niemand – wäre auf die Idee gekommen, eine Ehebruchgeschichte mit einem Personal von über Fünfzigjährigen zu erzählen, mit Greisen! Ja, früher konnte der *Mann* durchaus auf die Fünfzig zugehen, siehe Innstetten, die *Frau* aber hatte das zu kompensieren, siehe Effi. Das Detail also ist kein Detail, sondern eine ganz wesentliche Veränderung der Spielregel, war doch das Alter jahrhundertelang die strikteste, unüberschreitbare, weil biologisch gezogene unter den Begrenzungen der erotischen Kampfzone. Wenn nicht nur der Mann, sondern auch die Frau sogar über fünfzig noch in die Arena steigen kann, dann hat das zwei Seiten. Zum einen, Sally und Erik sind das Beispiel, die Möglichkeit, den Wünschen länger denn je Raum zu geben; und für die Emanzipation der Frauen ist es ohne Zweifel ein unschätzbarer Vorteil geworden, nicht länger ab Ende zwanzig beim alten Eisen zu liegen. Andererseits aber, das ist der Fall von Nadja und Alfred, eine unerwünschte Forderung, denn nicht jeder wird es nur als Glück ansehen, wird ihm jetzt sogar der wohlverdiente erotische Ruhestand verwehrt. Das In-die-Arena-steigen-Können wird schnell zum Müssen.

So reiht sich ein Detail, das keines ist, ans andere, das auch keines ist. Sally hat nicht das gewohnte klassische Einzelkind – Berthe, Sergej, Anni –, sondern deren dreie, und diese sind keine Randfiguren, sondern erleben und kommentieren das Geschehen durchaus drastisch, etwa dergestalt, »Sally solle nicht die Heilige spielen mit der Hand von Erik Aulich am

Arsch«. Und wenn demnach selbst Kinder nicht mehr das sind, was sie mal waren, fällt ihrer Mutter als Replik ans freche Töchterchen auch nicht mehr ein als der älteste aller alten Klassiker: »›Sag, spinnst du? Was redest du da?!‹ sagte Sally erschrocken. | ›Wofür hat man Augen im Kopf?‹ erwiderte Alice.« Ja, wofür? Wie man sieht, ist auch das Wechselspiel von Offenheit und Verbergen gründlich durcheinandergeraten, in der Familie, aber auch in der städtischen Öffentlichkeit. Wien ist schließlich Wien und größer als Yonville l'Abbaye oder Kessin – und bietet deutlich mehr Platz für alle Eskapaden. Das geht bis hin zur Badestelle an der Alten Donau, wo auch ein unkorrektes Paar sich frank und frei Abkühlung verschaffen kann, geradewegs aus dem Hotelbett kommend, in Gesellschaft von alleinerziehenden Müttern, biertrinkenden Proletariern und kahlköpfigen oder badehaubenbedeckten Pensionisten. Das Früchtchen Alice jedenfalls macht keinerlei Skandal, sie nutzt ihr Wissen nur zur durchschlagskräftigen Waffe im tagtäglichen Familienkrieg zwischen Zimmeraufräumen, Haushaltshilfsdiensten und noch schwierigeren Erziehungsfragen.

Die hübscheste Variante ist natürlich die hinsichtlich der Frage, wie es überhaupt zu dieser Ehe kam. Tolstoi bewahrte da Schweigen. Bei Effi ist es Angelegenheit eines Nachmittags, und schon ist die Verlobung mit diesem Mann vollzogen, den sie nie zuvor gesehen hat; Charles frequentiert die Seine schon geraume Zeit, doch Flaubert lässt mit ironischer Pedanterie wissen, dass Emma genau neunundvierzig Minuten benötigte, um seinen Antrag zu beantworten, mit dem fatalen Ja. Wie auch immer, de facto weiß keiner von allen, worauf er sich einlässt. Die Zeiten ändern sich! Sally und Alfred können bereits auf einen reichen Erfahrungsschatz zurückgreifen, als die Frage sich stellt, Erfahrungen mit anderen und gemeinsame Erfahrungen, denn bevor es soweit ist, teilen sie auf eigene Rechnung bereits eine schöne Weile Tisch und Bett. Und die Frage, die sich stellt, ist inzwischen auch eine ganz andere, denn bevor die nach dem individuellen »Willst du?« ansteht, ist erst zu klären, ob so etwas wie Heiraten überhaupt auf die Tagesordnung kommt. Für Alfred ist das klar, für Sally deutlich weniger, und er weiß, dass sogar die Tagesform seiner Geliebten darüber entscheiden kann, wie sie auf die Frage antwortet. Und das ist seine Erinnerung an den großen Moment: »Alfred! hat sie gesagt, sie hat versucht, mich um den Finger zu wickeln, weißt du, hat sie gesagt, ich hab es ja auch befremdlich gefunden, aber die ganze Atmosphäre, die Pferde und John, der unbedingt heiraten will, verstehst du das nicht? ich? verstehen? du hast wirklich einen Hieb, Sally, das habe ich gesagt, aber dann, wie ein Blitz, wie ein Blitz ist es in mich gefahren, sie will heiraten, es ist eine Einladung, sie zu fragen, ob sie mich heiraten will, ja, das habe ich in dem Moment begriffen, dass sie mich einlädt, sie zu fragen, besser jetzt als irgendwann, und ich habe nicht direkt, ich habe ein wenig ausgeholt, Sally, du hast einen Dachschaden, habe ich gesagt, daran besteht kein Zweifel, ich mache mir nichts vor, aber heiraten will ich dich trotzdem, habe ich gesagt, und du? habe ich gefragt, willst du mich auch trotzdem? und sie hat ja gesagt, ja, Alfred, ich nehme dich trotzdem, und hat gelacht«.

Wahrlich eine grandiose Szene, und um so mehr, liest man sie zum Beispiel auf dem Hintergrund der greulichen Familienkonferenz mit den Eltern Briest, Effi und Landrat Innstetten. Der Unterschied ist aber nicht nur ein sachlicher von mehr als hundert Jahren Sitten- und Sozialgeschichte, er liegt vor allem auch in der Erzählweise eines Romanciers hundert Jahre nach Fontane. Schon Flaubert hatte seine Szene mit Komik durchsetzt, hier aber wird der ernsteste Augenblick, der über die Zukunft zweier Menschen entscheidet, ganz hineingezogen in einen Slapstick. Zugleich schreibt der innere Monolog, in dem Alfred seinen lang zurückliegenden Glücksmoment rekapituliert, diese Komik zu großen Teilen dem sich Erinnernden selber zu, der an den glänzenden Beginn ja mit all der weniger glänzenden Erfahrung der dazwischenliegenden Jahre denkt. Heiraten, was für eine komische Sache! Seltsam und zum Lachen, ernst, aber durchaus nicht etwas, was man *ganz und gar* ernstnehmen kann; ein kleiner Vorbehalt ist immer da, ein Vorbehalt nicht gegenüber der Liebe, nicht gegenüber dem Wunsch zum gemeinsamen Leben, aber doch beim Gedanken an diese Formalität, die vielleicht wirklich nur Formalität ist.

Das war sie für das alte Trio keineswegs, denn die Formalität war die formale Erlaubnis, nun Dinge zu tun, die vorher nicht getan worden waren. Aber jetzt? Wie soll man eine Zeremonie wirklich ganz ernst nehmen, in der den zwei Betroffenen, ob Standesamt, ob Kirche, dies und das erklärt wird über ihre Zukunft zu zweit, wenn sie das meiste schon weidlich ausprobiert haben? Genau das ist die scharfe Grenze, die Geiger nachzeichnet: eine Grenze zwischen leidenschaftlichem Ja! und ironischem Vorbehalt, zwischen lebensgeschichtlichem Ernst und distanzierendem Lachen. So wie einer seinen geliebten Borsalino falschherum aufsetzt, damit man ihn ja nicht mit einem *normalen* Hutträger verwechselt, so ist der kleine Dachschaden die kostenlose Lebensversicherung gegen die Spießigkeit der Ehe.

3.

Nun aber – *Alles.* Nicht erst die Szene mit dem töchterlichen Blick auf der Mutter »Arsch« verrät, dass es hier vor allem um Fragen der Sexualität geht, und da wir uns mitten in einem Roman des dritten Jahrtausends befinden, heißt die Sache bei Autor und Figuren naturgemäß kurz und bündig »Sex« und ist etwas, was man zuweilen »hat«. In der Tat, schon auf den ersten Blick macht die ausschweifende Art, mit der die Sexualleben der verschiedenen Frauen und Männer vor den Leser hingebreitet werden, den Unterschied ums Ganze. Milan Kundera hat – aus der Erfahrung des Gegenwartsautors – an die Romane des neunzehnten Jahrhunderts die Frage gestellt, wie es stehe mit dem Sexualleben all der Paare, die dort zusammengebracht und auch wieder getrennt werden: »Seit wann hat Karenin nicht mehr mit Anna geschlafen? Und Wronski? Hat er sie zum Orgasmus gebracht? Und Anna? War sie nicht frigide? Liebten sie sich im Dunkeln, bei Licht, im Bett, auf dem Teppich, in drei Minuten, in drei Stunden, sagten sie sich dabei romantische Dinge, Obszönitäten, waren sie stumm? Wir wissen es nicht. Die Liebe nahm in den damaligen Romanen das weite Feld ein, das sich zwischen der ersten Begegnung bis zur

Schwelle des Koitus erstreckte; diese Schwelle stellte eine unüberwindliche Grenze dar.« Macht man jetzt die Probe aufs Exempel und denkt sich *Alles über Sally* für einen Augenblick unter Abzug des Themas *Sex*, dann bleibt einem ohne Wenn und Aber nur eine Antwort: *Unmöglich!*

Der Sex bekommt im Roman – wohl auch im Leben der Helden – einen so großen Raum, wie es im Ehebruchroman niemals der Fall war. Dass der Ehebruch im Bett – symbolisch gesprochen, denn realiter kann es auch eine Waldlichtung, ein Fiaker oder ein Schuppen sein – besiegelt wird, darum haben auch zwei der drei Alten kein Geheimnis gemacht, bei Geiger jedoch wird die Sache erstens szenisch vorgeführt und zweitens als tatsächlich entscheidender Antrieb ins Licht gezogen. Als die eheliche Tristesse nach dem Einbruch zu viel wird, fühlt es sich für Sally nach einigem Hin und Her dann doch entschieden so an, »als hätte sie in diesem Moment eine innere Grenze überschritten, hinüber ins Reich der ungenutzten Möglichkeiten«. Um gedachte Möglichkeiten nun auch empirisch zu nutzen, wird ein Hotelzimmer gemietet, und nach wiederum unvermeidlichem Hin und Her macht Sally ernst. »›Du, Erik‹, unterbrach sie ihn, ›ich begehe meine Dummheiten nicht deshalb, weil ich dumm bin. Also lass uns bitte aufhören zu reden. Ich weiß, dass es kompliziert ist. Ich kann mich in komplizierten Dingen zurechtfinden, andernfalls wäre ich vielleicht keusch. Jetzt sollten wir einfach ficken.‹ | Er erschrak ein wenig und sagte: | ›Spontan bist du wirklich, auf deine Art, alle Achtung!‹« Und nach der notwendigen Zeit, also zwei Romanseiten: »Als sie mit klopfendem Herzen nebeneinander lagen, mit seinem linken Arm unter ihrem Nacken, sagte Sally: | ›Ich denke, das war jetzt unvermeidlich.‹ | In ihrem Ton lag etwas Gleichgültiges, aber auch etwas Friedliches und Entspanntes.«

Einen krasseren Gegensatz etwa zum verbal hocherregten Tête-à-tête von Emma und Rodolphe wäre kaum denkbar; hier ist nichts von Romantik, Rhetorik, tiefen Blicken, hohen Seufzern, die ganze Angelegenheit wird nahezu unter Nützlichkeitsgesichtspunkten ins Werk gesetzt: Jetzt sollten wir ficken, das war jetzt unvermeidlich, etwas Gleichgültiges und

Friedliches, eine Maßnahme, die aus guten Gründen entschieden, durchgeführt und abgeschlossen wird, nicht gerade eine medizinische, aber doch eine psychologisch begründete Kur gegen überhandnehmende Langeweile. Sally wird es Erik auch nie verschweigen, dass er nicht der erste Fall dieser Art gewesen ist; die Gründe lagen sonst wohl nicht viel anders als jetzt. Aber auch der eheliche Sex zwischen Sally und Alfred, in Parallelaktion fortgesetzt während der Affäre mit Erik, zeitweise unfallbedingt mit Gipsbein, findet reichlich Darstellung, und es bleibt nicht unerwähnt, dass Sally gegebenenfalls auch imstande ist, auf dem Rücken und unter Alfred liegend genüsslich einen Pfirsich zu verzehren. Und so weiter und so fort, bis man sich dann doch die Frage stellt: Erfährt man hier tatsächlich nur *alles*, oder am Ende doch mehr, als man wissen wollte? Ist das große Thema Sex hier Sache des Autors oder Sache der Figuren?

Die Sprache macht es klar: beides. Spätestens der Pfirsich lässt erkennen, dass Geiger sich der heiklen Situation sehr bewusst ist. Jeder, der die Inflation von sogenannten Liebesszenen in Film und Literatur am eigenen Leibe erfahren hat, weiß, wie ermüdend, ja peinlich das Überangebot zwangsläufig wird; inzwischen ist man froh, ein Buch ohne *Stellen* lesen zu dürfen. Da es jedoch bei diesem Sujet nun ohne das wirklich nicht geht, muss der Autor sich um so genauer die Frage stellen, wie ohne Peinlichkeit zu sprechen ist von dem, wofür in der normalen Kommunikationssprache nach wie vor zahlreiche Worte fehlen. Auch in Geigers Roman ist das spürbar. Wenn er einerseits, besonders in Figurenrede, zu drastischen Wörtern der Umgangssprache greift – etwa zum »Arsch« und dem vor ein paar Jahren noch schlechterdings unmöglichen »ficken« –, zum anderen in einer ganz trivialen Situation – Sally springt ins kalte Donauwasser und »ihr Intimbereich musste den ersten Schreck wegstecken« – zu dem bürokratischen Unwort »Intimbereich«, dann zeigt sich, dass die Sprache und besonders die literarische Sprache noch nicht schrittgehalten hat mit dem, was die große Freiheit bringt. Ganz offenbar ist es leichter, Sex zu haben, als ihn zu schreiben. Geigers Hauptprinzip ist hier die Komik. *Alles über Sally* ist kein komischer Roman, aber ein Roman, der von vorn bis hinten mit Komik spielt. Wer vermöchte heute noch Liebesszenen – was auch Flaubert nicht getan hat! – mit ungebrochen leidenschaftlichem Pathos erzählen, und der aufs Ganze gehende pathetische Ernst ist das, was in manchen Szenen sogar Houellebecqs Romane ins Rutschen bringt. Vom Heiratsantrag bis ins Ehebruchbett, Geiger durchsetzt seine Szenen mit einer Komik, die dem Ganzen zwar nicht seinen lebensgeschichtlichen Ernst nimmt, sehr wohl aber jene Distanzierung hineinbringt, die der andauernden sexuellen Tätigkeit das Peinliche zu nehmen vermag.

Diese Dominanz der sexuellen Betätigung, bei Geiger nicht anders als bei Houellebecq, ist, wie könnte es anders sein, eine der großen Neuerungen des veränderungs- und fortschrittssüchtigen zwanzigsten Jahrhunderts, führt deshalb aber direkt zurück zu der Frage von Milan Kundera. Was bedeutet es, wenn das, was die neuen Menschen nicht nur nachts und zu Hause, sondern auch tagsüber in Hotels beschäftigt, die alten Menschen, glaubt man den Romanen, nicht einmal nachts und zu Hause übermäßig in Atem hielt? Verdrängung, lautet die schnelle Antwort jener Advokaten des neuen Menschen, die ja bereits bei Flaubert Ödipus- und Kastrationskomplexe wüten sehen, obwohl diese Krankheiten vor ihrer Erfindung durch Freud durchaus nicht vorhanden waren und deshalb auch nicht ansteckend. Oder, ernsthafter gesagt, es ist durchaus nicht überzeugend, psychoanalytische Interpretationen und erotische Interessen der Gegenwart naiv in eine Zeit zurück zu projizieren, die von diesen Dingen noch nichts wusste. Verdrängung könnte zweierlei heißen. Zum einen wäre eine Gesellschaft gemeint, welche die sexuellen Bedürfnisse und Verhaltensweisen tatsächlich negiert und damit zu Minenfeldern macht. Zum anderen eine Sprachregelung, die das, was es da trotzdem zu sagen gäbe, zu sagen verbietet. Der Roman litte dann an beidem, an den sexuellen Neurosen seiner Figuren – auch, so ist zu fürchten, der Autoren – und an der Unmöglichkeit, angemessen über sie zu reden und zu schreiben. Von daher wäre die Welt der Houellebecqs und Geigers eine wirklich einmal schöne, neue, in der es endlich erlaubt wäre, das

Notwendige zu sagen. Dies jedoch würden wohl nicht einmal diese beiden Autoren behaupten; folgt man ihren Büchern, dann wäre zu sagen: im Gegenteil.

Gerade Sallys Offenheit in Sachen Sex ermöglicht einen Rückblick auf ihre traurigen Vorgängerinnen: Waren sie wirklich so traurig? Wenn bei Sally der Sex in Ehe und Ehebruch eine so große Rolle spielt, hat er das auch bei jenen getan? Waren Emma, Effi und Anna bloß unbefriedigte Ehefrauen, die anderswo suchten, was ihnen fehlte? Schaut man sich die drei Bücher daraufhin noch einmal genau an, so findet sich manches, doch weniger, als man dachte. Dass Emmas Charles kein feuriger Liebhaber sei – ist das wirklich selbstverständlich oder nur das ewige Schahbovarie-Klischee? Weiß nicht sogar der vulgäre Volksmund exakt das Gegenteil: Dumm fickt gut? Nach der Hochzeitsnacht hätte man Charles »viel eher für die Jungfrau vom Vorabend halten können, während die Frischvermählte nichts erkennen ließ, was Rückschlüsse erlaubte«, aber was heißt das schon? Dieselbe undurchschaubare Beherrschtheit zeigt Emma auch nach den *faits accomplis* mit Léon – ganz sicher auch kein Sexprotz – und Rodolphe. Gewiss, auf dem Höhepunkt der Rodolphe-Affäre sieht man Emma mit anderen Augen: »Nie war Madame Bovary schöner gewesen als in dieser Zeit; sie besaß jene rätselhafte Schönheit, die hervorgeht aus Freude, Begeisterung, Erfolg und nichts anderes ist als Einklang des Charakters mit den Verhältnissen. Ihre Begierden, ihr Leid, das Erleben von Lust und ihre immer noch jugendlichen Illusionen hatten, ganz so wie Mist, Regen, Wind und Sonne bei den Blumen, sie schrittweise weiterentwickelt, und endlich erstrahlte sie in der vollen Blüte ihres Wesens.« Doch gerade dabei bleibt es nicht, es ist ein kurzer Moment, befeuert von der erregenden Aussicht auf die Flucht unter südliche Palmen. Und fehlt diese Aussicht, dann findet Emma bekanntlich schnell »im Ehebruch von neuem alle Schalheit der Ehe«.

Alle einschlägigen Situationen lassen nur den Rückschluss zu, dass Emma zwar sicher ein körperliches Liebesleben hat, es aber wie alles andere ganz und gar unter ihren phantasmagorischen Visionen sieht; ein *unmittelbares* Verhältnis zu Körperlichkeit besitzt sie so wenig wie zu ihrer Psyche; jene »*Seligkeit*, *Leidenschaft* und *Rausch*, die ihr so schön erschienen waren in den Büchern«, werden auch durch reale körperliche Erfahrungen nicht korrigiert. Selbst der Kraftmeier Rodolphe weckt bei Emma mehr als alles andere die Ausschweifungen seelischer Selbsterregung: »Immer wieder sagte sie: ›Ich hab einen Geliebten! einen Geliebten!‹ und sie berauschte sich an dieser Vorstellung, als wäre ihr eine zweite Mädchenblüte zuteil geworden. Sie würde nun endlich die Freuden der Liebe erfahren, jenes fiebrige Glück, das sie schon verloren geglaubt hatte. Sie stand vor etwas Wunderbarem, und alles verhieß Leidenschaft, Ekstase, Verzückung; blauschimmernde Unermesslichkeit war um sie herum, die Gipfel des Empfindens funkelten vor ihren Gedanken, und das gewöhnliche Leben zeigte sich nur ganz ferne, tief unten, im Dunkel, am Fuß dieser Höhen.« Gerade Gustave Flaubert interessierte sich nicht einfach im naturalistischen Sinne für eine unbefriedigte Ehefrau. Kaum anders ist es bei Effi; die ständige Ambivalenz der Darstellung durch Fontane schwankt zwischen ein paar »müden Zärtlichkeiten« von Seiten Innstettens am Abend und Effis koketter Provokation, er sei eigentlich ein »Zärtlichkeitsmensch«, der sich verstelle. Aber nirgends eine einzige Andeutung, ausgerechnet Crampas habe etwas Körperliches für Effi bedeutet, was bei Innstetten nicht zu haben war.

Am ehesten wäre das noch bei Anna Karenina zu vermuten – und Tolstoi hatte gewiss ein lebenslanges starkes Interesse an Sexualität –, aber gerade bei ihr ist der seelische Faktor viel stärker als jeder bloß physische Antrieb; erst die Figuren der *Kreutzersonate* denken ständig nur an Sex, Anna und Wronski ganz sicher nicht. Das Argument, man habe zu jenen dunklen Zeiten eben nicht sprechen dürfen über das Wesentliche, trifft nicht, denn selbst wenn es tatsächlich unmöglich war, *alles* zu sagen, so hatte ein Autor – das beweisen alle drei – trotz allem seine Möglichkeiten zu zeigen, was er zeigen wollte, und sei's die lustvolle Aktivität in einem schwarzen Fiaker, von dem man nur zugezogene Vorhänge sieht! Bei Zola oder Maupassant, wo das Interesse sich weiter kräftig in diese Richtung verschoben hatte, bleibt bereits nichts ungesagt, was gesagt werden will, und sogar bei Fontane findet sich in *Irrungen, Wirrungen* die unverblümte Erzählung von der Nacht eines unverheirateten Paares. Nein, man muss umgekehrt fragen, ob die Suche nach der Hauptbeschäftigung Sexualität, wie sie definitiv seit dem späten Tolstoi der *Kreutzersonate* unvermeidlich ist, nicht eine rückwirkende Projektion ist aus jener späteren Zeit, die tatsächlich sehr häufig nur an das Eine denkt. Natürlich, es gibt Sexualität auch bei den Paaren des neunzehnten Jahrhunderts, aber ganz offensichtlich ist sexuelle Betätigung keine Beschäftigung eigenen, geschweige ausschließlichen Rechts – das ist sie am ehesten noch für Männer vom Schlage Oblonskis und später Muffats. Selbst die vier Liebhaber sind sehr wohl auf anderes aus: Léon auf Selbstbestätigung durch eine große Dame, Wronski auf die große Liebe. Alle drei Familien haben jeweils nur ein einziges Kind; ist das ein Zeichen für geringe sexuelle Attraktivität und deshalb Aktivität? Zumindest nicht bei Effi, denn dann hätte man sich den Arztbesuch gespart. Das Einzelkind ist eher auch Zeichen für eine andere historische Unmöglichkeit: Einer mehrfachen Mutter Ehebruch zuzuschreiben, das wäre wohl auch dem vor nichts zurückschreckenden Flaubert als eine zu große Provokation erschienen, oder eben als eine unglaubhafte Absurdität.

Emma, Anna, Effi, diese drei, sie suchen etwas anderes als *Sex*, das ist sicher, wenn man den Büchern glaubt. *Kann* man den Büchern glauben? Oder ist es nicht möglich, dass sie sich selbst und den Leser betrügen? Dass die Motive der Personen ganz andere sind, als die Autoren sie aufschrieben? Natürlich, denkbar ist es; aber dennoch ein grobschlächtiges Vorurteil – da genügt ein kurzer Blick in Kunst- und Literaturgeschichte –, dass die Sexualität ein ständiges »Tabu« gewesen sei. Und wollte man Emma, Anna, Effi nun Gefühle, Verhaltensweisen interpretierend zuschreiben, die in den Büchern gar nicht vorkommen, dann verließe man ohnehin die Literatur und die Literaturwissenschaft und beschäftigte sich mit ganz anderem. Kehrt man zurück zu Kunderas Fragen, so lautet zumindest eine Antwort: Es sind Fragen des zwanzigsten und eben nicht des neunzehnten Jahrhunderts. Was Sally bewegt, muss Effi noch lange nicht bewegt haben. Fontane erwartete von der freien erotischen Wahl die »größte aller Revolutionen«; zwischen Effi und Sally liegen deren zwei, die freudianische und die sexuelle der Achtundsechziger, und von denen blieb keiner ungeschoren. Sexualität ist seit alters her eine der großen Triebkräfte von Kultur und Geschichte, Sitten und Gesellschaft; der *Sex* ist ganz sicher ein Phänomen der schönen neuen Welt, von der Houellebecq und Geiger erzählen. Ohne das sind Romane unserer Gegenwart nicht mehr zu denken, überzeugt, dass von Liebe nicht sprechen kann, wer von Sexualität schweigt. Die *ganze* Wahrheit aber enthalten auch sie nicht, weil es eine zeitlose Wahrheit auch in dieser Sache nicht gibt.

4.

Seinen späteren Ratschlag, Romane nicht mit der Heirat zu schließen, sondern damit, dass Held und Heldin sich wieder trennen, hat der Romancier bereits in *Anna Karenina* strikt befolgt. Literarisch gesehen gab es für seine Mahnung durchaus Gründe, war doch der Eheschließungsroman lange Zeit ein beliebtes Genre, und in der Trivialliteratur ist er es immer noch. Als es damit ein Ende hatte, folgte der von Tolstoi gewünschte Eheauflösungsroman, aber auch der hatte eine recht kurze Geschichte, woran wiederum Tolstoi ein zweites Mal nicht unschuldig war; seine *Kreutzersonate* öffnete den Weg zur Radikalkritik der Ehe durch eine Radikalkritik an der Sexualität schlechthin. Nach einem Sprung von hundert Jahren ist *Alles über Sally* nun aber ein Drittes, sozusagen ein Ehekrisenroman. Das aber in dem Sinne, dass die Ehe etwas wird wie eine Dauerkrise, oder anders gesagt: weder der sichere Hafen ist, den der Jane Austensche Anbahnungsroman verspricht, noch die Befreiung, die Tolstois Ultimatum verlangt, sondern ein nicht immer ganz astreiner Balanceakt in einem ständig prekären Gleichgewicht. Ein prekäres Gleichgewicht, das man offenbar auch berechnen kann, denn auf die Frage, ob Sally ihren Mann nun weiterhin liebe, gibt sie einen Tag vor

Silvester dann doch eine Antwort in den schwarzen Zahlen, »und wenn nicht in diesem Augenblick, dann gemessen am Jahresmittel, das sie übermorgen nehmen konnte. Ihre Zuneigung nahm zu und wieder ab, das war wohl nichts wirklich Besonderes«.

Geiger verweigert sich nicht nur der Alternative von Ehe und Ehebruch, er widerspricht auch Tolstois apodiktischer Behauptung von der Befreiung durch Trennung, ist sie doch am Ende nicht weniger pauschal und realitätsfern als Jane Austens Traum vom Glück. So endet *Alles über Sally* vollkommen anders als sämtliche Vorgänger. Bei allen Unterschieden gehen die Bovarys, Karenins, Innstettens einen linearen Weg von A nach B, und für mehr als die Hälfte dieser sechs Personen bedeutet B den Tod. Insoweit folgen sie auch jener klassischen Romanstruktur, in der das Geschehen sich logisch zu jenem Punkt bewegt, wo der Autor sein Buch einigermaßen schlüssig beenden kann und der Leser es zuklappen. Literarisch gesehen ist hier die größte Differenz. Geigers Roman endet, wie er begonnen hat: mit einem durchschnittlichen Ehepaar, das seit drei Jahrzehnten zusammenlebt und auch weiter zusammenleben wird. Der Zeitraum der eigentlichen Geschichte geht von den Englandferien über die Affäre mit Erik bis zum Ausklang am Abend vor Silvester. Sogar Alfreds körperliche Schäden – krampfadernbedingter Stützstrumpf am Anfang, Gipsbein am Ende – umrahmen das Geschehen, als sei eben wirklich fast nichts geschehen. Nein, das Leben ist gar nicht so konsequent, wie die klassische Struktur eines Romans es nahelegt, das Leben führt nicht immer zu Höhepunkten und unumkehrbaren Ereignissen, das Leben bewegt sich manchmal langsam, manchmal schnell, und manchmal dreht es sich irgendwie im Kreise, und wenn man's genau nimmt, sogar meistens. Geigers Romanstruktur verwirklicht den Gedanken, der hinter seiner Handlung steht, und sie ermöglich darüber hinaus eine Ausweitung der Perspektive, wie man sie vorher nicht kennt.

Alles über Sally zeigt – anders als Geigers früheste Romane – keinen Hang zum ausdrücklichen Vorführen einer komplexen Sprach- und Formgestalt, doch hinter der scheinbaren Einfachheit verbirgt sich eine ebenso durchdachte Konstellation, die viel gelernt hat von den hundert Jahren Romanschreiben seit *Effi Briest*. Natürlich steht der Roman in jener Linie der Moderne, die sich von Flaubert herschreibt: Mit erlebter Rede, Sprachspielen und konsequenter Ausnutzung von Sprachebenen bewegt sich der Erzähler in unmittelbarer Nähe seiner Figuren. Doch schon das erste Kapitel über ein ferienmüdes Ehepaar im englischen Hotel, mit seiner Verflechtung von Alltagsbanalitäten und innerer Reflexion und Dialogen, vermag fast eine Identität zu erzeugen zwischen der Sprachebene und dem Geschehen; das Ganze nicht nach und nach in der Vergangenheitsform entwickelt, im raunenden Imperfekt, sondern im Präsens gleichsam unmittelbar hingestellt vor den Leser. Ebenso souverän nutzt Geiger die Möglichkeiten, gegen die Chronologie zu erzählen, ein Kapitel einzuschalten über Kairo, eine surreale Traumsequenz des schlafenden Ehepaares mit Sioux und einem dunkelhaarigen Säugling an Sallys Brust, mit Reflexionen zu Vergangenheit und Zukunft, und immer mit jenem Witz von seiten des Erzählers, der die nötige Distanz schafft.

Ein wirkliches Stilmittel der Moderne nutzt Geiger dann im vorletzten, dem elften Kapitel zu einem inhaltlichen *coup*, der mit größtem Gewinn etwas tut, was gegen jene gute Schulregel verstößt, dass man nicht unmittelbar vor Inventur die Vertragsbedingungen der laufenden Geschäfte ändern darf. Mit ironischer Gründlichkeit hat Geiger bis dahin angeknüpft an die Grundcharaktere der *Madame Bovary*, wenn auch natürlich ohne die denunziatorische Schärfe Flauberts: Alfred mit seinen Krampfadern und seiner ruhebedürftigen, verzweiflungsseligen Langsamkeit ist zwar kein dummer Schahbovarie, aber doch ein Mann im Schongang, ein Hausmann im vollen Sinn des Wortes; ein Stubenhocker zuweilen; ein Papiermensch mit Tagebüchern und gutgepflegten Erinnerungen, alles in allem ein Mann, der hinter seiner temperamentvollen Frau entschieden zurücksteht. Diese Frau, Sally, ist natürlich keine rasende Provinzmegäre wie Emma, aber doch eine schwer zu bändigende – weder vom Ehemann noch von sich selber – Kraftquelle, zuweilen nur impulsiv, zuweilen aber einfach bauchgesteuert ohne die geringste Kontrolle durch Nachdenken; pendelnd zwischen Egozentrik und Pragmatismus, Realismus und Sentimentalität. Erik ist im Trio die sozusagen traditionellste Figur, einerseits muskelzeigender Schwerenöter, andererseits bedauernswerter Schwächling, der sich am Ende durch Frau Nummer drei aus der Affäre zieht. So weit, so gut, eine Konstellation, die als Echo aus Yonville l'Abbaye herüberklingt nach Wien.

Das elfte Kapitel aber stülpt die ganze Angelegenheit plötzlich vom Kopf auf die Füße, oder, wie man will, von den Füßen auf den Kopf. Nachdem Sally als Mittelbeschädigte aus der Affäre mit Erik herausgekommen ist, und zwar anders, als sie es sich vorgestellt hatte, in der Rolle der nun selbst Geleimten, zieht sie sich zur Rekonvaleszenz zurück an jenen Ort, wo sie Ruhe, Rücksichtnahme und Pflege erwarten kann, und ohne dass ihr viele Fragen gestellt werden: zu Alfred. Auch Charles hatte nachträglich keine Fragen gestellt, und auf die, die sich von selber stellten, fand er zur Antwort magere Selbsttäuschungen: »›Vielleicht haben sie sich platonisch geliebt.‹« Wenn auch Alfred seiner Sally keine Fragen stellt, dann aber nicht aus Bovaryscher Dummheit, sondern aus einem Grund, der ihn jetzt plötzlich zu der großen Figur macht, die er zuvor nicht war. Das elfte Kapitel in *Alles über Sally* ist ein einziger, zweiundvierzig Seiten langer, punkt- und absatzloser innerer Monolog Alfreds, der – zwangsweise sofasitzend und mit Gipsbein etwas leichter beschädigt als Madame – nicht nur ein Resümee der jüngstvergangenen Verwirrungen zieht, sondern seines gesamten ehelichen Lebens. Dieses Resümee ist nicht einfach die Ehrenrettung einer sympathischen, aber ansonsten leicht unterbelichteten Romanfigur, es ist die Neudefinition einer Rolle. Möglich ist das für Geiger einerseits durch die Flexibilität des modernen Begriffs vom Roman, der es erlaubt, vollkommen unterschiedliche Stilmittel miteinander zu verbinden, zum anderen aus der daraus folgenden Möglichkeit, einer Person, die bis dato weder die Haupt- noch Glanzrolle spielte, selbst das Wort zu erteilen, und zwar im Selbstgespräch. Inspiriert ist dieser Monolog, das ist deutlich markiert, vom größten aller modernen Selbstgespräche, von Leopold

Bloom im *Ulysses* des James Joyce. Denn auch der Tenor findet sich schon dort, das große, bedingungslose *Ja*, – wenn auch bei Joyce von seiten der Frau!

Alfreds Monolog ist eine so phantasievolle wie endgültige Liebeserklärung an seine Frau. Anders aber, als man es glauben mochte in den vorhergehenden Kapiteln, ist diese Liebeserklärung weder naiv noch auf Selbsttäuschung gebaut. Alfred weiß recht gut, was seine Frau so treibt, und wenn er es *noch* genauer nicht wissen will – und im Fall Erik auch tatsächlich nicht weiß –, dann weil Details in solchen Fragen zum Ganzen nicht unbedingt beitragen – und trotz alledem und alledem auch nicht ganz schmerzfrei zu ertragen wären. Alfred ist überzeugter Ehemann – »Sally ist das Beste und Tollste, was mir in meinem Leben zugestoßen ist« –, aber er ist ein Ehemann *nach* der größten aller Revolutionen – »und wenn mich jemand fragt, Alfred, warum bist du trotz all ihrer Liebschaften immer bei ihr geblieben und hast selber nie Liebhaberinnen gehabt?« –, dann kommt beiläufig heraus – »Christina war nur kurz und für mich nicht wichtig, und die Kollegin von Sally, Magistra der Leibesübungen, wie passend, ein Fehler« –, dass auch er es vielleicht zwar nicht wirklich faustdick, aber doch hinter den Ohren hat. Alfred weiß, die Ehe, wie seine Eltern und Großeltern sie führten, mit Treuegarantien und allem Drum und Dran, die kann er nicht haben, wahrscheinlich ganz allgemein nicht – Nadja und Erik geben das Beispiel –, aber ganz besonders nicht mit seiner Sally. Was er haben kann, ist ein Bündnis, das immer wieder auf der Kippe steht, das aber, unterm Strich, den Aufwand lohnt, im »Wissen, dass sie nie ganz gehen wird«, und im Wissen, dass es eine Garantie nicht gibt. Denn auch wenn Geiger seinem Roman ein *happy end* beschert, dann ist es, das weiß jeder, nur ein *happy end* für den Moment, denn nichts in diesen letzten Zeilen verleiht die Sicherheit, dass die Krise nicht doch einmal siegen könnte über Alfreds emphatische Zuversicht. Das »Jahresmittel« der Liebe, bisher war es immer positiv, aber irgendwann einmal könnte es auch in die roten Zahlen kippen.

Am Ende seines Monologs aber schlägt er noch eine Volte, die zeigt, dass die ganze Liebes-, Ehe- und Verratsgeschichte von Sally und Alfred nicht einfach nur eine Sittengeschichte ist, sondern hier für noch etwas größeres steht, für eine Geschichte des *Lebens* im existentiellen Sinn. In dieser schönen neuen Welt, in der für ein Jenseits so wenig Platz ist wie für Moral, wagt dieser »frühberufene Chronist« und »wankelmütige Ministrant« nicht eine Pascalsche, doch eine Alfredsche Wette auf die zumindest mögliche Begegnung mit dem großen Unbekannten, »und sollte entgegen meiner Erwartung irgendwann zum Jüngsten Gericht geblasen werden, dann werde ich mein eigenes Kontobuch mitbringen, hundert Bände, mit hundert Bänden ist bis zu meiner Todesstunde zu rechnen, ich werde alles mitbringen, das ganze Verzeichnis der guten und schlechten Taten, ja, wenn Er sagt, Stehet auf! dann werde ich meine eigene Version der Geschichte mitbringen in einer großen Schubkarre, und wenn er mich fragt, wie das ist, mit Sally und mir, ob ich glaube, dass wir Aussichten haben auf das Himmelreich, wo es keine Tränen mehr gibt und die letzte Träne von einem Engel getrocknet wird, dann werde ich schweigen und Ihm schweigend die hundert Bände zu Füßen legen, damit Er lesen kann, ich werde warten, und die, die hinter mir stehen, werden ebenfalls warten, und wenn Er zu Ende gelesen hat, dann werde ich sagen, jetzt, jetzt kannst du dein Urteil fällen –«

In einer monumentalen Herausforderung Gottes präsentiert dieser »Alfred aus Schenkenfelden« sein ganz persönliches Tagebuch des Lebens, und er weiß: Dem was hier geschrieben steht, *kann* Gott gar nicht widersprechen. Und wenn es Gott nicht gibt, dann muss man ihn erfinden, damit er bestätigt, was Alfred weiß: Mag sein, dass diese Ehe manchmal eine Last war, die gern leichter sein könnte, ein Joch, das drückt. Im Lebensmittel aber ist die Bilanz eine gute. Und da es vor Gott nur heiß gibt oder kalt, schwarz oder weiß, schwer oder leicht, ja oder nein, ist der halbe Sieg, den man vielleicht nur als Überstehen empfand, ein ganzer. Eine grandiosere Bestätigung der Ehe in Zeiten nach allen sexuellen und sonstigen Revolutionen gibt es nicht.

5.

Die Liebe und der Suff, det reibt den Menschen uff, sagt ein kluges Sprichwort, das seine Herkunft aus Fontanes preußischer Heimat zwar nicht verleugnen kann, aber durchaus universal und zeitlos gilt. In hundert Jahren aber hat sich offensichtlich so viel verändert, dass man geneigt ist, in dieser Lebensweisheit fast die einzige Konstante zu sehen, und die Romane einer großen Tradition dienten nicht zuletzt dazu, die Stöße dieser Veränderungen seismographisch nachzuzeichnen. Ist die späte *Sally* literarisch am ehesten der *Madame Bovary* verwandt, so unterscheidet sie sich in der Sache am stärksten von *Effi Briest*. Ja, von *Sally* aus gesehen, scheint Fontane, obwohl der jüngste und letzte jener drei, paradoxerweise der älteste, antiquierteste. Das liegt keineswegs allein am archaischen Ritual des Duells, das zumindest in *Anna Karenina* zwar zur Sprache, nicht aber zur Ausführung kommt, doch es ist deutliches Zeichen für diese Gesellschaft, die sich zurückgezogen hat auf ein starres Korsett von Regeln, um dem Wind der Veränderung zu widerstehen, vergeblich, wie man weiß. Der Roman, der solches verhandelt, wird traditionsgemäß Gesellschaftsroman genannt, doch obwohl dieser Konflikt weder im ästhetischen Furor Gustave Flauberts, noch im existentiellen Lebensentwurf Lew Tolstois die *zentrale* Rolle spielt, ist die Gesellschaft ein wichtiger Faktor; auch bei Flaubert ist er als Nebenkriegsschauplatz ständig präsent durch die aggressive Lust, mit der dieser Autor den Ehebruch als Attentat gegen die Bürgerwelt inszeniert.

Die Hauptrolle spielt die Gesellschaft im strikten Sinne nur bei Fontane, und sie tut es auch bei Geiger nicht mehr. In diesem Sinne ist *Alles über Sally* sogar der konsequenteste Widerspruch gegen *Effi Briest*, ja sogar die unmittelbare Kritik an einem Roman, den der Autor von *Sally* fast konsequenterweise ablehnen *muss*. Der eigentliche Konflikt ist in *Effi Briest* so stark auf die Gesellschaft konzentriert, dass er die individuellen Motive der Figuren manchmal fast unerkennbar macht. Was Effi schon nach ein paar Monaten zum Ehebruch treibt, ob Crampas nur ein Frauenheld ist oder wirklich liebt, all das bleibt irgendwo im Halbschatten. Daher auch haben spätere Epochen ihre eigenen Sorgen, Obsessionen und Gemeinplätze viel stärker auf Effi Briest projizieren können als auf Anna Karenina oder geschweige Emma Bovary; die heutzutage fast kanonische Deutung, die Rainer Werner Fassbinder durch seinen Film in die Köpfe hineinprojiziert hat – eine junge gefühlvolle Frau als Todesopfer einer unerbittlichen Gesellschaft alter, gieriger und gefühlsimpotenter Männer –, hat zumindest nichts zu tun mit einer genauen, textnahen Lektüre des Fontaneschen Romans. Im Gegenteil, der gesellschaftliche Konflikt bei Fontane ist fast gänzlich losgelöst von den individuellen Eigenschaften der Figuren: Innstetten oder Wüllersdorf, Mutter oder Vater Briest, sie mögen so sympathisch oder monströs sein, wie sie wollen, zu Gefühlen fähig oder nicht, die gesellschaftlichen Regeln funktionieren ganz von allein und ohne dass ein besonders negatives Exemplar in Charakterdingen sie zum Laufen bringen müsste. Innstetten rechtfertigt seinen tödlichen Schlussstrich trotz fortdauernder Liebe zu Effi mit den strikten Regeln der Gesellschaft, und Wüllersdorf stimmt ihm zu, trotz bezeichnenderweise *sehr* langem Zögern, denn »›unser Ehrenkultus ist ein Götzendienst, aber wir müssen uns ihm unterwerfen, solange der Götze gilt‹«, und auch die Briests verweigern ihrer gestürzten Tochter die Heimkehr ins elterliche Haus sehr lange Zeit mit dem Hinweis auf denselben Götzen. Die Frage aber, die einen Autor Geiger mehr interessieren würde als alles andere: wie nämlich *in* den Eltern, *in* ihren Gedanken und *in* ihren Gefühlen der Kampf zwischen Zwang und Wünschen sich abspielt, die bleibt bei Fontane unbeantwortet.

Wo aber ist die Gesellschaft bei Sally und Alfred? Nicht anders als bei Houellebecq bildet sie natürlich den Hintergrund einer Handlung, deren historischer Zeitpunkt ja im Detail erkennbar ist, die Gegenwart bis zum Beginn der zweitausender Jahre. Die Bilder der Stadt und die Bilder des Privathauses, die Szenen aus der Arbeit und die Szenen in den Hotels, die Sprache der Erwachsenen und die Sprache der halbwüchsigen Kinder, die Anspielungen auf politische Ereignisse und die Anspielungen auf Namen der Popkultur dieses neuen *fin de siècle*, all das durchsetzt jeden Augenblick der Erzählung mit Realien, die eine Gegenwart im aktuellen Sinne markieren. Noch mehr tun das aber jene Szenen, die den Stand der Dinge nicht analysieren, sondern in reinen Momentaufnahmen darstellen. »›Ich bin froh‹, sagte er plötzlich, ›dass ich in meinem Leben nur mit einer Frau verheiratet war und nicht mit zweien oder dreien.‹ | ›Ein bisschen eine einseitige Kost ist es schon‹, antwortete Sally bedächtig. | ›Das finde ich nicht‹, sagte Alfred enttäuscht, er hatte eine andere Antwort erhofft. ›Monotonie ist bei weitem nicht das erste, was mir im Zusammenhang mit meiner Ehe einfällt.‹« Ein solcher Dialog, der das Nicht-Selbstverständliche der Treue mit einiger Selbstverständlichkeit zum Thema zwischen Eheleuten macht, wäre wohl schon einige wenige Jahrzehnte zuvor kaum denkbar gewesen, so wenig wie seine Fortsetzung: »Er schob einen Finger zwischen die Seiten des Tagebuchs und horchte. Er dachte an das geheime Leben, das Sally nicht mit den Kindern teilte, und an das geheime Leben, das sie nicht mit ihm teilte. | ›Du hast mehr zu bieten, als ich bekomme‹, sagte er mit leisem Vorwurf. ›Trotzdem ist mir nicht langweilig neben dir.‹ | Zu seiner Überraschung war ein ›Mhm‹ alles, was Sally sagte. Er schrieb weiter, völlig ahnungslos, was Sally dachte.«

Die seltsame Idylle ist Teil jenes späten Winterabends, der das Buch in versöhnlichem Ton ausklingen lässt, und dieser versöhnliche Ton ist es vielleicht, der das Unerhörte des Moments verdeckt. Zwar hat Sally es gerade noch als »schade« beklagt, »dass unser Angriff auf das bürgerliche Leben kaum zehn Jahre gedauert hat«, aber in dieser autobiographischen Kritik an der Post-68er-Zeit irrt sie sich nun doch: Mit Bürgerlichkeit im traditionellen Sinne hat ihr Leben weiß Gott nichts mehr zu tun, oder könnte man sich Emma, Anna, Effi an einem vergleichbaren Winterabend vorstellen? Man kann es nicht. Und was eine solche Vorstellung nun wirklich ganz unmöglich macht, das ist – noch diesseits aller individuellen Charakterfragen – die Gesellschaft. Und so wird klar, dass die Gesellschaft in *Alles über Sally* zwar überall präsent ist, aber nicht unmittelbar gegenüber diesen beiden Personen selbst, nicht *in* der intimen Mitte ihres Lebens. Die Gesellschaft prägt die Welt, in der die beiden leben, aber sie macht ihnen keine Vorschriften, *wie* sie das zu tun haben. Die größte aller Revolutionen ist vorbei. Die Gesellschaft hat sich zurückgezogen aus der Frage, wie es steht zwischen Sally und Alfred, es ist ihre Angelegenheit, es ist ihre Privatsache, und damit basta.

Tatsächlich, eine größere Revolution konnte es nicht geben. Ob jemand heiratet oder nicht, ob jemand in Houellebecqsche Swingerclubs geht oder lieber in traditioneller Weise fremd, ob die Nachbarn und Kollegen es wissen oder nicht, ob am Ende jemand sogar ein für allemal treu bleibt –: Ihre Sache, bitte schön, und bald werden auch Männer oder Frauen einander heiraten können, warum nicht. Vor ein paar Jahrzehnten kostete einen Minister die Scheidung noch den Posten, heute kann der Staatspräsident – Privatsache! – seine Büroleiterin als Geliebte und dann als neue Ehefrau vorführen oder gleich im Hinterhaus eine Nebenfamilie installieren. Die einzige strikte Grenze in der erotischen Praxis liefert *Alles über Sally* sogar mit, als Sallys Lehrerkollege Pomossel der Unzucht mit Schülerinnen beschuldigt wird; nur noch hier findet man einen Grund zum Selbstmord. Blendet man das Leben der teuren Toten – Emma, Anna, Effi, Charles, Wronski, Crampas –, blendet man es über diese verblüffende Gegenwart, dann hatten sie zwar ein Leben, ein *Privatleben* aber nicht. Niemand ließ Effi und Geert die Chance, ihre Probleme unter sich zu regeln, wie es ihnen passen mochte; niemand wäre Anna und Wronski begegnet wie einem x-beliebigen Paar; und erst recht nicht hätte man Emma das Ausleben ihrer Obsession erlaubt, die sie von einem Mann zum nächsten trieb. Privatsache? Wo kämen wir hin! Und hätte Innstetten sich nicht gewehrt, dann hätte die Gesellschaft ihn zum lächerlichen Hahnrei gemacht wie Charles.

Wie seltsam, auf einmal, nach allen Revolutionen gibt es nun das, was es vorher nie gegeben hatte: ein Privatleben! Die letzten moralischen Bastionen sind geschleift, dort noch eine Kirche, hier noch ein – ja, was? Nichts und niemand. Keiner will etwas von Sally und Alfred, Michel und Annabelle, keiner schreibt ihnen etwas vor. Und keiner kommt ihnen zu Hilfe. Die konsequente Individualisierung des erotischen Lebens hat die Paare in einen Raum geworfen, der ihnen ganz allein gehört, mit allen Konsequenzen. Denn wo es keine Vorschriften mehr gibt, sind auch alle Entscheidungen dem einzelnen überlassen. Deine Frau treibt's mit deinem besten Freund Erik? Ja, wenn's dich stört, musst du was tun, wenn nicht, dann lass es bleiben. Und wer weiß schon so genau, ob es ihn stört? Muss sich einer oder eine nicht vielleicht sogar schon rechtfertigen, wenn er die sexuelle Freiheit seines Gegenübers einschränken will? Besitzansprüche! Mach es aus mit deiner Frau, mach es aus mit dir selbst, wir haben damit nichts zu schaffen. Mag man sich vor dem Standesbeamten entschieden haben – keine Entscheidung ist definitiv. Welch große Freiheit! Doch auf der andern Seite: Welche Verantwortung! Keine Institution hilft die Last zu tragen, keine Regel, keine Konvention. Und auf einmal zeigt sich, wie groß auch die Hilfe gewesen ist durch Konvention, also durch Übereinkunft. Das private Gewissen jedes einzelnen soll nun die Frage beantworten, die früher im voraus beantwortet war. Das reine Privatleben, offenbar ist es nicht *nur* Gewinn, hat vielmehr noch eine andere Seite: andauernde Beanspruchung und häufig gar Überforderung der schwachen Kräfte, mit denen nun jeder sein Leben regeln soll und seine Liebe. Auf einmal ist man selbst verantwortlich – für sein Scheitern so wie für sein Glück.

Indem Geiger die Grundstruktur der Romane von Emma, Anna, Effi übernimmt – eine Frau als Titelheldin ihres Romans vom ehelichen Verrat –, gelingt es ihm, von jener unendlich großen Differenz zu erzählen, die das Damals trennt vom Heute. Als Flaubert mit fünfundzwanzig Balzacs *Frau von dreißig Jahren* las, nannte er sie »diese unsterbliche Schöpfung! in der Antike unbekannt wie das Christentum«. Doch nicht das Buch, die so ungewohnte, nie gesehene Heldin selber war gemeint, wenn er fortfährt: »In dem, was als nutzlos weggeworfen wurde, neue Schätze an Plastizität und Gefühl ausgraben, im Universum der Liebe einen neuen Kontinent entdecken und Tausende von Menschen, die ausgeschlossen waren, zu seiner Bewirtschaftung auffordern, ist das nicht geistvoll und erhaben? Die Ausübung eines Geschlechts verlängern, ist das nicht fast die Erfindung eines neuen? Welchen Enthusiasmus haben wir erlebt! Es war wie die Entdeckung Amerikas«. Und damit war die Literatur noch lange nicht am Ende, im Gegenteil, erst der Anfang ist gemacht für diese neue Kunst, denn »man wird sehen, was man nur flüchtig erspäht hat, man wird erforschen, was man nur leicht angerührt hat, die Mine ist noch neu, die Ader tief; durch diese Frage vorbereitet, werden andere ihr folgen, die nur nach einem großen Moralisten verlangen, einem großen Künstler, damit sie ans Tageslicht treten«.

Flaubert bewunderte Balzac für die literarische Entdeckung einer erotisch attraktiven Frau jenseits der Jugendzeit, also für das Bild einer neuen, revolutionären Liebesordnung zu Beginn seines neunzehnten Jahrhunderts. Etwas ähnliches wie *Die Frau von dreißig Jahren* haben auch *Ausweitung der Kampfzone* und *Alles über Sally* geschafft am Anfang unseres einundzwanzigsten, und diese neue Welt ist noch lange nicht ausgeschöpft. Das Privatleben, so plötzlich erobert, ist keine einfache Sache, im Gegenteil, es ist schwieriger als alles, was vorher war. Houellebecq entwirft zwar eine geklonte Welt jenseits der abgeschafften Gefühle, *erzählen* aber kann auch er nur von jener alten, in der wir noch immer leben, lieben, schreiben. Gefühle sind konservativ, sagt Sally. Da sitzt sie mit ihrem Alfred, und draußen fällt der erste Schnee, zwei letzte Mohikaner des Lebens zu zweit. Wie überleben Gefühle in dieser neuen Welt, in der uns keiner mehr sagt, ob sie richtig sind oder falsch, gut oder schlecht, ob sie eine Zukunft haben oder nur noch eine Vergangenheit? Wenn es schwierig wird mit den Gefühlen, mit der Liebe und was sonst noch dazugehört, dann – so war's schon immer –, dann schlägt die Stunde der Romane.

Die Entdeckung Amerikas

Leben, Liebe, Kunst

Einer mag überwältigt werden,
aber zwei können widerstehen.
Prediger 4:12

Da drüben auf dem Parkweg gehen zwei Menschen, ein Mann und eine Frau, manchmal scheinen sie miteinander zu sprechen, manchmal nicht. Aus der Entfernung kann man es nur schwer erkennen. Jetzt bleiben sie stehen und schauen einem Hund hinterher.

Die großen Schlachten sind geschlagen. Die Gesellschaft hat kapituliert, sich zurückgezogen vom Kampfplatz der Liebe. Das Privatleben wird längst nicht mehr von Regeln bedroht, im Gegenteil, die Regellosigkeit von unendlich verschiedenen Lebens-, Liebes- und Familienformen ist statistisch gesehen schon die Norm. Doch die Sieger sehen auch nicht gerade aus wie Sieger. Einst war der Kampf gegen die bürgerliche Ehe ein Kampf für die nonkonformistische Freiheit, und Flaubert hat seiner Emma diese Attentäter-Radikalität mit auf den Weg gegeben. Inzwischen sind die Lebensformen neben der Ehe um kein Deut weniger konformistisch als die einst bekämpfte Bürgerlichkeit; im Gegenteil, Houellebecq hat seine ganze erzählerische Energie dareingesetzt zu zeigen, dass die erotische Libertinage längst zum eigentlichen Konformismus im Zeitalter des universalen Sexualkonsums geworden ist.

Wo das lebenslange Leben als Paar nicht mehr die Norm ist, da ist es als gewünschtes Ideal vielleicht stärker denn je. Die Entscheidung lautete früher: Bis dass der Tod euch scheidet. Lange dahin – und doch: Wie schön auch wieder! Die Gesellschaft feiert ihren Fortschritt, Sache der Literatur war es dagegen immer schon, das Inventar der Verluste aufzumachen. Flaubert, Tolstoi, Fontane standen mittendrin in dem Prozess, der die Liebesordnungen zum Einsturz brachte; Houellebecq und Geiger ziehen hundert Jahre später Bilanz. Viel gewonnen, aber nicht wenig auch verloren. Und doch bezeichnen sie zwei extreme Pole der gegenwärtigen Gefechtsaufstellung. Denn das Privatleben wird zwar nicht mehr durch moralische Ordnungsmächte angegriffen, aber nicht weniger stark durch den ökonomischen Druck der erotischen Märkte. Houellebecq steht für jene aggressive Kritik, die in der neuen Revolution des dritten Jahrtausends das definitive Ende der alten Liebe sieht – und vorgibt, es emphatisch zu begrüßen. Geiger entwirft die schwache, gefährdete Hoffnung, das Leben als Paar könne *vielleicht* unter dem Sturm der Veränderung einen letzten ökonomiefreien Raum bewahren.

Emma, Anna, Effi sind tot, sie konnten andere Lebensformen nicht mehr erleben. Auch nicht das Altern des Paares zwischen Gewohnheit und Langeweile, dafür war ihr Leben zu kurz und ihr Scheitern zu schnell. Von den drei Autoren hätte nur Fontane sich für ein solches Leben interessiert, Flaubert und Tolstoi nie. Da drüben haben die beiden vom Parkweg sich jetzt vor ein Café gesetzt. Es sieht aus, als trügen sie einen Ehering, aber sicher kann man nicht sein. Tage, Tage, Jahre, die Routine des gemeinsamen Alltags war immer schon eine der wichtigsten Zielscheiben jener Kritik, die ihn lustvoll aufbrechen wollte, den bürgerlichen Stumpfsinn. »Warum muss, was einmal als Liebe begann, immer in Form schweigender alter Paare an Restauranttischen enden?« fragt Sibylle Berg, und jetzt würden wir von ihr gerne den Roman eines solchen Paares erzählt bekommen. Offenbar haben sie den Verlockungen widerstanden, denen Emma, Anna, Effi erliegen mussten, in ihrer so anderen Zeit, mit ihren so anderen Wünschen, Träumen, Zwängen. Denn die große Freiheit heute, sie erlaubt ja, so wenig zeitgemäß das scheint, auch eine ganz andere Geschichte; erlaubt den Verzicht auf Emmas romantische Raserei, Annas pathetische Leidenschaft, Effis Indifferenz.

Und sie erlaubt es Sibylle Berg, ihr Bild umzudrehen, das ja etwas ganz anderes zeigt, als man es glaubte auf den ersten

Blick. Zwei, drei Tische weiter sieht man nämlich noch ein anderes, deutlich jüngeres Paar. »Und da sitzen sie dann an Restauranttischen und reden um des Redens willen, schütteln die Mähne und verhalten sich deckungsgleich mit den Bildern in ihren Köpfen, die aus blöden Filmen stammen. Wild muss seine Liebe sein und leidenschaftlich, Sex muss sein, aber viel und verrückt, und geredet muss werden mit Torben, dem Manager, dass sich die Balken biegen! Ein Gespräch ist gut, wenn keine Ruhe eintritt. Von sich entfremdet, sitzen Torben und Jasmin, sie quatschen, als gäbe es kein Morgen, und sie werden sich wundern, wenn sie sich auseinandergelebt haben, was sie dann bei der Scheidung angeben werden. Sie haben nie zusammengelebt, nie Ruhe ausgehalten, nie kennengelernt, wie angenehm es ist, bei sich zu sein und den anderen mit Liebe anzusehen –«, und so haben wir bereits ein zweites Paar für den Roman, den wir gern erzählt bekämen. Die Literatur ist keine Soziologie, ein Roman kein Fallbericht. Emma, Anna, Effi, das waren keine Fälle. Für sie war die Ehe Notwendigkeit, und davon haben drei Männer erzählt. Heute heiratet einer meist aus freien Stücken, jedenfalls nicht unter äußerem Zwang. Warum? Machen wir uns nichts vor, es werden mehr Ehen geschieden denn je. Aber trotzdem: Warum? Was ist das Bild in den Köpfen? Was steht in jenem Roman, den das schweigende Paar dort drüben vielleicht erlebt?

Das Bild eines Lebens jenseits der Kampfzone? Es gibt noch unendlich viele Geschichten zu erzählen.

Nachwort

Gut in Szene gesetzt, strahlen gewisse Sünden heller als sogar die Tugend.
La Rochefoucauld

Obwohl Romane auf Papier gedruckt werden, handeln sie nicht von Papier. Aber auch eine so fleischliche Kunst wie die Liebe kam ohne Papier noch niemals aus: Liebesbrief, Heiratsurkunde, Abschieds- und Scheidungsdokumente begleiten die handgreiflicheren Formen der Leidenschaft von alters her, und auch die Literatur tat immer schon ihr Teil. Ohne den Liebesroman hätte man anders geliebt, und ohne den Ehebruchroman wäre auch der Ehebruch nicht das, was er zumindest einmal war. Das vorliegende Buch ist *keine* Geschichte des Ehebruchs in der Literatur und von jedem Anspruch auf Vollständigkeit in diesem Sinne weit entfernt. Sein Ziel ist es, die drei kanonischen Bücher des neunzehnten Jahrhunderts, die den Ehebruch zur Kunst gemacht haben, sprechen zu lassen; zu fragen, was man eigentlich alles wissen kann von einem Roman, wenn der Leser nur nah genug herantritt.

Die Kunst des Ehebruchs behandelt ein zentrales Kapitel der Literatur des neunzehnten Jahrhunderts und ist dabei in gewisser Hinsicht das Gegenstück zu der Studie *1857. Flaubert, Baudelaire, Stifter* (Frankfurt/M. 2007), mit der es sich in einem Kapitel auch berührt. Wurde dort exemplarisch gefragt, wie drei thematisch vollkommen unterschiedliche, jedoch im gleichen historischen Moment entstehende Hauptwerke der Moderne sich zueinander und zur Epoche verhalten, so diesmal, umgekehrt, ob und wie das gleiche Sujet drei Werke verbindet und trennt, die in großem zeitlichen und geographischen Abstand voneinander erscheinen. Dahinter stand dort die literaturwissenschaftliche Frage nach der Konstellation von Lebens- und Werkgeschichte und steht hier die nach dem Verhältnis von konkretem Sujet zur ästhetischen Gestalt.

»Ganz allein durch die Aufklärung der Vergangenheit läßt sich die Gegenwart begreifen«, lautete dort eine beherzigenswerte Maxime Johann Wolfgang von Goethes. Hier nun wird die Probe aufs Exempel des Gegenteils gemacht, und so stellt der dritte Teil die Frage, ob – ein Jahrhundert überspringend, so als wär dort nichts zu finden! – der Blick auf einige wenige exemplarische Werke unserer Gegenwart den Blick verändern kann auf die einer Gegenwart, die seit mehr als einem Jahrhundert vergangen ist.

Die Arbeit stützt sich auch auf Selbstaussagen der Autoren in Briefen, Aufsätzen und anderen Dokumenten, vor allem aber auf eine strikte, textnahe Lektüre der Bücher selbst. Äußere Faktoren sind nur dort hinzugenommen, wo sie vom Werk selber verlangt werden. Briefe werden in der Regel mit Empfänger und Datum nachgewiesen.

Zitiert werden die drei Romane nach den angegebenen Ausgaben. Zum einfachen Nachschlagen in anderen Ausgaben werden bei Flaubert und Tolstoi Teil und Kapitel (2/III) angegeben, bei Fontane das Kapitel (3). Bei Flaubert bezieht sich die Darstellung in weiten Strecken auf seine radikale Ästhetik der Romansprache; es sei darauf hingewiesen, dass diese Darstellung in den meisten sprachlichen Details nur anhand des französischen Originals und der zitierten Übersetzung nachvollziehbar ist, da bei allen hier herangezogenen Textstellen andere Übersetzungen gerade jene Dinge nicht wiedergeben, auf die es in der Flaubertschen Ästhetik ankommt.

Sämtliche Zitate, die nur nach französischen Ausgaben nachgewiesen sind, wurden vom Verfasser übersetzt.

Die Forschungsliteratur zu Flaubert, Tolstoi und Stifter ist uferlos. Bibliographien zu allen drei Autoren liegen vor, und es versteht sich von selbst, dass sie hier keinesfalls ersetzt werden sollen. Aufgenommen wurden in die selektive Bibliographie *ausschließlich* solche Schriften, die in irgendeiner Weise – zuweilen auch im Widerspruch – eingegangen sind in die Auseinandersetzung mit den drei Romanen und deshalb ihrerseits bereits als Quellen gelten können. Das gilt ganz speziell auch für solche Arbeiten, die sich ihrerseits mit dem Vergleich der drei Romane beschäftigt haben (siehe vor allem die dreibändige *Theodor Fontane-Bibliographie* von Wolfgang Rasch [Berlin/New York 2006], für die folgenden Jahre die *Fontane-Blätter*); in der Fachliteratur allerdings liegt kaum etwas vor, was sich in der Interessenrichtung deckt mit dem vorliegenden Buch. Erste Kapitel wurden seit 2010 in der Zeitschrift *Akzente* publiziert; nach meiner Kenntnis ist auch seither nichts erschienen, was diese Feststellung relativiert.

Die Liebe und der Roman sind unerschöpfliche Gesprächsgegenstände, und es gibt naturgemäß einige Zeitgenossen, die das ihre beigetragen haben. Eberhard Rathgeb und seinem Buch *Schwieriges Glück* verdanke ich die Geschichte von Jean de Carrouges und Jacques Le Gris. Gianfranco Bonola verdanke ich die Geschichte von Cantor und Wittgenstein. Milan Kundera, Michel Houellebecq und Arno Geiger verdanke ich wichtige Fragen und bereitwillige Antworten.

Ein Fall für sich ist das enge Verhältnis zu Gustave Flaubert, das nun schon seit geraumer Zeit andauert und sowohl Schreib- wie Alltagsleben kontinuierlich belebt. Es ist offensichtlich, was diese Studie Elisabeth Edl und ihrer Ausgabe und Übersetzung von *Madame Bovary* verdankt: nicht nur große und nützliche Unterhaltung zwischen München, Cabrières d'Avignon und Goreto, sondern auch eine immens erweiterte Einsicht in das, was die Ästhetik Flauberts in seinen Romanen *Wort für Wort* bedeutet; nicht zuletzt zahlreiche Details im Vergleich von *Madame Bovary* und *Effi Briest*. Allen sei hier gedankt. Gewidmet ist dieses Buch, *to the happy few* ein weiteres Mal, meiner Frau.

Berlin, im November 2013 *W.M.*

Bibliographie

Primäre Texte

Gustave Flaubert: *Madame Bovary. Sitten in der Provinz.* Herausgegeben und übersetzt von Elisabeth Edl. München: Carl Hanser Verlag 2012.

Gustave Flaubert (1973): *Correspondance*. Bibliothèque de la Pléiade. Éd. de Jean Bruneau et Yvan Leclerc. 5 vol. Paris.

Gustave Flaubert (2001): *Œuvres complètes, tome I. Œuvres de jeunesse*. Bibliothèque de la Pléiade. Éd. de Claudine Gothot-Mersch et Guy Sagnes. Paris.

Gustave Flaubert (2013a): *Œuvres complètes, tome II*. Bibliothèque de la Pléiade. Éd. sous la direction de Claudine Gothot-Mersch. Paris.

Gustave Flaubert (2013b): *Œuvres complètes, tome III*. Bibliothèque de la Pléiade. Éd. sous la direction de Claudine Gothot-Mersch. Paris.

Gustave Flaubert (1910): *Par les champs et par les grèves*. Éd. Louis Conard. Paris.

Lew Tolstoi: *Anna Karenina. Roman ich acht Teilen.* Übersetzt und kommentiert von Rosemarie Tietze. München: Carl Hanser Verlag 2009.

Leo Tolstoij (1925): *Briefe an seine Frau*. Hg. von Dmitrij Umanskij. Wien.

Lew N. Tolstoi (1980): *Über Literatur und Kunst*. Übs. von Günther Dalitz. Leipzig.

Lew Tolstoi (1979): *Tagebücher 1847-1910*. Übs. von Günter Dalitz. München.

Lew Tolstoi (1961): *Die großen Erzählungen*. Übs. von Arthur Luther und Rudolf Kassner. Frankfurt/M.

Theodor Fontane: *Effi Briest. Roman.* In: *Werke, Schriften und Briefe*, Band I.4. Herausgegeben von Walter Keitel und Helmuth Nürnberger. München: Carl Hanser Verlag 1974. – Sämtliche anderen Schriften Fontanes werden ebenfalls nach dieser Gesamtausgabe zitiert (TFW).

Weitere literarische Quellen

Jane Austen (2003): *Stolz und Vorurteil. Roman*. Übs. von Andrea Ott. Zürich.

Charles Baudelaire (1989): *Aufsätze zur Literatur und Kunst. Sämtliche Werke/Briefe*. Hg. von Friedhelm Kemp und Claude Pichois, in Zusammenarbeit mit Wolfgang Drost, Band 5. München.

Sibylle Berg (2013): *Wie halte ich das nur alles aus?* München.

Arno Geiger (2009): *Alles über Sally. Roman*. München.

Arno Geiger (2011): *Grenzgehen. Drei Reden*. München.

Johann Wolfgang Goethe (1985): *Sämtliche Werke nach Epochen seines Schaffens. Münchner Ausgabe*. Hg. von Karl Richter, Herbert G. Göpfert, Norbert Miller, Gerhard Sauder und Edith Zehm. 21 Bände. München/Wien.

Michel Houellebecq (1994): *Extension du domaine de la lutte. Roman*. Paris.

Michel Houellebecq (1999a): *Elementarteilchen. Roman*. Übs. von Uli Wittmann. Köln.

Michel Houellebecq (1999b): *Die Welt als Supermarkt. Interventionen*. Übs. von Hella Faust. Köln.

Michel Houellebecq (1999c): »C'est ainsi que je fabrique mes livres. Entretien avec Frédéric Martel«. In: Nouvelle Revue française, 548/janvier 1999, S. 197-209.

Immanuel Kant (1956): *Die Metaphysik der Sitten. Werke 4*. Hg. von Wilhelm Weischedel. Frankfurt/M.

Sören Kierkegaard (1974): *Die Tagebücher. Fünfter Band*. Deutsch von Hayo Gerdes. Düsseldorf/Köln.

Thomas Mann/Heinrich Mann (1984): *Briefwechsel 1900-1949*. Hg. von Hans Wysling. Frankfurt/M.

Karl Marx (1973): »[Thesen über Feuerbach]«. In: Marx-Engels-Werke (MEW). Band 3. Berlin.

Herman Melville (2001): *Moby-Dick oder der Wal*. Hg. von Daniel Göske, übs. von Matthias Jendis. München/Wien.

[Alexander Puschkin (2012)] Aleksandr Puškin: *Die Erzählungen*. Hg. und übs. von Peter Urban. Berlin.

Rainer Maria Rilke (1955): *Duineser Elegien*. In: *Sämtliche Werke*. Hg. von Ernst Zinn. Band 1, Frankfurt/M.

Charles Augustin Sainte-Beuve (2004): *Panorama de la littérature française de Marguerite de Navarre aux frères Goncourt. Portraits et causeries*. Éd. de Michel Brix. Paris.

Stendhal (1957): *De l'amour*. Éd. de Henri Martineau. Paris.

Sofja A. Tolstaja (1982/83): *Tagebücher*. Übs. von Johanna Renate Döring-Smirnov und Rosemarie Tietze. 2 Bände. Königstein/Taunus.

Sofja A. Tolstaja (2008): *Eine Frage der Schuld*. Übs. von Alfred Frank. Zürich.
Sofja A. Tolstaja (2010): *Lied ohne Worte*. Übs. von Ursula Keller. Zürich.
Émile Zola (1895): *Les romanciers naturalistes*. Paris.
Émile Zola (1961): *Les Rougon-Macquart. Histoire naturelle et sociale d'une famille sous le Second Empire*. Éd. sous la direction d'Armand Lanoux. Tome II. Bibliothèque de la Pléiade. Paris.

Weiterführende Literatur

Theodor W. Adorno (1974): »Über epische Naivetät«. In: *Gesammelte Schriften*. Hg. von Rolf Tiedemann. Band 11. Frankfurt/M.
Jean Améry (1978): *Charles Bovary, Landarzt. Porträt eines einfachen Mannes*. Stuttgart.
Erich Auerbach (1994): *Mimesis. Dargestellte Wirklichkeit in der abendländischen Literatur.* Neunte Auflage. Tübingen/Basel.
Niklas Bender (2009): *Kampf der Paradigmen. Die Literatur zwischen Geschichte, Biologie und Medizin. Flaubert, Zola, Fontane*. Heidelberg.
Walter Benjamin (1977): »Julien Green«. In: *Gesammelte Schriften*. Unter Mitwirkung von Theodor W. Adorno und Gershom Scholem hg. von Rolf Tiedemann und Hermann Schweppenhäuser. Band 2. Frankfurt/M.
Pierre-Marc de Biasi (2009): *Gustave Flaubert. Une manière spéciale de vivre*. Paris.
Elisabeth Bronfen (1993): *Nur über ihre Leiche. Tod, Weiblichkeit und Ästhetik*. München.
Jean Bruneau (1962): *Les Débuts littéraires de Gustave Flaubert. 1831-1845*. Paris.
Theo Buck (1976): »Zwei Apotheker-Figuren in *Madame Bovary* und *Effi Briest*. Anmerkungen zur realistischen Schreibweise bei Flaubert und Fontane«. In: Jahrbuch der Raabe-Gesellschaft.
Piero Citati (1988): *Leo Tolstoi. Eine Biographie*. Übs. von Bettina Kienlechner. Reinbek.
Antoine Compagnon (2005): *Les antimodernes. De Joseph de Maistre à Roland Barthes*. Paris.
Ernst Robert Curtius (1951): *Balzac*. Bern.
Peter Demetz (1964): *Formen des Realismus: Theodor Fontane. Kritische Untersuchungen*. München.
Maxime Du Camp (1882): *Souvenirs littéraires. Tome premier.* Paris.
René Dumesnil (1943): *Gustave Flaubert. L'homme et l'œuvre*. Paris.

Ute Frevert (1991): *Ehrenmänner. Das Duell in der bürgerlichen Gesellschaft*. München.

Hugo Friedrich (1961): *Drei Klassiker des französischen Romans. Stendhal, Balzac, Flaubert*. Frankfurt/M.

Hans-Martin Gauger (1986): *Der vollkommene Roman »Madame Bovary«*. München.

René Girard (1961): *Mensonge romantique et vérité romanesque*. Paris.

Maxim Gorki (1962): *Erinnerungen an Zeitgenossen*. Frankfurt/M.

Claudine Gothot-Mersch (1966): *La Genèse de Madame Bovary*. Paris.

Norbert Gstrein (2004): *Wem gehört eine Geschichte? Fakten, Fiktionen und ein Beweismittel gegen alle Wahrscheinlichkeit des wirklichen Lebens*. Frankfurt/M.

Henry James (2010): *La situation littéraire actuelle en France*. Éd. de Jean Pavans. Paris.

Milan Kundera (2007): *Die Kunst des Romans. Essay*. Übs. von Uli Aumüller. München.

Milan Kundera (2009): *Eine Begegnung*. Übs. von Uli Aumüller. München.

Janko Lavrin (1961): *Lev Tolstoj*. Übs. von Rolf-Dietrich Keil. Reinbek.

Yvan Leclerc (1997): »Comment une petite femme devient mythique«. In: A. Buisine (éd.): *Emma Bovary*. Collection Figures mythiques. Paris.

Ferdinand Lion (1952): *Der französische Roman im neunzehnten Jahrhundert. Stendhal, Balzac, Flaubert, Zola*. Zürich.

Mario Vargas Llosa (1996): *Flaubert und »Madame Bovary«. Die ewige Orgie*. Übs. von Maralde Meyer-Minnemann. Frankfurt/M.

Thomas Mann (1982): »Goethe und Tolstoi«. In: *Leiden und Größe der Meister*. Frankfurt/M.

Peter von Matt (1989): *Liebesverrat. Die Treulosen in der Literatur*. München/Wien.

Peter von Matt (1995): *Verkommene Söhne, mißratene Töchter. Familiendesaster in der Literatur*. München/Wien.

Vladimir Nabokov (2013): *Vorlesungen* über *russische Literatur*. Hg. von Fredson Bowers und Dieter E. Zimmer. Gesammelte Werke Band XVII. Reinbek.

Maurice Nadeau (1969): *Gustave Flaubert écrivain*. Paris.

Helmuth Nürnberger (2007): *Fontanes Welt. Eine Biographie des Schriftstellers*. München.

Marcel Proust (1971): »Über den ›Stil‹ Flauberts«. In: *Essays, Chroniken und andere Schriften*. Frankfurter Ausgabe. Hg. von Luzius Keller. Übs. von Helmut Scheffel. Frankfurt/M.

Eberhard Rathgeb (2007): *Schwieriges Glück. Versuch über die Vaterliebe*. München.
Denis de Rougemont (1966): *Die Liebe und das Abendland*. Übs. von Friedrich Scholz. Köln/Berlin.
Max Rychner (1966): »Fontanes *Unwiederbringlich*«. In: *Aufsätze zur Literatur*. Zürich.
Jean-Paul Sartre (1977): *Der Idiot der Familie. Gustave Flaubert 1821-1857*. 5 Bände. Hg. und übs. von Traugott König. Reinbek.
Viktor Schklowski (1981): *Leo Tolstoi. Eine Biographie.* Übs. von Elena Panzig. München/Wien/Zürich.
George Steiner (1964): *Tolstoj oder Dostojewskij. Analyse des abendländischen Romans.* Übs. von Jutta und Theodor Knust. München/Wien.
Albert Thibaudet (1935): *Gustave Flaubert*. Paris.
Michel Winock (2013): *Flaubert*. Paris.
Edi Zollinger (2007): *Arachnes Rache. Flaubert inszeniert einen Wettkampf im narrativen Weben. »Madame Bovary«, »Notre-Dame de Paris« und der Arachne-Mythos*. München.

Nachweise

9 *Romane schließen damit*: Tolstoi (1979), S. 476.
10 *Es ist eine allgemein anerkannte*: Austen (2003), S. 5.
13 *die Formel des modernen Romans*: Zola (1895), S. 125.
21 *O mein Gott*: Anna Karenina, S. 161 (1/XXX).
Schahbovarie: Madame *Bovary*, S. 13 (1/I).
Es handelte sich um: Madame Bovary, S. 12 (1/I).
22 *Und Sie, Neuer*: Madame Bovary, S. 14 (1/I).
gute Figur: Effi Briest, S. 10 (1).
23 *Effi, komm*: Effi Briest, S. 21 (3).
Heute wäre es keinem: Madame Bovary, S. 18 (1/I).
25 *ein wohlkonservierter Fünfziger*: Effi Briest, S. 18 (2).
Er war ja noch: Effi Briest, S. 12 (1).
27 *Geschlechtsgemeinschaft*: Kant (1956): S. 390 (AB 107, 108).
29 *Baron Innstetten*: Effi Briest, S. 18 (2).
er hatte viel Gutes: Effi Briest, S. 295 (36).
30 *Sie dachte*: Anna Karenina, S. 225 (2/IX).
Es wäre ihr recht: Madame Bovary, S. 148 (2/V).
31 *Noch an demselben Tage*: Effi Briest, S. 19 (3).
meine liebe Effi: Effi Briest, S. 78 (10).
32 *Ja, Geert, wenn du*: Effi Briest, S. 122 (15).
Du willst es bloß: Effi Briest, S. 122 (15).
Kokette: Effi Briest, S. 123 (15).
33 *Als er sie erblickte*: Anna Karenina, S. 161 (1/XXX).
Ton des Spotts: Anna Karenina, S. 162 (1/XXX).
34 *Sie verlangte jeden Morgen*: Madame Bovary, S. 22 (1/I).
Schindmähre: Madame Bovary, S. 32 (1/II); S. 22 (1/I).
Er liebte eine andere: Madame Bovary, S. 22 (1/I).
35 *Sie hatte ihn geliebt*: Madame Bovary, S. 32 (1/II).
Doch Emmas Gesicht: Madame Bovary, S. 37 (1/III).
Am nächsten Tag: Madame Bovary, S. 45 (1/IV).
36 *jeden Abend erwartete ihn*: Madame Bovary, S. 84 (1/IX).
37 *Die Krankheit erst*: Goethe (1985): Bd 9, S. 42.
Ich liebe ihn: Anna Karenina, S. 323 (2/XXIX).
38 *Vielleicht haben sie sich*: Madame Bovary, S. 442 (3/XI).
Nein, ich nehm es: Madame Bovary, S. 450 (3/XI).
39 *Ich kann Sie nicht ertragen*: Anna Karenina, S. 323 (2/XXIX).

42 *Alles dreht sich*: Effi Briest, S. 234 (27).
43 *Wüllersdorf war aufgestanden*: Effi Briest, S. 237 (27).
daß es ein Glück gebe: Effi Briest, S. 285 (35).
44 *Mein Leben ist verpfuscht*: Effi Briest, S. 287 (35).
seit dem Morgen in Kessin: Effi Briest, S. 285 (35).
Hülfskonstruktionen: Effi Briest, S. 289 (35).
Ja, sagte Wüllersdorf: Effi Briest, S. 287 (35).
45 *daß sie was spiele*: Effi Briest, S. 103 (13).
48 *Als er sich umblickte*: Anna Karenina, S. 97 f. (1/XVIII).
Liebesgeschichte mit Held: Effi Briest, S. 10 (1).
49 *Was ein richtiges Bein ist*: Effi Briest, S. 11 (1).
Gewiß ist er der Richtige: Effi Briest, S. 20 (3).
Eine junge Frau: Madame Bovary, S. 25 f. (1/II).
50 *Als Charles sich oben*: Madame Bovary, S. 28 (1/II).
52 *Frau von Briest aber*: Effi Briest, S. 17 f. (2).
so müßte es ein japanischer: Effi Briest, S. 30 (4).
Jeder ist der Richtige: Effi Briest, S. 20 (3).
53 *Heiraten?*: Effi Briest, S. 34 (4).
Liebesgeschichte mit Held: Effi Briest, S. 10 (1).
Und Emma suchte: Madame Bovary, S. 51 (1/V).
54 *Da gab's nur Liebschaften*: Madame Bovary, S. 54 (1/VI).
Trotzdem versuchte sie: Madame Bovary, S. 63 (1/VII).
achtjährigen glücklichen Ehelebens: Anna Karenina, S. 307 (2/XXVI).
55 *Allerdings, soweit sie sich*: Anna Karenina, S. 105 (1/XIX).
Ich fange beim Anfang an: Anna Karenina, S. 647 (4/XXI).
Alles sagt: Anna Karenina, S. 443 f. (3/XVI).
56 *einer Dame von Welt*: Anna Karenina, S. 113 (1/XX).
57 *Hochzeit und Tod*: Madame Bovary, S. 92, S. 121, S. 254, S. 401, S. 303 (1/IX, 2/III, 2/12, 3/VIII, 3/I).
Da wird man formlos: Effi Briest, S. 123 (15).
58 *diese Fähigkeit*: Anna Karenina, S. 110 (1/XIX).
Ich kenne diese Männer: Anna Karenina, S. 111 (1/XIX).
59 *Daß ich die Sache*: TFW IV.4, S. 454 f.
60 *Gott sei Dank*: Effi Briest, S. 182 (21).
Sie fürchtete sich: Effi Briest, S. 162 (19).
Holzschuppens: Effi Briest, S. 171 (20).
plötzlich der gnädigen Frau: Effi Briest, S. 176 (21).
61 *Seligkeit, Leidenschaft*: Madame Bovary, S. 51 (1/V).
auf englische Art: Madame Bovary, S. 162 (2/VI).
Die japst nach Liebe: Madame Bovary, S. 175 (2/VII).
62 *Wir zum Beispiel*: Madame Bovary, S. 198 f. (2/VIII).
ein merkwürdiges Gefühl: Anna Karenina, S. 119 (1/XXI).

Weshalb ich reise?: Anna Karenina, S. 160 (1/XXX).
63 *Ich habe nichts zu sagen*: Anna Karenina, S. 225-227 (2/IX-X).
Oh! Rodolphe!: Madame Bovary, S. 213 (2/IX-X).
Was fast ein ganzes Jahr: Anna Karenina, S. 227 (2/XI).
64 *Immer wieder sagte sie*: Madame Bovary, S. 215 f. (2/IX).
65 *Was fast ein ganzes Jahr*: Anna Karenina, S. 227 (2/XI).
67 *Effi sagte kein Wort*: Effi Briest, S. 182 (21).
69 *Im Schlaf allerdings*: Anna Karenina, S. 229 (2/XI).
70 *Emma fand im Ehebruch*: Madame Bovary, S. 377 (3/VI).
Innstetten war entzückt: Effi Briest, S. 205; 206; 206 f. (24).
71 *Und ich habe die Schuld*: Effi Briest, S. 219 (24).
Es ist unglaublich: Effi Briest, S. 258 (31).
72 *Wohin fahren wir*: Madame Bovary, S. 319 (3/I).
In einem fort: Madame Bovary, S. 367 (3/VI).
73 *Hinter jedem Lächeln*: Madame Bovary, S. 369 (3/VI).
Meine Aufgabe ist: Madame Bovary, S. 483.
74 *Weckt die Lektüre*: Madame Bovary, S. 565.
Sie hörte abends: Anna Karenina, S. 1127 (7/XXVI).
75 *Dorthin!*: Anna Karenina, S. 1152 (7/XXXI).
Es war noch in glücklichen: Effi Briest, S. 293 (36).
76 *Und wenn denn schon*: Effi Briest, S. 295f. (36).
78 *Ein Gefühl von Unfreiheit*: Mann/Mann (1984), S. 68.
84 *Monsieur Rodolphe Boulanger*: Madame Bovary, S. 175 (2/VII).
Ich glaube, der ist sehr dumm: Madame Bovary, S. 175 (2/VII).
85 *mit weltmännischer Nonchalance*: Madame Bovary, S. 297 (2/XV).
Monsieur Léon hatte: Madame Bovary, S. 303 (3/I).
Wronski ist einer der Söhne: Anna Karenina, S. 65 (1/XI).
86 *Er wusste nicht*: Anna Karenina, S. 91 f. (1/XVI).
87 *Crampas ist verheiratet*: Effi Briest, S. 104 f. (13).
88 *Aber ich kenne dich*: Effi Briest, S. 122 (15).
91 *Je näher die Dinge*: Madame Bovary, S. 82 (1/IX).
Haben Sie hier: Madame Bovary, S. 112 f. (2/II).
was gibt es Schöneres: Madame Bovary, S. 115 (2/II).
92 *Das ist so üblich*: Madame Bovary, S. 318 (3/I).
Ein Windstoß: Madame Bovary, S. 199 (2/VIII).
94 *Bewegungsgier*: Madame Bovary, S. 320 (3/I).
95 *Sie kam in Versuchung*: Madame Bovary, S. 148 (2/V).
96 *Léon hatte schließlich*: Madame Bovary, S. 376 (3/VI).
Sie würden in Gondeln: Madame Bovary, S. 257 (2/XII).
97 *Was bin ich für ein Esel*: Madame Bovary, S. 262 (2/XII).
Ich werde Sie nicht vergessen: Madame Bovary, S. 265 (2/XIII).
98 *Fort, so schreibst Du*: Effi Briest, S. 233 (27).
99 *Wir fahren nach Italien*: Anna Karenina, S. 658 (4/XXIII).

100 *Die Frage, ob sie noch Kinder*: Anna Karenina, S. 1122 (7/XXV).
102 *großes Wort*: Madame Bovary, S. 450 (3/XI).
103 *Innstetten und Wüllersdorf*: Effi Briest, S. 242 (28).
Ich bekenne Ihnen: Effi Briest, S. 239 (28).
104 *Sechs Wochen redete*: Anna Karenina, S. 1167 f. (8/IV).
105 *Und er suchte sich*: Anna Karenina, S. 1172 (8/V).
110 *Suchen Sie etwas*: Madame Bovary, S. 28 (1/II).
113 *seine Frau stehe ihm*: Madame Bovary, S. 209 (2/IX).
Schuld ist das Schicksal: Madame Bovary, S. 450 (3IXI).
Warum gibt es nicht: Sainte-Beuve (2004), S. 1443 f.
115 *Wir waren übereingekommen*: Du Camp (1882), S. 428-455.
118 *Seit damals gab es für mich*: Flaubert (2001), S. 808.
119 *Gleich würde sie da sein*: Madame Bovary, S. 314 (3/I), Anm.
120 *Durch die Vielfalt*: Madame Bovary, S. 346f. (3/V).
Kurzum, diese Frau: Baudelaire (1989), S.73.
121 *Bovarysmus*: http://atilf.atilf.fr/dendien/scripts/generic/affiche.exe?22;s=3392479455
122 *Wie lauschte sie*: Madame Bovary, S. 53 (1/VI).
Ich habe alles gelesen: Madame Bovary, S. 88 (1/IX).
123 *Oh! Ich liebe das Meer*: Madame Bovary, S. 113 (2/II).
Einmal zeigte sich: Madame Bovary, S. 336 (3/III).
128 *Sultane*: Madame Bovary, S. 56f. (1/VI).
Je näher: Madame Bovary, S. 82 (1/IX).
platt wie ein Gehsteig: Madame Bovary, S. 60 (1/VII).
129 *Doch vor allem*: Madame Bovary, S. 90 f. (1/IX).
Charles galoppierte: Madame Bovary, S. 84 (1/XI).
130 *Im Grund ihrer Seele*: Madame Bovary, S. 87 (1/IX).
Als Madame Bovary: Madame Bovary, S. 110 (2/II).
134 *Er genoss*: Madame Bovary, S. 346 (3/V).
136 *Alle glücklichen Familien*: Anna Karenina, S. 7 (1/I).
139 *Anna lächelte*: Anna Karenina, S. 171 f. (1/XXXIII).
140 *Mir schmeckt*: Anna Karenina, S. 57 (1/X).
Angenommen, du bist: Anna Karenina, S. 67 (1/XI).
141 *Was tun*: Anna Karenina, S. 68 (1/XI).
143 *Ohne falsche Bescheidenheit*: Gorki (1962), S. 76.
144 *Ich hatte ein Gefühl*: Citati (1988), S. 201.
145 *verunstalteten Leichnam*: Anna Karenina, S. 102 (1/XVIII).
das, was von ihr: Anna Karenina, S. 1172 (8/V).
147 *Karenina nahm*: Anna Karenina, S. 104 (1/XVIII).
148 *Effi von Innstetten*: Effi Briest, S. 269 (32).
151 *Ich sterbe*: Anna Karenina, S. 620 (4/XVII).
Falls ihre Krankheit: Anna Karenina, S. 621 f. (4/XVII).

Ich habe vollkommen vergeben: Anna Karenina, S. 627 f. (4/XVII).
153 *der kühne, dreiste*: Anna Karenina, S. 1075 f. (7/XV).
154 *Im Landhaus*: Siehe Puschkin (2012), S. 9.
155 *das ebenso rein*: Anna Karenina, S. 1270.
Unwillkürlich schaute: Anna Karenina, S. 1268.
Gestern abend sagte: Schklowski (1981), S. 393 f.
157 *Für einen Augenblick*: Anna Karenina, S. 1116 (7/XXIV).
Ich habe keine Schuld: Anna Karenina, S. 1125 f. (7/XXV).
158 *Plötzlich schwankte*: Anna Karenina; S. 1128 (7/XXVI).
Alle möchten: Anna Karenina, S. 1141 (7/XXIX).
159 *Wozu diese Kirchen*: Anna Karenina, S. 1141 (7/XXIX).
Das ist die Hölle: Anna Karenina, S. 1145 (7/XXX).
Sind wir den nicht: Anna Karenina, S. 1146 (7/XXX).
162 *Je länger Lewin*: Anna Karenina, S. 383 f. (3/V).
163 *Dieses neue Gefühl*: Anna Karenina, S. 1226 f. (8/XIX).
164 *Und Lewin*: Anna Karenina, S. 1185 (8/IX).
165 *Aus der französischen Literatur*: Tolstoi (1980), S. 284.
das ebenso rein: Anna Karenina, S. 1270.
170 *Else komm*: Effi Briest, S. 302.
173 *Wort, das unter*: Flaubert (2001), S. 808.
174 *Und nun kann*: TFW I/2, S. 133.
Denn die Liebe: TFW I/2, S. 133.
175 *Ibsen*: TFW II/2, S. 711-714.
179 *Bismarck*: Effi Briest, S. 13 (1).
als säh' er: Effi Briest, S. 21 (3).
180 *Jeder ist der Richtige*: Effi Briest, S. 20 (3).
Effi komm: Effi Briest, S. 277 (34).
181 *und du sitzt dabei*: die ganze Szene Effi Briest, S. 143 f. (18).
182 *Was war das alles?*: Effi Briest, S. 183 (21).
er hatte viel Gutes: Effi Briest, S. 295 (36).
Ich liebe meine Frau: Effi Briest, S. 234 (27).
183 *Ach, Luise*: Effi Briest, S. 296 (36).
185 *Reichtum*: Effi Briest, S. 32 (4).
186 *schnippischem Lachen*: Effi Briest, S. 39 (5).
den ich nicht einmal: Effi Briest, S. 275 (33).
einen alten Ekel: TFW Brief an Clara Künast, 27. Oktober 1895
daß es ein Glück: Effi Briest, S. 285 (35).
Zärtlichkeitsmensch: Effi Briest, S. 122 (15).
187 *Wenn ich ihn richtig*: Effi Briest, S. 239 (28).
Noch ein schmerzlicher: Effi Briest, S. 242 (28).
188 *Derart die beiden Apotheker*: Buck (1976), S. 33.
189 *irgendwo gelesen*: Effi Briest, S. 39 (5).

ganzen weiten Wege: Effi Briest, S. 67 (9).
Warum musste ich: Madame Bovary, S. 265 (2/XIII).
Alles ist Schicksal: Effi Briest, S. 233 (27).
Von solcher Lächerlichkeit: Effi Briest, S. 80 (10).
190 *Es ist merkwürdig*: Effi Briest, S. 244 (29).
nie habe sie sich: Effi Briest, S. 225 (26).
Man soll sein Schicksal: Effi Briest, S. 11 (1).
Und dann ist es auch: Effi Briest, S. 224 (25).
191 *der genialste*: TFW II/1, S. 525.
194 *Tochter der Luft*: Effi Briest, S. 8 (1).
195 *auf die Neige*: Effi Briest, S. 294 (36).
208 *Bis zu meiner Heirat*: Tolstoi (1961), S. 98.
209 *Die Entrechtung der Frau*: Tolstoi (1961), S. 111.
Heutzutage: Tolstoi (1961), S. 95.
Wozu braucht man: Tolstoi (1961), S. 95.
211 *Schwein*: Tolstoi (1961), S. 127.
Kam heute beim Abschreiben: Tolstaja (1982/83), Bd 1, S. 152.
212 *So lebte auch ich*: Tolstoi (1961), S. 127.
zusammengestoppeltes Unding: Benjamin (1977), S. 330.
wie auffällig: Tolstaja (1982/83), Bd 1, S. 172.
ich fühlte doch: Tolstaja (1982/83), Bd 1, S. 180.
213 *Ich schrieb weiter*: Tolstaja (1982/83), Bd 1, S. 179.
215 *als sie sein unangenehm*: Tolstaja (2008), S. 53.
Ja, das muß wohl: Tolstaja (2008), S. 54.
Meine Schwester: Tolstoi (1961), S. 116.
216 *Anna nahm*: Tolstaja (2008), S. 133.
217 *nichts als des Schrecklichen*: Rilke (1955), S. 685.
Sie freute sich: Tolstaja (2008), S. 104 f.
etwas Furchtbares: Tolstoi (1961), S. 163.
218 *Ja, sagte er*: Tolstoi (1961), S. 188.
reine Atmosphäre: Tolstaja (2008), S. 192-194
219 *Ich hasse dich*: Tolstoi (1961), S. 188
So mußte es kommen: Tolstaja (2008), S. 209
ein überspannter Spiritist: Tolstaja (2008), S. 213.
222 *Ja, wer soll denn*: Tolstaja (2010), S. 46.
223 *Ja, auch ich bin*: Tolstaja (2010), S. 80.
Schweinerei: Tolstoi (1961), S. 125 f.
230 *Zweifellos ist*: Anna Karenina, S. 425 f. (3/XIII).
232 *freie Herzensbestimmung*: TFW II/2, S. 711-714.
234 *schmutzige Literatur*: Zola (1961), S. 1369.
Les Amazones: Zola (1961), S. 1655.
235 *Gefahr dieser mittelmäßigen*: Zola (1961), S. 1655 f.
236 *force de son sexe*: Zola (1961), S. 1375.

Obsession: Zola (1961), S. 1247.
Als sie sich umdrehte: Zola (1961), S. 1375.
237 *Was für eine reizende*: Zola (1961), S. 1267.
cocu: Zola (1961), S. 1268.
Wenn die ehrbaren Frauen: Zola (1961), S. 1276.
Am Ende fand: Zola (1961), S. 1277.
238 *Man ist durch sowas*: Zola (1961), S. 1415.
Schau, du willst: Zola (1961), S. 1416.
Alles in allem: Zola (1961), S. 1416.
Wenn die ehrbaren Frauen: Zola (1961), S. 1276.
239 *Am selben Abend*: Houellebecq (1999a), 24.
240 *Als intelligente Säugetiere*: Houellebecq (1999a), 268.
241 *dritte, in vieler Hinsicht*: Houellebecq (1999a), 8.
244 *Überbringer*: Houellebecq (1999c), S. 208.
245 *Ohne Schönheit*: Houellebecq (1999a), 64/65.
promesse de bonheur: Stendhal (1957), S. 39.
246 *Letzten Montag*: Houellebecq (1994), S. 162.
247 *Als seltenes, künstliches*: Houellebecq (1994), S. 130f.
248 *Klar, sagte ich mir*: Houellebecq (1994), S. 114.
249 *Hör den Schrei*: Kierkegaard (1974), S.345.
251 *Die Philosophen*: Marx (1973), S. 7.
Hart geführter Wahlkampf: Geiger (2010), S. 7.
Hart geführter Wahlkampf: siehe Melville (2001), S. 39.
252 *seit unzähligen Jahren*: Geiger (2010), S. 7.
253 *Strikteste Moralvorstellungen*: Geiger (2010), S. 28f.
Doch Sally: Geiger (2010), S. 47.
254 *Die Möglichkeit*: Geiger (2010), S. 55.
255 *Das heißt, ich muss*: Geiger (2010), S. 231.
reif für die Bernhards: Geiger (2010), S. 101.
260 *Man merkt, wir sind*: Geiger (2010), S. 11.
Sally solle nicht: Geiger (2010), S. 98.
262 *Alfred!*: Geiger (2010), S. 342.
263 *Seit wann hat Karenin*: Kundera (2011), S. 37.
264 *als hätte sie*: Geiger (2010), S. 94.
Du, Erik: Geiger (2010), S. 109.
Als sie mit klopfendem: Geiger (2010), S. 111.
265 *ihr Intimbereich*: Geiger (2010), S. 115.
267 *viel eher für die Jungfrau*: Madame Bovary, S. 45 (1/IV).
Nie war Madame: Madame Bovary, S. 255 (2/XII).
im Ehebruch: Madame Bovary, S. 377 (3/VI).
268 *Seligkeit, Leidenschaft*: Madame Bovary, S. 51 (1/V)
Immer wieder: Madame Bovary, S. 215 (2/IX).
müden Zärtlichkeiten: Effi Briest, S. 103 (13).
Zärtlichkeitsmensch: Effi Briest, S. 122 (15).

271 *und wenn nicht in diesem*: Geiger (2010), S. 362.
273 *Vielleicht haben sie*: Madame Bovary, S. 442 (3/XI).
274 *Sally ist das Beste*: Geiger (2010), S. 321.
Wissen, dass sie nie: Geiger (2010), S. 346.
275 *frühberufene Chronist*: Geiger (2010), S. 350.
und sollte entgegen: Geiger (2010), S. 351.
277 *unser Ehrenkultus*: Effi Briest, S. 237 (27).
278 *Ich bin froh*: Geiger (2010), S. 359.
schade, dass unser Angriff: Geiger (2010), S. 362.
280 *diese unsterbliche Schöpfung*: Flaubert (1910), S. 12 f.
284 *Warum muss*: Berg (2013), S. 27.
285 *Und da sitzen sie*: Berg (2013), S. 29.

Register

Nicht aufgenommen sind Gustave Flaubert, Lew Tolstoi und Theodor Fontane.